房地产开发企业税务检查实用攻略

房地产企业税务检查实训辅导手册

检查要点　检查方法　实战技巧

董宏　施玉明 ◎ 主编

第二版

中国市场出版社
China Market Press

·北京·

图书在版编目（CIP）数据

房地产开发企业税务检查实用攻略/董宏，施玉明主编. —2版. —北京：中国市场出版社有限公司，2020.10

ISBN 978-7-5092-1992-8

Ⅰ. ①房… Ⅱ. ①董… ②施… Ⅲ. ①房地产企业-税收管理-研究-中国 Ⅳ. ①F812.423

中国版本图书馆CIP数据核字（2020）第165974号

房地产开发企业税务检查实用攻略（第二版）
FANGDICHAN KAIFA QIYE SHUIWU JIANCHA SHIYONG GONGLÜE

主　　编	董　宏　施玉明
责任编辑	张　瑶（zhangyao9903@126.com）
出版发行	中国市场出版社
社　　址	北京月坛北小街2号院3号楼　　邮政编码　100837
电　　话	编辑部（010）68032104　读者服务部（010）68022950
	发行部（010）68021338　68020340　68053489
	68024335　68033577　68033539
	总编室（010）68020336
	盗版举报（010）68020336
印　　刷	河北鑫兆源印刷有限公司
规　　格	185 mm×260 mm　16开本　　版　次　2020年10月第2版
印　　张	27　　　　　　　　　　　　　　印　次　2020年10月第1次印刷
字　　数	451千字　　　　　　　　　　　　定　价　98.00元
书　　号	ISBN 978-7-5092-1992-8

版权所有　侵权必究　　印装差错　负责调换

本书思维导图

- 房地产开发企业税务检查实用攻略
  - 房地产开发业务及会计税务处理基本知识
    - 项目开发业务概述
    - 基本会计处理
    - 涉及的税务处理
  - 从开发环节看涉税检查要点
    - 各环节涉税资料
    - 各环节涉税检查要点
  - 财务核算要素及税种检查要点
    - 对照政策检查
    - 重点税种抽查
    - 各种问题检查
  - 特殊涉税业务检查要点
    - 主要针对非常规业务
  - 土地增值税清算检查要点
    - 清算过程要点核查
    - 利用清算成果对各税种进行统查
    - 企业自查
    - 税务检查常见问题
  - 综合税务检查实战技巧
    - 分析、判断及沟通技巧
    - 面对大要案的取证技巧
  - 税务稽查典型案例解析
    - 实战案例
    - 综合问题

PREFACE TO THE SERIES
"房地产企业涉税业务实战丛书"总序

一、丛书的缘起

房地产开发项目的运行周期长,涉及融资、施工、预(销)售等环节,特别是有大量成本费用的分摊计算等业务,因此会计核算相比其他行业更复杂。同时,每个环节和业务都涉及多种税收政策,整个项目运行过程几乎涉及我国已经开征的所有税种,因此在涉税处理上相比其他行业更加烦琐,这也是房地产企业涉税风险比较大的根本原因。

本丛书的几位作者长期从事房地产行业税务稽查、审计工作,大家感触最深的是,房地产行业一直存在比较高的税收风险。从税务机关角度看,虽然一直致力于加强房地产行业的税收征管,但从税务稽查情况看,涉税大要案每年都会查出多起,且很多涉税问题性质相同,无法消除,税收流失风险较大。根据对近几年多个省、市披露的涉税大案分析,房地产企业所占比例通常在25%以上。对于企业而言,实际上除少数企业故意偷逃税外,绝大多数房地产企业很看重税法遵从度,但是很多企业在运行中始终无法避免较大的税收风险,往往自我感觉运行正常却被查出涉税问题而遭遇处罚风险,有的甚至被查出了较大的问题。对部分地区数据进行分析后可以发现,房地产企业自查后,在税务机关跟进检查中又被查出较大问题的比例一般不低于30%。而随着营改增及国税、地税合并,房地产企业涉税征管、业务处理等又有了新的变化。

■ 营改增后涉税业务更加复杂

营改增前，房地产企业所有业务的处理数据都建立在"含税"价格的基础上，营改增后，以往所有的"含税"价格要全部变为"不含税"价格，这就需要进行价税分离处理。不仅销售开发项目、支出的各项成本费用等需要价税分离，而且企业所得税、个人所得税、房产税、契税等计税依据都要进行"不含税"计算处理，所以营改增后涉税业务处理的复杂程度有较大增加。

■ 国地税合并后对房地产行业税收征管更加严密、核算更加严格

在原国税、地税分设的税收征管模式中，由于税种管理有分工，不仅在日常管理中存在企业各项涉税业务分割管理问题，在税务稽查中也存在时间和空间上的脱节，造成国税、地税稽查内容有关联但检查、处理尺度不统一的现象。营改增及国税、地税合并后，所有税收征管包括稽查全部统一，这就要求税务人员全面掌握各个税种的政策，熟悉各项业务的综合税收处理。因此，营改增后大量税收业务有所改变，同时因原国税、地税分工造成的人员业务知识分割部分需要弥补，因此从税务机关角度看，在短时间内，大量业务知识需要更新，实操能力亟待提升。

从企业角度看，营改增后同样面临税收业务知识更新的问题。营改增后，涉税业务比以往更复杂，特别是国税、地税合并后，由于业务统一管理，税收征管及监控体系将更加完善，使企业因会计、涉税处理失误而面临的涉税风险也大大增加，因此企业财会人员急需更新税收业务知识，其中最急需的就是实操能力的提升，以解决综合处理涉税业务、自查能力不足的问题。

为提升税企双方对房地产企业涉税业务的实操能力，降低房地产企业涉税风险，本丛书的几位作者联手从税务稽查、审计角度（或眼光），将在实战中如何处理房地产企业各项涉税业务及如何发现存在问题的经验汇总起来，形成"房地产企业涉税业务实战丛书"与大家分享。丛书共有三册，具体如图1所示。

二、丛书特色

本丛书的几位作者均长期从事房地产企业税务稽查、审计工作，深谙房地产企业存在问题的原因，掌握许多发现问题的技巧。丛书的编写始终坚持以实战为基础的原则，因此这套丛书具有较大的参考价值。

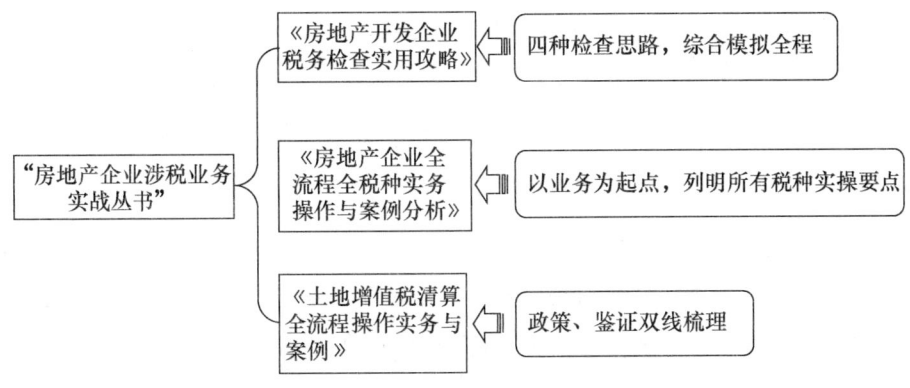

图 1　丛书内容框架

■ **税务机关、财税中介、房地产企业一线精英三方联手合作**

本丛书的第一大特点是作者均来自财税工作一线,实战经验丰富。

董宏(注册税务师),在税务系统从事税政、稽查一线工作近三十年,业务上擅长房地产企业、建筑企业税务稽查。主编有《房地产开发企业税务检查实用攻略》《房地产企业全流程全税种实务操作与案例分析》《土地增值税清算全流程操作实务与案例》《企业所得税与增值税差异分析及会计处理》《建筑企业日常涉税业务实操大全》等实务图书,受到读者的广泛好评。

施玉明(注册税务师),原江苏省南京市地方税务局稽查局稽查人员,现任金象国际集团副总裁,兼具在税务机关和企业的工作经验。曾长期在税务稽查一线工作,业务上擅长房地产企业税务稽查及土地增值税清算,在税务生涯中完成过二十多起涉案税款在千万元以上稽查、土地增值税清算检查案件。在企业任职后,主持集团层面的财税、投资管理等工作。

成秀美(注册会计师、税务师、高级会计师、中国注册税务师协会2015级高端人才),南京中鸿汇则税务师事务所合伙人,长期从事一线财税审计工作,在各类财税审计及涉税项目运作方面具有丰富经验与专业见解。近几年完成近百个房地产企业的土地增值税清算项目,并为众多央企及世界500强企业提供财税服务,在营改增业务转换过程中,为大量房地产开发企业提供营改增涉税业务处理的辅导。

王亮(注册会计师、注册税务师),国家税务总局南京市税务局稽查局干部、税务系统兼职教师,长期从事税政解释、案件审理和具体税收稽查工作,近十年来,参与数十起重大税务稽查案件的审理工作,参与多项基层税务重大征管工作的推进,在营改增业务转换中,参与营改增业务的教学辅导,具有非常全面和丰富的税政解释经验。

■ **实战再实战，案例和问题全部来自一线实际**

本丛书的第二大特点是贴近实务。《房地产开发企业税务检查实用攻略》所选案例均是来自一线实际操作的案例，税务稽查案例来自税务稽查、审计一线，其中的小案例改编自各类稽查、审计案件的实际内容，大案例则来自实战中税务稽查大案查处及大型企业审计业务的总结和运用。而《房地产企业全流程全税种实务操作与案例分析》的案例，则全部来自企业实际处理及财会中介机构对企业实际辅导的内容。同时，作者还广泛收集企业财会人员的提问，特别是对于企业在实务中遇到的棘手和疑难问题，均通过与税务机关相关法规部门沟通，力求做到准确及贴近实务、贴近需求。

■ **全流程、全业务、全税种，解决各个环节的税务和账务处理问题**

本丛书的第三大特点是各类涉税、会计处理业务全面。很多业务涉及多个税种，由于房地产企业业务繁杂，因此税务机关、企业财会人员在处理某项业务时，容易因疏忽造成漏掉某个税种处理的情况，例如处理预收账款预缴增值税时，同时涉及印花税、预缴土地增值税的计算、会计处理，还涉及企业所得税预计毛利计算等。为此，《房地产企业全流程全税种实务操作与案例分析》一书在解答问题时，注意围绕问题涉及的全部税种以及会计处理，细致到合同印花税的计算和会计处理，力求做到不遗漏。对于税务检查和土地增值税清算业务，为使全面检查、自查不遗漏任何检查点（疑点），《房地产开发企业税务检查实用攻略》《土地增值税清算全流程操作实务与案例》对每个环节涉及的各个点，采取全覆盖形式进行梳理，力求做到全面不留空白。

■ **政策解读与应用：准确、详尽、及时**

本丛书的第四大特点是政策解读直观和依据政策原文。为提高《房地产企业全流程全税种实务操作与案例分析》的实操性，特别是解答问题的直观性，在解答问题时，对敏感的、有争议的及有不同处理方式的问题，不做过多的分析，直接依据政策规定做出解释，每个问题的解释依据全部用文件原文内容，不仅标注文件的文号，还全部落实到文件的条、款、项、点等，这样不仅直观清晰，而且方便税企双方根据给出的文件原文对有争议的问题直接进行协商处理。

除了针对房地产企业，这套丛书还适用于其他各行业，其中《房地产企业全流程全税种实务操作与案例分析》，有大量章节涉及的是所有企业都适用的日常涉税处理，特别是营改增后业务的变化，各类企业会面临同样的问题和同样的会计、涉税处理，例如企业购买的购物卡对应相关的业务招待费、福利费及办公费的处理等。因此，问题解答也同样适合其他企业财会人员参考使用。

《房地产开发企业税务检查实用攻略》一书，虽然针对的是房地产开发企业，但检查思路及涉及的日常检查内容，包括房产税、城镇土地使用税、印花税及个人所得税等，同样适用于其他企业，特别是大要案检查思路，更是适用于其他各类大型企业。

三、丛书读者对象

本丛书作者来自一线、内容来自实战，因此最适合的读者对象是财税一线工作人员。一是税务局管理人员，可以通过丛书直接查阅问题涉及的政策和解决方法。二是税务稽查人员，不仅可以通过丛书直接查阅到问题涉及的政策，而且可以直接根据书中提示对企业相关问题进行检查，在检查大要案时可以根据提示编制检查方案及推进检查过程。三是税务审理人员，可以在审理案件时，根据相关问题直接从书中查阅文件原文及逻辑解释。四是财税中介机构人员，可以根据书中的涉税检查点、问题解答内容，辅导企业正确处理各项业务。五是企业财会人员，可以通过丛书满足不同层次的需求：企业高层财会人员，可以通过阅读掌握重要涉税处理的思路逻辑，便于与税务机关讨论相关业务；企业一线财会人员，可以直接比照进行操作，对有疑问的业务也可以依据书中列举的政策、案例与税务人员进行咨询、沟通，以掌握正确安心的处理方式。

在本丛书的写作过程中，我们得到了许多同行和朋友的帮助，以及中国市场出版社的大力支持，在此一并致以诚挚的谢意！

在涉税业务的实际操作中，新的业务不断发生，税收政策又在不断变化，因此希望大家在阅读参考过程中，积极反馈，将自己的意见和想法等告诉我们，以便今后的版本不断完善。书中难免有错漏和不足之处，恳请广大读者批评指正。

PREFACE
前　言

房地产开发企业涉及税种比较多，也相对比较复杂，对房地产开发企业的税务检查一直是税务机关和各类审计机构非常关注的一项工作。本书基于一线税务检查人员及审计机构审计人员实际工作积累的经验撰写而成，目的是给从事税务审计检查的人员提供一种检查思路或方式，同时也期望能给财税中介机构、企业财务人员在税收风险控制上带来一点启发。

税务检查心得

从多年的税务检查实践来看，我们认为，一个合格的税务检查人员要拥有三种储备，并树立"业务细节第一"的观念。

一是查账知识储备。查账知识储备是指税务检查人员要掌握一定的财务会计知识和查账技术，如会计分录的编制、各种账务处理方式，还有各种查账方法和技术，如顺查法、逆查法、对比分析等，这些可以从书本、课堂等学到，也可以从实践中学到，是最基础的知识储备，也是税务检查人员的业务基础。

二是税收政策储备。税收政策储备是指税务检查人员要熟练掌握相应的政策，因为税务稽查是一种执法行为，没有相应的税收政策储备，执法无从谈起。税务检查人员掌握税收政策有三个要点：一是全面掌握税收政策，因为税务检查涉及所有税种和问题，容不得半点疏漏；二是掌握相关程序法，即工作中的所有行为要符合法律、法规的规定；三是把税收政策和财务会计知识结合起来，因为只有这样才能对问题做出判断和分析，逐步提高检查水平。

三是实践经验储备。税务检查是一项实践性非常强的工作，只有通过不断的工作实践，才能将所学的知识融会贯通、灵活运用。从实践过程看，一般来说都是从简单直观问题查起，或按照规定的格式程序检查，在实践中逐步积累经验，提高对复杂涉税问题进行检查的能力。华裔神探李昌钰说过，破一个案件通常从四个方面着手：物证、人证、资料库和运气。运气从何而来？其实就来源于实践经验储备。

树立"业务细节第一"的观念，就是把理清涉税业务脉络作为第一要务。对于绝大多数税务检查人员来说，不管是书本上学到的知识，还是在实际工作中掌握的技能，都需要在检查中将涉税行为及时与税收政策对照，看是否违反政策规定。对于直观的问题，这个方法是非常有效的，但是对于复杂的问题，绝大多数检查人员无法做到立即将问题与税收政策对照，或者因过多考虑税收政策而无法找出问题所在。要解决这个问题，就需要在税务检查中变换思维，这个变换就是抛开税收政策甚至忘掉税收政策，把相关涉税业务的来龙去脉及账务处理搞清楚，特别是将涉税业务的各个细节搞清楚，将涉及的证据资料收集完整。有了完整详细的业务过程和资料，再去对照政策或通过政策部门人员研判，问题即可迎刃而解。所以在税务检查实践中，对于检查人员来讲，查清相关业务的实质是第一位的，对照政策研判则是第二位的。

本书应用

本书不是讲解常规税务检查知识和一般检查技巧的书，也不以政策解释为主，而是针对房地产开发企业涉税业务特点，在总结一线优秀税务检查人员和审计人员实践经验的基础上，从不同角度和层次，讲述如何对房地产开发企业进行税务检查和审计，努力帮助税务检查人员和税务审计人员提高对房地产开发企业的税务检查能力，同时也能从中受到一定启发，提高自身检查水平。涉税问题的处理与税收政策是联系在一起的，一个问题如何处理，往往最终的依据是税收政策，因此本书涉及的问题处理均给出了相关政策的文号，以便大家在实践中使用。

前　言

本书第一章主要介绍房地产开发企业基本税收问题及会计核算要点，目的是使检查人员对房地产开发企业涉税问题和会计核算有个大致了解，为进入实际检查做好知识储备。本书在介绍检查方式方法时，主要从四种检查角度或思路切入（在第二至第五章详细展开），可供不同需求的税务检查人员和纳税评估人员使用，也可供财税中介机构人员、房地产开发企业财务人员在实际工作中参考。

第二章按照房地产开发环节介绍涉税要点。本章根据房地产开发企业项目运行的环节，将其对应的涉税要点全部提炼出来，尽量做到全面不遗漏，这样既可了解房地产开发企业项目运作的整体涉税过程，也可在检查中归集和对应核查的资料、数据。这些提炼内容在项目运作过程中的任何一个阶段都有用。从检查角度，可以防止检查细节的遗漏，特别是对"非重点"内容的忽视；从纳税管理和纳税评估角度，可以给税务管理提供一个完整的风险控制链条，同时也给纳税评估提供一张完整的风险控制图；从企业角度，可供企业财务人员对照分析自查，查看各环节存在的涉税要点，实现控制涉税风险、提升纳税遵从度的目标。

从检查角度来说，第二章适合初涉房地产开发企业涉税检查的人员使用，一般问题都可以通过对照发现并解决，对于发现的重要问题线索则可以提交给经验更加丰富的人员处理，也可以参考后续章节内容处理。

第三章按照会计要素及主要税种政策进行讲解。本章依据大多数一线检查人员的习惯，根据房地产开发企业会计核算要素和对应税种，将税收政策和涉税问题进行一定的归纳、罗列、对照。从检查角度看，可以根据会计要素对应的税种及政策内容，去核查企业的行为是否违反税收政策。书中逐一列举了问题和检查要点，提醒大家注意房地产开发企业以往存在的问题，尽量做到全面。

第四章介绍特殊涉税行为的检查内容。房地产开发企业特殊涉税行为业务复杂，涉及的税收处理也很复杂，大多数都需要在梳理业务和政策的过程中查明业务内容及适用政策。为不影响第三章的整体内容，因此单独列一章，更加方便大家在工作中遇到特殊事项时作为参照。

从检查角度来说，第三章、第四章更加适合有经验的检查人员在对有重大疑点的企业进行检查时使用，为增强适用性，书中涉税问题的处理全部列明了政策文号，便于查阅原文。

第五章根据土地增值税清算申报表顺序，按照清算逻辑来叙述。本章按照各清算环节列举清算工作归集的各种资料、工作步骤、相应政策以及对应的检查要点。由于土地增值税清算工作是在开发项目运作的尾声进行的，其清算涉及的内容非常全面，因此本章的目的不仅在于土地增值税的清算检查，更重要的是将清算的检查成果覆盖到所有税种的检查，也就是说，本章介绍的是从土地增值税清算检查的角度出发，对所有涉及税种进行检查的一种方式。对于企业来说，可以利用清算成果进行一次自查，对于税务机关来说，可以根据清算成果对企业涉税问题进行一次全面的检查。本章采用的检查思路是从各个环节归集政策和处理问题，不仅可为税务检查人员所用，而且可以成为税务管理人员清算审核和企业开展清算工作的参考。

第六章按税务检查人员实战过程展开。本章和第七章的典型案例一起，从实战角度分析如何综合运用各种技术、技巧等，将企业存在的涉税问题查出。在实践中，对于同样的企业规模、同样的涉税问题，有的检查比较顺利，有的检查则税企双方矛盾尖锐。实际上，除极少数蓄意偷逃税者外，大多数纳税人都看重纳税信誉度，因此如何顺利完成检查任务，是大家非常关注的问题。本章汇聚了一线优秀检查人员长期实践的经验和心得，通过检查流程的梳理告诉大家，税务检查的最高境界是不限于固定的章法和格式，得心应手地运用各种知识、方法和技巧，综合运用各种税务检查知识，让税务检查实现从"技术"到"艺术"的转变。本章分析的重点不是单个的问题，而是从被查企业整体考量，紧扣查前准备、税企沟通、疑点发现以及落实取证等各个环节，模拟实战中对大体量企业的检查过程，对检查体量大以及有重大涉税问题的房地产开发企业有一定的借鉴和启示作用。

需要说明的是：根据营改增相关政策，自2016年5月1日起，在全国范围内全面推开营业税改征增值税试点，建筑业、房地产业、金融业、生活服务业等全部营业税纳税人，纳入试点范围，由缴纳营业税改为缴纳增值税。虽然税收管理业务已全面进入营改增时代，但是从税务稽查业务角度看，由于要按法律（政策）追溯以往业务，因此仍然会涉及营业税问题。营业税与增值税检查的基本思路是相通的，只是在一些具体业务处理上有差异，因此本书在分析相关问题时，对于具体业务的处理兼顾了营业税和增值税。另外，根据《财政部 税务总局关于调整增值税税率的通知》（财税〔2018〕32号）的规定，自2018年5月1日起，"纳税人发生增值税应税销售行为或者进口货物，原适用17%和11%税率的，税率分别调整为16%、10%"。根据《财政部 税务总局 海关总署关于深化增值税改革有关政策的公告》（财政部 税务总局 海关总署

前 言

公告 2019 年第 39 号）的规定，自 2019 年 4 月 1 日起，增值税一般纳税人发生增值税应税销售行为或者进口货物，原适用 16% 税率的，税率调整为 13%；原适用 10% 税率的，税率调整为 9%。对此，本书也在相关案例分析中作了计算演示，供读者参考。

本书涉及的税收政策截止到 2020 年 9 月，基本上涵盖了房地产开发企业涉税的所有政策，在叙述上力求做到注重会计要素、税种内容上的有机联系，其中涉及的政策法规以附录形式进行了整理归集，因此不管是税务检查人员、管理评估人员、财税中介机构审计人员还是企业财务人员，都可以将其作为房地产税收业务风险控制手册来使用。

编写情况

本书在编写过程中参考了国家税务总局教材编写组编写的《税务稽查管理》（中国税务出版社，2008 年 9 月第 1 版），樊剑英编著的《房地产开发企业纳税实务与风险防范》（大连出版社，2012 年 6 月第 2 版），蔡昌、黄洁瑾编著的《房地产企业全程会计核算与税务处理》（中国市场出版社，2017 年 10 月第 3 版），一些政策的处理还参考了税屋网及相关网站部分专家的意见，在此表示衷心感谢！在写作过程中对一些政策的把握得到了国家税务总局南京市税务局孙建中先生、朱国生先生、王东先生的帮助，在此深表谢意。在写作过程中还得到了南京中鸿汇则税务师事务所成秀美女士（注册会计师、注册税务师、高级会计师）、立信税务师事务所江苏分公司曹丰先生（注册会计师、注册税务师）、南京金天益税务师事务所汤晓红女士（注册会计师、注册税务师）、江苏苏税迅通税务师事务所吴东辉先生（注册税务师、注册资产评估师）在相关业务方面的帮助，书稿的文字修改得到了南京瑞唐科技发展有限公司财务部孟甘琳的帮助，在此表示诚挚的感谢！

董 宏

2020 年 9 月

REVISION NOTE
修订说明

《房地产开发企业税务检查实用攻略》问世已近 2 年，在这期间，广大读者给予了极大的支持。这本书出版的时间不长，但根据形势的变化仍然需要修订再版。

一、修订再版的原因

《房地产开发企业税务检查实用攻略》属于实操性书籍，目的是为大家提供一个涉税检查业务的参考或提示。从实操角度，本书修订主要有以下三方面原因：

一是税收政策的更新。《房地产开发企业税务检查实用攻略》出版以后，我国个人所得税、增值税等税改新政密集发布，我们根据这一时期发布的重要政策对书中涉及的相关内容进行了修订。

二是相关内容的提升。《房地产开发企业税务检查实用攻略》出版以来，很多读者在使用过程中提供了宝贵的经验，特别是一些实战经验的分享，我们将这些内容加入书中，更新强化了检查内容。

三是错漏修订。由于编写人员理论、业务水平有限，书中难免有错漏和不足之处，因此借此再版机会修订了一些遗漏和错误。

二、修订再版的编写情况

由于税务检查需要往前追溯一定的时期，因此，我们在修订时，仍然延续第一版的方式，即以增值税为主，对涉及重要的营业税内容的，同时叙述。

需要再次强调的是，本书不是讲解常规税务检查知识和一般检查技巧的书，也不以政策解释为主，而是针对房地产开发企业涉税业务特点，在总结一线优秀税务检查人员和审计人员实践经验的基础上，从不同角度和层次，讲述如何对房地产开发企业进行税务检查。因此，第二版适当淡化了对税收政策的解释，突出了检查内容。

我们邀请国家税务总局南京市税务局稽查局李璐女士对书中的检查方法进行了审核修订。

本次修订再版，还要感谢中国市场出版社副总编胡超平女士和几位编辑，她们在本次修订过程中提供了热心指导、审阅以及精心编辑，在此致以衷心的感谢！

由于笔者理论水平有限，书中难免有错漏和不足之处，诚望读者朋友继续将批评的意见和自己的想法告诉我们，以便今后的版本不断完善。

特别提醒：本书涉及的检查方式及相关政策解释（处理）属于个人（本书）观点，所涉及的政策解释均为配合检查方式（或思路）所用，正式解释以当地税务机关解释为准。书中涉及的各种案例均为模拟案例，如有雷同，纯属巧合。

CONTENTS 目 录

第一章　房地产开发业务及其会计核算、涉税基本知识 1

　第一节　房地产开发业务基本知识 3
　　　一、房地产开发相关概念 3
　　　二、房地产开发主要业务活动 4
　　　三、房地产开发企业项目运作方式分类 5
　　　四、房地产开发的主要阶段 6

　第二节　房地产开发企业会计核算概述 10
　　　一、营业收入 10
　　　二、开发成本 13
　　　三、营业成本 15
　　　四、期间费用 17
　　　五、应交税费 18
　　　六、利　润 21

　第三节　房地产开发企业涉税影响 25
　　　一、房地产开发企业运行特点对税收的影响 25
　　　二、房地产开发涉及税种概述 26

第二章　房地产开发环节涉税资料及对应涉税检查要点　43

第一节　开发项目前期准备阶段　45
一、项目可行性研究环节　45
二、购置开发用地环节　49
三、取得建设用地规划许可证环节　55
四、项目规划设计与报建环节　58

第二节　开发项目工程实施阶段　61
一、房屋拆迁、安置环节　61
二、开发项目工程建设准备环节　65
三、施工队伍招投标环节　68
四、开发项目施工建设环节　70
五、开发项目竣工验收环节　73

第三节　房地产销售阶段　81
一、取得《销（预）售许可证》环节　81
二、房地产销售的前期环节　83
三、签订买卖合同环节　87
四、房款的收取和催收环节　89
五、交付验收环节　92
六、利润分配环节　95

第四节　物业保有阶段　97
一、房地产开发企业将开发产品转自用　97
二、房地产开发企业出租开发产品　100

第三章　房地产开发企业按财务核算三要素及税种检查要点　103

第一节　销售收入的税务检查　105
一、销售收入检查需要归集查阅的资料　105
二、销售收入检查涉及的主要科目　105

三、销售收入检查涉及的主要税收政策　106

四、销售收入方面的常见税收问题及检查要点　115

第二节　成本费用的税务检查　127

一、成本费用检查需要归集查阅的资料　127

二、成本费用检查涉及的主要科目　127

三、成本费用检查涉及的税收政策　128

四、成本费用方面的常见税收问题及检查要点　141

第三节　房地产开发企业经营成果的税务检查　150

一、经营成果检查需要归集查阅的资料　150

二、经营成果检查涉及的主要科目　150

三、经营成果检查涉及的税收政策　150

四、经营成果方面的常见税收问题及检查要点　152

第四节　土地增值税清算涉及企业所得税问题的处理与检查　155

一、土地增值税清算涉及的退税政策　155

二、进行企业所得税检查时对土地增值税清算成果的应用　158

第五节　其他税种的税务检查　160

一、房产税　160

二、城镇土地使用税　163

三、印花税　167

四、个人所得税　169

第四章　房地产开发企业特殊涉税业务检查处理要点　175

第一节　房地产合作开发的税务处理　177

一、房地产合作开发的概念　177

二、合作建房的增值税（营改增前为营业税）处理　178

三、合作建房的企业所得税处理　183

四、合作建房的土地增值税处理　185

五、合作建房中特殊情况的房产税处理　186

六、合作建房的税务检查　186

七、合作建房涉税处理案例分析　188

第二节　代建工程的税务处理　192

一、仅收取代建手续费的代建行为　192

二、其他类型的代建行为　193

三、代建工程的企业所得税处理　194

四、代建工程涉税问题检查　195

第三节　视同销售行为的税务处理　198

一、视同销售行为的营业税规定　198

二、视同销售行为的增值税规定　199

三、视同销售行为的土地增值税规定　200

四、视同销售行为的企业所得税规定　201

五、无偿赠送商品房的综合税务处理案例分析　201

六、视同销售行为的税务检查　202

第四节　房地产开发企业特殊促销业务的税务处理　204

一、销售（营销）商品房赠送物品的处理　204

二、售后回租（经营性）的处理　208

三、售后回购的处理　213

第五节　地下建筑涉税问题处理　218

一、土地出让金的涉税处理　218

二、地下车库（位）的土地增值税处理　220

三、地下人防设施的涉税处理　222

第六节　拆迁还房问题的处理　223

一、拆迁还房的主要形式　223

二、营业税处理　223

三、增值税处理　225

四、土地增值税处理　226

　　　　五、企业所得税处理　*226*

　　　　六、拆迁还房涉税审计检查　*227*

　　第七节　发票检查中发票违规行为涉及的相关处理　*229*

　　　　一、取得虚开增值税专用发票的增值税处理　*229*

　　　　二、取得虚开的增值税专用发票的企业所得税税前扣除　*232*

第五章　房地产开发企业土地增值税清算检查要点　*237*

　　第一节　土地增值税清算检查风险模型　*239*

　　第二节　土地增值税预征、核定征收政策及检查　*240*

　　　　一、土地增值税预征　*240*

　　　　二、土地增值税核定征收　*242*

　　第三节　土地增值税清算项目的确定　*245*

　　　　一、确定清算项目需要归集的资料　*245*

　　　　二、确定清算项目涉及的政策　*245*

　　　　三、税务检查要点　*247*

　　第四节　土地增值税清算应归集的资料　*248*

　　　　一、土地增值税清算需要归集的资料　*248*

　　　　二、土地增值税清算中产生的资料　*250*

　　　　三、分期、分项计算资料的应用　*253*

　　第五节　转让房地产收入总额的确定及检查　*254*

　　　　一、土地增值税清算涉及的房地产转让数据和资料　*254*

　　　　二、需要查看的科目　*254*

　　　　三、转让房地产收入涉及的政策　*255*

　　　　四、税务审计检查要点　*258*

　　第六节　取得土地使用权支付金额的检查　*265*

　　　　一、取得土地使用权支付金额涉及的资料　*265*

　　　　二、政策规定　*266*

　　　　三、税务审计检查要点　*266*

　　第七节　房地产开发成本的清算检查　*270*

一、房地产开发成本相关资料的归集 270

二、政策规定 272

三、检查方法及要点 280

第八节 房地产开发费用的确定和检查 288

一、房地产开发费用确认应归集的资料 288

二、政策规定 288

三、检查方式及要点 291

第九节 与转让房地产有关的税金的检查 293

一、税金扣除相关政策 293

二、其他政策规定 294

三、税金统计环节涉及资料的归集 294

四、检查方式及要点 295

第十节 财政部规定的其他扣除项目的检查 296

一、其他扣除项目涉及的资料 296

二、相关政策规定 296

三、检查方式及要点 296

第十一节 特殊事项综合处理 298

一、特殊事项处理介绍 298

二、检查方式及要点 303

第十二节 其他土地增值税问题的处理 304

一、旧房和建筑物清算检查 304

二、清算结果和清算后问题 306

三、其他问题的处理 309

第六章 房地产开发企业综合税务检查实战技巧 313

第一节 查前准备 315

一、查前准备的重要性 315

二、查前信息资料的归集及分析方向 315

三、查前信息资料的分析判断 317

第二节　首次沟通交流　322
　　一、掌握需要了解的内容　322
　　二、通过沟通初步判断涉税问题　324
　　三、企业相关资料数据的归集　326
　　四、拷贝企业电子账套　327

第三节　检查、沟通要点　329
　　一、预收性质款项的检查　330
　　二、营业收入的检查　333
　　三、开发成本的检查　336
　　四、城镇土地使用税的检查　353
　　五、土地合同、勘测设计合同及金融企业贷款
　　　　合同印花税的检查　354
　　六、单纯卖地行为涉税问题的检查　355

第四节　问题落实沟通及取证　357
　　一、问题落实沟通　357
　　二、取　证　359

第七章　房地产开发企业税务检查典型案例　363

案例一　某公司少算土地面积、股东无偿取得房屋及多转开发成本　365
　　一、查前分析　365
　　二、检查出的问题　365
　　三、检查过程及方式　366
　　四、案例点评　370

案例二　某公司预收账款挂账、多转预估成本、土地成本分摊
　　　　不合理　371
　　一、查前准备　371
　　二、检查出的问题　372
　　三、检查过程及方式　373
　　四、案例点评　375

案例三　某房地产开发公司虚增成本　376
　　一、基本案情　376
　　二、查前准备　376
　　三、检查过程　377
　　四、案例点评　378

案例四　某房地产开发公司虚构业务虚增成本　379
　　一、基本案情　379
　　二、查前准备　379
　　三、检查过程　379
　　四、案例点评　380

案例五　某公司代建工程少结转收入　381
　　一、基本案情　381
　　二、检查方法　382
　　三、案例点评　384

案例六　某公司取得不征税收入对应资产处理不当　385
　　一、检查出的问题　385
　　二、检查方法　386
　　三、案例点评　387

案例七　某公司多提"暂估款"及融资费用处理不当　390
　　一、检查出的问题　390
　　二、检查过程及方法　390
　　三、案例点评　393

案例八　某公司材料成本差异结转及融资费用处理　394
　　一、基本案情　394
　　二、检查过程及方式　394
　　三、案例点评　396

附录　房地产开发企业涉税文件清单　397

PRACTICAL STRATEGIES OF
Real Estate Enterprises'
TAX INSPECTION

第一章
房地产开发业务及其会计核算、涉税基本知识房地产开发企业相关业务涉及的财务核算相对复杂，涉及税种也较多，本章从税务管理、税务检查和企业内部审计的检查看账角度，简要介绍房地产开发企业相关业务、会计核算及对应的税收基本知识，这是对房地产开发企业开展税务检查的基础。考虑到营改增前后，营业税和增值税的处理方式不同，在涉及流转税问题时，以增值税为主，将营业税和增值税的处理方式同时列举，以备在处理营改增前后相关业务时参考。

第一节 房地产开发业务基本知识

一、房地产开发相关概念

1. 房地产

房地产是房产和地产的总称，指土地及地上建筑物、附着物。其中，房产包括房屋建筑物和房屋附属物，地产包括土地和土地附着物。

2. 房地产开发企业

房地产开发企业是指以营利为目的，从事房地产开发和经营的企业，它既是房地产产品的生产者，又是房地产产品的经营者。

3. 房地产开发

房地产开发是指房地产开发企业在依法取得国有土地使用权的土地上进行基础建设、房屋建设的行为。具体来说，就是房地产开发企业以营利为目的投资开发房地产项目，从立项、规划、土地出让或转让、拆迁、建设到销售等一系列的经济行为，其开发项目主要是标准住宅、别墅、商铺、写字楼等。

4. 房地产经营

房地产经营是指房地产开发企业对相关开发产品的销售或出租等活动。

二、房地产开发主要业务活动

1. 土地的开发与经营

房地产开发企业有偿获得土地后，通过"三通一平"等将生地变为熟地，既可将其有偿转让给其他单位使用，也可自行组织建造房屋和其他设施，然后作为商品作价出售，还可以开展土地出租业务等。

土地按开发程度可分为：生地、毛地、净地。

2. 房屋的开发与经营

房屋的开发指房屋的建造，房屋的经营指房屋的销售与出租。房地产开发企业开发的房屋，按用途可分为商品房、公租房、廉租房、周转房、安置房和代建房，等等。

3. 城市基础设施和公共配套设施的开发

城市基础设施包括工程性基础设施和社会性基础设施。工程性基础设施一般指能源系统、给排水系统、交通系统、通信系统、环境系统、防灾系统等工程设施。社会性基础设施则指行政管理、文化教育、医疗卫生、商业服务、金融保险、社会福利等设施。

公共配套设施主要指住宅周边的市政公用设施和绿地，包括道路、公交站场、环卫设施，各类公用管线（自来水、电力、电信、燃气、热力、有线电视、雨水、污水等的管线）及相应的建筑物、构筑物和绿地（包括公园等各种形式的绿地）等设施。

4. 土地使用权转让

土地使用权转让是指房地产开发企业将已经取得的国有土地使用权直接卖出（转让）的行为。房地产开发企业直接转让的开发用地，可以是生地、毛地或者净地。

5. 代建工程的开发

代建工程的开发是企业接受政府或其他单位委托，为其进行工程的开发。

三、房地产开发企业项目运作方式分类

（一）依照项目开发主体数量划分

依照项目开发主体的数量来划分，房地产开发企业项目运作的方式主要有独家开发和合作开发两种。独家开发是指开发企业自己拿地、独立开发，独自承担开发成果和风险；合作开发是指一方提供资金，一方提供土地的开发方式。

根据合作和分配方式的不同，合作开发方式又可具体分为以下三种：

1. 以物易物

以物易物，即甲方提供土地，乙方提供资金，房屋建成后，乙方按协议分配给甲方。

2. 共同承担风险

共同承担风险的合作，即甲方以土地使用权、乙方以货币资金入股，共同承担风险，共同分享利润。

3. 收取固定利益

按收入提成或提取固定利润合作，即甲方以土地使用权、乙方以货币资金合股建房，房屋建成后，甲方按销售收入的一定比例提成或提取固定利润。

（二）依照开发主体经营内容划分

依照开发主体的经营内容来划分，房地产开发企业项目运作的方式主要有：单纯开发销售房产、单纯转让土地使用权、既销售房产又转让土地使用权以及兼营代建业务。

四、房地产开发的主要阶段

房地产开发项目从开始到最终结束,整个生产经营周期大致可划分为四个阶段,各阶段业务内容及主要会计处理如下。

(一)开发项目前期准备阶段

1. 业务内容

前期准备阶段的主要业务包括开发项目的立项、可行性分析、项目规划设计等,从税种和业务关联角度而言还应包括之前国有土地使用权的取得等。这个阶段产生的相关数据是增值税、土地增值税和企业所得税计算的重要依据。

2. 主要会计处理(营改增后)

这个阶段从性质上来讲,属于房地产项目的开发阶段,其涉及的主要会计处理如下:
(1)支付土地出让金、契税、拆迁补偿费、各项规费等。
　　借:开发成本——土地出让金、拆迁补偿费等
　　　贷:银行存款
(2)支付与立项、可行性分析等相关的一般性费用。
　　借:开发成本——前期开发费(或开发间接费用)
　　　贷:银行存款(现金)

【提示】为突出检查方式及思路,相关会计处理仅介绍常规性处理。下同。

(二)开发项目工程实施阶段

1. 业务内容

工程实施阶段是房地产开发最重要的阶段,通过各种活动完成开发产品的建设过程,项目开发的主要建设成本和费用均在这一阶段发生。在整个项目开发周

期中，企业所得税、土地增值税税前扣除最重要的计算依据大都发生在这一阶段，同时该阶段也是增值税进项税额发生的主要阶段。

2. 主要会计处理（营改增后）

这个阶段性质上也属于房地产项目的开发阶段，其涉及的主要会计处理如下：

(1) 支付各项开发成本。

借：开发成本——前期工程费
　　　　　　——基础设施费
　　　　　　——建筑安装工程费
　　　　　　——公共配套设施费
　　　　　　——开发间接费用
　　应交税费——应交增值税（进项税额）
贷：银行存款

(2) 支付融资费用（借款费用不能抵进项税额）。不能分清成本对象的融资费用先归集在"开发间接费用"科目，然后按政策规定在各成本对象之间分摊。

①归集融资费用。

借：开发间接费用——融资费用
贷：银行存款

②按一定方式分配。

借：开发成本——开发间接费用——融资费用
贷：开发间接费用——融资费用

（三）房地产销售阶段

1. 业务内容

销售阶段是指房地产开发企业整个预售（销售）阶段，从税种和业务关联角度而言还应包括营销阶段，这一阶段从项目开始营销初期，经过预售（销售）、交房等环节，直到尾盘（含车库）销售结束，基本涵盖项目开发周期的大部分时间段。增值税纳税义务发生时间大都在这一阶段，土地增值税、企业所得税销售额（所得）

的计算数据也基本发生在这一阶段。

2. 主要会计处理（营改增后）

销售阶段包括预售阶段和正式销售阶段，其涉及的主要会计处理如下：

(1) 取得预售收入并计算预交增值税。

　　借：银行存款（现金）

　　　　贷：预收账款——××

　　　　　　应交税费——预交增值税

(2) 项目完工后，分配开发间接费。

　　借：开发成本——××（确定的各成本对象）

　　　　贷：开发间接费用

(3) 完工结转开发产品。

　　借：开发产品——各项目（普通住宅、别墅、商铺等）

　　　　贷：开发成本——××（各项成本明细）

(4) 交房（达到确认收入的条件）。

　　借：预收账款——××

　　　　贷：主营业务收入——××（房屋项目）

　　　　　　应交税费——应交增值税（销项税额）

(5) 结转交房成本。

　　借：主营业务成本

　　　　贷：开发产品——各项目（普通住宅、别墅、商铺等）

(6) 预交税金及附加与土地增值税。该部分预交的与项目收入密切相关的税金，在项目尚未结转收入时，在"应交税费"科目借方核算，待结转收入时，再行结转记入"税金及附加"科目。

缴纳时：

　　借：应交税费——应交土地增值税

　　　　　　　　——应交城市维护建设税

　　　　　　　　——应交教育费附加

　　　　贷：银行存款

结转时：

借：税金及附加——土地增值税
　　　　　　——城市维护建设税
　　　　　　——教育费附加
　　贷：应交税费——应交土地增值税
　　　　　　　——应交城市维护建设税
　　　　　　　——应交教育费附加

（四）物业保有阶段

1. 业务内容

物业保有阶段主要是指项目基本完成后，房地产开发企业对自持物业的使用和经营。从税种和业务关联角度而言，这个阶段有的企业有自持物业，有的企业产成品全部销售没有自持物业，涉及的税收主要是一般经营中的税收，已经不是项目开发过程中产生的税收。

2. 主要会计处理（营改增后）

这一阶段主要是指转固定资产或投资性房地产的处理，其涉及的主要会计处理如下（一般纳税人）：

（1）结转自持资产。

　　借：固定资产或投资性房地产
　　　　贷：开发产品——各项目（普通住宅、别墅、商铺等）

（2）出租收到租金时。

　　借：银行存款
　　　　贷：其他业务收入
　　　　　　应交税费——应交增值税（销项税额）

第二节

房地产开发企业会计核算概述

一、营业收入

营业收入是指房地产开发企业在生产经营活动中由于房地产开发、销售商品和提供劳务等而取得的收入。

(一) 营业收入的分类

房地产开发企业的营业收入可分为主营业务收入和其他业务收入两类。

1. 主营业务收入

主营业务收入是指从事主要经营活动所取得的收入。房地产开发企业的主要业务是土地开发、房屋开发、配套设施开发和代建工程开发等,因此其主营业务收入主要是房地产的经营收入,包括土地转让收入、商品房销售收入、配套设施销售收入、代建工程结算收入和出租开发产品的租金收入等。

2. 其他业务收入

其他业务收入是指从事主营业务活动以外的其他业务活动所取得的收入。房地产开发企业的其他业务收入主要包括商品房售后服务收入、材料销售收入、无形资产转让收入和固定资产出租收入等。另外,房地产开发企业还可能从事多种经营,比如有附属的商业、餐饮服务业等,从事多种经营所取得的收入也应属于其他业务收入的范围。

(二) 主要核算科目

1. "预收账款"科目

由于房地产开发项目周期比较长,一般房地产开发企业销售商品房采取预售(制度)形式,通过"预收账款"科目先归集已经收取(预售以及后期的现房销售)的购房款,在项目竣工达到确认收入条件后再结转收入。"预收账款"科目的贷方(对应科目:"主营业务收入")登记收到的购房款,借方登记结转的销售收入,一般贷方余额表示尚未结转销售收入的预收房款。需要注意的是,在营销过程中,收取的"诚意金"、"看房金"及"定金"等,在性质确定后也要转入或直接记入"预收账款"科目。

(1) 营改增后。营改增后,根据《房地产开发企业销售自行开发的房地产项目增值税征收管理暂行办法》(国家税务总局公告2016年第18号发布)的规定,记入"预收账款"科目的预售房款要先计算预缴增值税,预缴的增值税记入"应交税费——预交增值税"科目,待项目竣工交付实现纳税义务时,再按规定计算增值税。城市维护建设税等附加则记入"税金及附加"科目进行后续处理。

一般纳税人采取预收款方式销售自行开发的房地产项目,应在收到预收款时按照3%的预征率预缴增值税。

应预缴税款计算公式如下:

$$应预缴税款 = 预收款 \div (1 + 适用税率或征收率) \times 3\%$$

其中,适用一般计税方法计税的,按照9%的适用税率计算;适用简易计税方法计税的,按照5%的征收率计算。

房地产开发企业中的小规模纳税人(以下简称小规模纳税人)采取预收款方式销售自行开发的房地产项目,应在收到预收款时按照3%的预征率预缴增值税。

应预缴税款计算公式如下:

$$应预缴税款 = 预收款 \div (1 + 5\%) \times 3\%$$

> **【提示】** 根据《财政部 税务总局关于调整增值税税率的通知》（财税〔2018〕32号）、《财政部 税务总局 海关总署关于深化增值税改革有关政策的公告》（财政部 税务总局 海关总署公告2019年第39号）的规定，自2018年5月1日起至2019年4月1日，纳税人发生增值税应税销售行为或者进口货物，原适用17%和11%税率的，税率分别调整为16%、10%。自2019年4月1日起，增值税一般纳税人发生增值税应税销售行为或者进口货物，原适用16%税率的，税率调整为13%；原适用10%税率的，税率调整为9%。本书后续内容中政策及公式涉及税率的，一般以最后一次公布的税率为准。

（2）营改增前。营改增前，根据营业税政策，房地产开发企业收取的预售款要全额缴纳营业税（及附加），营业税税率为5%。缴纳的营业税及附加记入"营业税金及附加"科目进行后续处理。

2."预交增值税"明细科目

"预交增值税"属于"应交税费"的二级明细科目，核算一般纳税人转让不动产、提供不动产经营租赁服务、提供建筑服务、采用预收款方式销售自行开发的房地产项目，以及其他按现行增值税制度规定应预缴的增值税额等。

3."主营业务收入"科目

房地产开发企业核算营业收入的主要科目是"主营业务收入"，该科目的贷方登记本期实现的经营收入，即由"预收账款"科目结转的不含税销售收入。该科目的借方登记期末结转的经营收入、销售退回、销售折让和折扣，期末结转后，该科目应无余额。"主营业务收入"科目应按照经营收入的类别设置明细科目，进行明细核算，设置的主要明细科目有："土地转让收入""商品房销售收入""配套设施销售收入""代建工程结算收入""出租产品租金收入"等。

4."其他业务收入"科目

房地产开发企业核算其他业务收入的主要科目是"其他业务收入"，该科目的贷方登记企业本期取得的各项其他业务收入，借方登记期末转入"本年利润"科目的其他业务收入，期末结转后，该科目应无余额。"其他业务收入"科目按其业务收入的种类设置明细科目，进行明细核算。

二、开发成本

开发成本是指房地产开发企业在产品开发过程中所发生的各项成本费用支出，它反映了房地产开发企业在项目开发过程中所耗费的全部物化劳动与活劳动。

（一）成本费用的分类

房地产开发企业的成本费用可分为开发成本和开发间接费两类。

1. 开发成本

房地产开发企业的直接成本包括项目开发过程中在土地、房屋、配套设施等上发生的各项成本，也包括代建工程过程中发生的各项成本，核算科目主要是"开发成本"。

2. 开发间接费

房地产开发企业为组织和管理开发项目，直接发生且不能将其归属于特定成本对象的成本费用支出，记入"开发间接费用"科目核算，主要是指管理人员工资、职工福利费、折旧费、办公费、水电费、周转房摊销、劳保费等。

（二）主要核算科目

1. "开发成本"科目

（1）核算内容。"开发成本"科目核算房地产开发企业在土地、房屋、配套设施和代建工程的开发过程中发生的各项费用。该科目应按开发成本的种类，设置"土地开发""房屋开发""配套设施开发""代建工程开发"二级明细科目，并在二级明细科目下，按成本核算对象进行明细核算，设置的项目包括"土地征用及拆迁补偿费""前期工程费""基础设施费""建筑安装工程费""配套设施费""开发间接费用"等。在项目开发中发生的各项直接开发费用，直接计入各成本核算对象，即借记"开发成本"总分类科目和明细分类科目，贷记有关科目。

项目完成后，该科目计算已完工开发项目从筹建至竣工验收的全部开发成本，并将其结转进入"开发产品"科目，即借记"开发产品"科目，贷记"开发成本"科目。按已完工开发产品的实际功能和去向，将开发产品实际成本结转进入有关科目。即借记"主营业务成本""分期收款开发产品""出租开发产品""周转房"等科目，贷记"开发产品"科目。

(2) 开发成本项目的主要类别。

①土地征用及拆迁补偿费。指房地产开发时为征用土地所发生的各项费用，包括土地出让金、劳动力安置费、青苗补偿费、土地补偿费、拆迁补偿费及其他因征用土地而发生的费用（如耕地占用税）等。

②前期工程费。指企业在前期准备阶段发生的各项费用，包括总体规划设计费、可行性研究费、政府代收代缴的各项费用、勘察设计费、各项临时工程（临时水、临时电、临时路等）费用、"七通一平"或"三通一平"费用等。

③基础设施费。指建造各项基础设施发生的费用。基础设施主要是指与开发产品相关的道路、供热设施、供水设施、供电设施、供气设施、通信设施、照明设施，以及绿化（包括排污、排洪、环卫）等，这些设施发生的设备及安装费都在基础设施费项目内归集。

④建筑安装工程费。指企业以出包方式支付承建单位的建筑安装工程费和自营工程发生的建筑安装费。

⑤配套设施费。指为开发项目服务的，不能有偿转让的各项公共配套设施发生的费用，如锅炉房、水塔、公共厕所、自行车棚等。凡能有偿转让的公共配套设施，如商店、邮局、学校、医院、理发店等，都不能计入该成本项目。

⑥开发间接费。指企业所属的开发部门或工程指挥部门为组织和管理开发项目而发生的各项费用支出，包括工资、福利费、办公费、差旅费、折旧费、修理费、水电费、劳动保护费、周转房摊销等。企业的各行政部门为管理公司而发生的各项费用不在此列，应在"管理费用"科目中核算。

(3) 开发产品成本核算对象。指在开发产品成本的计算中，为了归集和分配开发费用而确定的费用承担者。企业应根据其开发项目的特点及实际情况，按照下列方法选择成本核算对象：

①一般的开发项目。一般的单独开发项目，以每一独立编制的概算或施工图预算所列单项工程为成本核算对象。

②多个开发项目。同一开发地点、结构类型相同的群体开发项目，开竣工时间相近、由同一施工单位施工的，可以并为一个成本核算对象。

③工期跨度大的开发项目。对于个别规模较大、工期较长的开发项目，可以按一定的区域和部位，划分成本核算对象。

2."开发间接费用"科目

"开发间接费用"科目核算房地产开发企业内部独立核算单位为开发产品而发生的各项间接费用，包括工资、福利费、折旧费、修理费、办公费、水电费、劳动保护费、周转房摊销等。该科目应按企业内部不同的单位、部门（分公司）设置明细科目。为项目开发服务而发生的各项开发间接费用，先归集在"开发间接费用"科目，即借记"开发间接费用"总分类科目和明细分类科目，贷记有关科目。将"开发间接费用"科目归集的开发间接费，按一定的方法分配计入各开发成本核算对象，即借记"开发成本——各成本对象"总分类科目和明细科目，贷记"开发间接费用"科目。

3."开发产品"科目

"开发产品"科目核算已经完工并已验收合格，可以移交（销售）给客户的产成品。在项目竣工验收时，按实际成本借记"开发产品"科目，贷记"开发成本"科目。

三、营业成本

（一）核算内容

营业成本是指房地产开发企业对外转让、销售、结算和出租产品应结转的实际成本。

（二）主要核算项目及科目

营业成本的核算应设置"主营业务成本"科目。该科目应按照营业成本的种类设置明细账,如"土地转让成本""商品房销售成本""配套设施销售成本""代建工程结算成本""出租产品经营成本""税金及附加"等科目。

1. 出售土地的成本

对于转让的土地,月末根据本月已转让土地的实际成本,借记"主营业务成本——土地转让成本"科目,贷记"开发产品——土地"科目。

2. 出售商品房的成本

对于转让的商品房,月末根据各成本对象累计已实现的计税成本和可售面积,计算出单位计税成本,用单位成本乘以已对外转让商品房的实际面积,得出结转对象的实际成本,借记"主营业务成本——商品房销售成本"科目,贷记"开发产品——商品房"科目(**注意**:房地产开发企业一般按季度或年度结转收入与成本)。

3. 转让配套设施的成本

对于转让的配套设施,月末根据本月已对外转让配套设施的实际成本,借记"主营业务成本——配套设施销售成本"科目,贷记"开发产品——配套设施"科目。

4. 移交的代建工程成本

对于移交的代建工程,月末根据本月移交的代建工程的实际成本,借记"主营业务成本——代建工程结算成本"科目,贷记"开发产品——代建工程"科目。

5. 出租产品经营成本

企业按月计提的出租产品摊销和发生的维修费用,借记"主营业务成本——出租产品经营成本",贷记"出租开发产品"等科目。

期末,应将该科目的余额全部转入"本年利润"科目,结转后,该科目应无余额。

6. 税金及附加

"税金及附加"科目核算企业经营活动发生的消费税、城市维护建设税、资源税、教育费附加及房产税、土地使用税、车船税、印花税、土地增值税等相关税费。月份终了，企业按规定计算出应由当月经营收入负担的税金及附加，借记"税金及附加"科目，贷记"应交税费"科目。期末，应将该科目的余额转入"本年利润"科目，结转后，该科目应无余额。营改增前该科目名称为"营业税金及附加"，核算的内容包括土地增值税、营业税、城市维护建设税、教育费附加及地方教育附加。

四、期间费用

（一）核算内容

房地产开发企业的期间费用包括销售费用、管理费用、财务费用，可以在当期进行企业所得税处理。它与开发间接费不同，开发间接费不能在当期进行企业所得税处理。

（二）主要核算科目

1．"销售费用"科目

销售费用是企业为销售而发生的各项费用，包括产品销售之前的改装修复费、产品看护费、水电费、采暖费，产品销售过程中发生的广告宣传费、展览费，以及为销售本企业的产品而专设的销售机构的职工工资、福利费、业务费等经常性费用。

销售费用的主要核算科目是"销售费用"，一般按费用项目设置明细科目。企业发生的销售费用，借记该科目，贷记"现金""银行存款""应付职工薪酬"等科目。期末，应将该科目的金额全部转入"本年利润"科目，结转后，该科目应无余额。

2．"管理费用"科目

管理费用是企业行政管理部门（总部）为组织和管理房地产开发经营活动而发生的管理费用，包括工资、福利费、工会经费、职工教育经费、劳动保险费、待业保险费（**注意**：房产税、车船税、印花税、土地使用税在营改增后已经调整入"税金及附加"科目核算）、技术开发费、无形资产摊销、递延资产摊销、业务招待费、坏账损失以及其他管理费等。

管理费用的主要核算科目是"管理费用"，按费用项目设置明细科目。企业发生的各项管理费用，借记该科目，贷记"现金""银行存款""累计摊销""长期待摊费用""累计折旧""应交税费""应付职工薪酬"等科目。期末，应将该科目的余额全部转入"本年利润"科目，结转后，该科目应无余额。

3. "财务费用"科目

财务费用是企业在房地产开发经营过程中，为进行资金筹集等理财活动而发生的费用，包括利息支出（减利息收入）、汇兑损失（减汇兑收益）以及相关的手续费等。企业发生的财务费用，借记该科目，贷记"银行存款""应付利息"等科目，发生的应做冲减财务费用处理的利息收入、汇兑损益等，借记"银行存款""应收利息"等科目，贷记该科目。期末，应将该科目的余额全部转入"本年利润"科目，结转后，该科目应无余额。

房地产开发企业为项目开发筹集资金所发生的费用，在项目尚未完工（竣工）交付使用前发生的，应计入有关项目成本费用科目，不包括在该科目的核算范围内。

五、应交税费

（一）核算内容

各税种的纳税义务发生时间与营业收入的实现、费用扣除的配比等存在一定的差异，企业要按照纳税义务发生时间缴纳税款，并按照权责发生制原则将应缴税款进行预提处理，该科目核算企业按照税法等规定计算应缴纳的各种税费，包括增值税、消费税、营业税、所得税、资源税、土地增值税、城市维护建设税、房产税、城镇土地使用税、车船税、教育费附加、矿产资源补偿费等。企业代扣代缴的个人所得税等，也通过该科目核算。该科目期末贷方余额，反映企业尚未缴纳的税费；期末如为借方余额，反映企业多交或尚未抵扣的税费。

（二）主要核算项目

1. 税金及附加

营改增后，"营业税金及附加"科目名称调整为"税金及附加"科目，该科目核算企业经营活动发生的消费税、城市维护建设税、资源税、教育费附加及房产税、城镇土地使用税、车船税、印花税等相关税费；利润表中的"营业税金及附加"项目调整为"税金及附加"项目。

企业按规定计算应交的城市维护建设税、教育费附加等，借记"税金及附加"科目，贷记"应交税费"科目。实际缴纳时，借记"应交税费"科目，贷记"银行存款"等科目。

2. 转让土地使用权应交的土地增值税

对土地使用权与地上建筑物及其附着物一并在"固定资产"等科目核算的，借记"固定资产清理"等科目，贷记"应交税费"科目（应交土地增值税）；对土地使用权在"无形资产"科目核算的，按实际收到的金额，借记"银行存款"科目，按应交的土地增值税，贷记"应交税费"科目（应交土地增值税），同时冲销土地使用权的账面价值，贷记"无形资产"科目，按其差额，借记"营业外支出"科目或贷记"营业外收入"科目。实际缴纳土地增值税时，借记"应交税费"科目，贷记"银行存款"等科目。

3. 房产税等

企业按规定计算应交的房产税、城镇土地使用税、车船税、印花税等，借记"税金及附加"科目，贷记"应交税费"科目。实际缴纳时，借记"应交税费"科目，贷记"银行存款"等科目。

4. 企业所得税

企业按照税法规定计算应交的企业所得税，借记"所得税费用"等科目，贷记"应交税费"科目（应交所得税）。实际缴纳企业所得税时，借记"应交税费"科目，贷记"银行存款"等科目。

5. 增值税

根据《增值税会计处理规定》（财会〔2016〕22号文件发布）的规定，增值税一般纳税人应当在"应交税费"科目下设置"应交增值税""未交增值税""预交增值税""待抵扣进项税额""待认证进项税额""待转销项税额""增值税留抵税额""简易计税""转让金融商品应交增值税""代扣代交增值税"等明细科目。

（1）"应交增值税"明细科目。一般纳税人应在"应交增值税"明细账内设置"进项税额""销项税额抵减""已交税金""转出未交增值税""转出多交增值税""减免税款""销项税额""进项税额转出"等专栏。

①"进项税额"专栏，记录一般纳税人购进货物、加工修理修配劳务、服务、无形资产或不动产而支付或负担的、准予从当期销项税额中抵扣的增值税额；

②"销项税额抵减"专栏，记录一般纳税人按照现行增值税制度规定因扣减销售额而减少的销项税额；

③"已交税金"专栏，记录一般纳税人当月已缴纳的应交增值税额；

④"转出未交增值税"和"转出多交增值税"专栏，分别记录一般纳税人月度终了转出当月应交未交或多交的增值税额；

⑤"减免税款"专栏，记录一般纳税人按现行增值税制度规定准予减免的增值税额；

⑥"销项税额"专栏，记录一般纳税人销售货物、加工修理修配劳务、服务、无形资产或不动产应收取的增值税额；

⑦"进项税额转出"专栏，记录一般纳税人购进货物、加工修理修配劳务、服务、无形资产或不动产等发生非正常损失以及其他原因而不应从销项税额中抵扣、按规定转出的进项税额。

（2）"未交增值税"明细科目。核算一般纳税人月度终了从"应交增值税"或"预交增值税"明细科目转入当月应交未交、多交或预缴的增值税额，以及当月交纳以前期间未交的增值税额。

（3）"预交增值税"明细科目。核算一般纳税人转让不动产、提供不动产经营租赁服务、提供建筑服务、采用预收款方式销售自行开发的房地产项目等，以及其他按现行增值税制度规定应预缴的增值税额。

（4）"待抵扣进项税额"明细科目。核算一般纳税人已取得增值税扣税凭证并经税务机关认证,按照现行增值税制度规定准予以后期间从销项税额中抵扣的进项税额。包括:一般纳税人自2016年5月1日后取得并按固定资产核算的不动产或者2016年5月1日后取得的不动产在建工程,按现行增值税制度规定准予以后期间从销项税额中抵扣的进项税额;实行纳税辅导期管理的一般纳税人取得的尚未交叉稽核比对的增值税扣税凭证上注明或计算的进项税额。

(5)"待认证进项税额"明细科目。核算一般纳税人由于未经税务机关认证而不得从当期销项税额中抵扣的进项税额。包括:一般纳税人已取得增值税扣税凭证、按照现行增值税制度规定准予从销项税额中抵扣,但尚未经税务机关认证的进项税额;一般纳税人已申请稽核但尚未取得稽核相符结果的海关缴款书进项税额。

(6)"待转销项税额"明细科目。核算一般纳税人销售货物、加工修理修配劳务、服务、无形资产或不动产,已确认相关收入(或利得)但尚未发生增值税纳税义务而需于以后期间确认为销项税额的增值税额。

(7)"增值税留抵税额"明细科目。核算兼有销售服务、无形资产或者不动产的原增值税一般纳税人,截止到纳入营改增试点之日前的增值税期末留抵税额按照现行增值税制度规定不得从销售服务、无形资产或不动产的销项税额中抵扣的增值税留抵税额。

(8)"简易计税"明细科目。核算一般纳税人采用简易计税方法发生的增值税计提、扣减、预缴、缴纳等业务。

(9)"转让金融商品应交增值税"明细科目。核算增值税纳税人转让金融商品发生的增值税额。

(10)"代扣代交增值税"明细科目。核算纳税人购进在境内未设经营机构的境外单位或个人在境内的应税行为代扣代缴的增值税。

六、利 润

(一)利润构成

1. 利润总额

房地产开发企业利润总额的组成和计算公式如下:

利润总额＝营业利润＋营业外收入－营业外支出

营业利润＝营业收入－营业成本－税金及附加－销售费用－

管理费用－财务费用＋投资收益

其中，

营业收入＝主营业务收入＋其他业务收入

投资收益＝现金股利＋债券利息收入＋处置股权投资和债券投资取得的价款与成本之间的差额

净利润＝利润总额－所得税费用

毛利＝主营业务收入净额－主营业务成本－主营业务应负担的流转税

需要注意的是，营改增后，主营业务收入等为不含税收入。

2. 营业利润

房地产开发企业营业利润是指房地产开发企业一定时期内从事房地产开发生产经营活动实现的利润，可以划分为主营业务利润、其他业务利润和投资净收益。

（1）主营业务利润。主营业务利润是指房地产开发企业从事房地产开发业务所实现的利润。包括土地转让利润、商品房销售利润、配套设施销售利润、代建工程结算利润以及开发产品出租经营利润等。

（2）其他业务利润。其他业务利润是指房地产开发企业因从事房地产开发业务以外的其他业务经营而实现的利润。企业的其他业务收入减去其他业务支出后的差额，即为其他业务利润。包括商品房售后服务利润、材料经营利润、无形资产转让利润、固定资产出租利润和企业从事工业、商业、餐饮服务业等多种经营所取得的利润。

3. 投资净收益

房地产开发企业投资净收益是指房地产开发企业对外投资取得的投资收益减去损失后的净额。投资收益包括对外投资应享有的利润、股利、债券利息、投资到期收回或中途转让取得款项高于账面价值的差额，以及按照权益法核算的股权投资在被投资单位增加的净资产中拥有的数额等。

4. 营业外收支

房地产开发企业营业外收支包括房地产营业外收入和营业外支出。

（1）房地产营业外收入。房地产营业外收入是指与生产经营活动没有直接关系的各项收入。主要包括：非流动资产处置净收益、政府补助、捐赠收益、盘盈收益、汇兑收益、违约金收益等。发生营业外收入时，增加企业当期的利润总额。

（2）营业外支出。营业外支出是指与生产经营活动没有直接关系，但应从企业实现的利润总额中扣除的支出。主要包括：存货的盘亏、毁损、报废损失，非流动资产处置净损失、税收滞纳金、罚金、罚款、被没收财物的损失、捐赠支出、赞助支出等。发生营业外支出时，在相对应的会计期间，冲减企业当期的利润总额。

（二）利润总额的形成

房地产开发企业对在开发经营过程中取得的各项收入和发生的各项支出，均应于期末从有关收入类科目和费用类科目结转到"本年利润"科目。结转后，如果"本年利润"科目贷方发生额大于借方发生额，其差额为本年实现的利润总额；反之，则为本期发生的亏损总额。

利润表的编制通常有两种方法：①账结法；②表结法。

（三）利润分配

利润分配是房地产开发企业实现的利润总额，按照税收相关规定调整后，依法缴纳企业所得税，缴纳企业所得税后的净利润即为房地产开发企业可分配的利润。房地产开发企业一般按照下列顺序分配利润。

1. 弥补以前年度亏损

企业发生年度亏损的，可以用下一纳税年度的所得弥补，下一纳税年度的所得不足弥补的，可以在5年内延续弥补。5年内不足弥补的，用税后利润弥补。税法所称亏损，不是企业财务报表中反映的亏损额，而是企业财务报表中的亏损额经主管税务机关按税法规定核实调整后的金额。

2. 提取法定盈余公积金

法定盈余公积金应按照税后利润扣除弥补以前年度亏损后的 10％提取，法定盈余公积金累计额达到注册资金 50％时可不再提取。

3. 提取任意盈余公积金

从税后利润中提取法定盈余公积金后，经股东会或股东大会决议，还可以从税后利润中提取任意盈余公积金。

4. 向投资者分配利润

房地产开发企业实现的净利润在扣除上述项目后，再加上以前年度未分配的利润，即为可供投资者分配的利润，可以按比例向投资者进行分配。这里要关注的是，如果向自然人投资者分配利润，则要按规定代扣代缴"利息、股息、红利所得"个人所得税，税率为 20％。

第三节 房地产开发企业涉税影响

一、房地产开发企业运行特点对税收的影响

1. 开发主体不稳定

房地产项目区域位置固定，开发主体往往因项目而设立，项目结束后项目公司一般会撤销。同时，在房地产开发过程中，除一般正常的房地产开发企业外，还存在很多临时性开发主体，这些机构大多会在开发项目结束后就地解散。这就要求税务机关在项目开发期间加强税收管理，尤其要把好注销检查关。

2. 生产经营周期长

房地产开发企业开发产品从规划设计开始，要经过一段较长的时间才能竣工，其中竣工决算还会滞后，生产周期比较长。同时，开发产品一般分户分套销售，受产品开发计划和市场影响，可能会分期开盘销售，销售周期也较长。较长的开发和经营周期，使企业存在做假账、调节利润的可能。

3. 资金需求量大

房地产开发属于资金、劳动力密集型产业，购置土地、拆迁安置、建筑施工等每一个开发阶段都需要投入大量资金。根据有关统计，在房地产开发企业资金结构中，自有资金占总资金的比例一般不足20%，约有30%来自银行贷款，剩余资金则来自预售款等。由于资金使用量大，自有资金比例小，易诱发故意延迟纳税甚至逃税行为。

4. 项目开发经营内容复杂

房地产开发企业项目运作的整个流程包括从征地、拆迁、勘察、设计、施工、销售到售后服务的全过程。在这个过程中，企业涉及面广，经济往来对象繁多，如与设备、材料物资供应单位及工程施工单位等发生经济往来，因资金筹措与借款方发生经济往来，等等。多环节的复杂性决定了房地产开发企业会计核算的复杂性，给税收征管带来较大难度。

5. 许可审批环节多

在房地产开发企业项目开发过程中，土地成交、项目立项、建设工程规划和施工及销售等环节涉及多部门、多内容的审查、许可、监管，相关的批文等能基本反映出项目的总体概况，是税收征管和检查的重要资料。

二、房地产开发涉及税种概述

房地开发过程中涉及的税种包括（但不限于）下列 13 种，按照各税种大致第一次出现的先后顺序简述如下。

（一）契　税

1. 纳税人

根据《中华人民共和国契税暂行条例》[1] 的规定，契税的纳税人为在中华人民共和国境内转移土地、房屋权属，承受的单位和个人。

2. 计税依据

契税的计税依据如下：

（1）国有土地使用权出让、土地使用权出售、房屋买卖，为成交价格。

---

[1] 自 2021 年 9 月 1 日起，《中华人民共和国契税法》正式施行，请读者密切关注相关规定。后文不再做相同的提醒。

(2) 土地使用权赠与、房屋赠与，由征收机关参照土地使用权出售、房屋买卖的市场价格核定。

(3) 土地使用权交换、房屋交换，为所交换的土地使用权、房屋的价格的差额。

(4) 营改增后，计征契税的成交价格不含增值税。

3. 税率

契税税率为3%～5%。

4. 纳税义务发生时间

契税纳税义务发生时间为纳税人签订土地、房屋权属转移合同的当天，或者纳税人取得其他具有土地、房屋权属转移合同性质凭证的当天。

5. 涉税阶段

契税涉税阶段主要是在土地取得环节，一次性缴纳。开发产品销售时，在房屋交易环节，契税的纳税人为购买人。

（二）城镇土地使用税

1. 纳税人

城镇土地使用税的纳税人为在城市、县城、建制镇、工矿区范围内使用土地的单位和个人。城镇土地使用税的纳税人，应当依照《中华人民共和国城镇土地使用税暂行条例》的规定缴纳城镇土地使用税。

2. 计税依据

城镇土地使用税以纳税人实际占用的土地面积为计税依据，依照规定的税额计算征收。

城镇土地使用税采用单位税额，每平方米年税额如下：大城市1.5元至30元；中等城市1.2元至24元；小城市0.9元至18元；县城、建制镇、工矿区0.6元至12元。具体单位税额由市、县人民政府根据实际情况制定并报所在省、自治区、直辖市人民政府批准执行。

3. 涉税阶段

城镇土地使用税的涉税阶段为取得土地使用权后到开发产品销售完毕的整个期间。除开发用地要缴纳城镇土地使用税外，纳税人自用及其他用地等也要按照政策规定缴纳城镇土地使用税。

（三）印花税

1. 纳税人

在中华人民共和国境内书立、领受《中华人民共和国印花税暂行条例》（以下简称《印花税暂行条例》）所列举凭证的单位和个人，都是印花税的纳税义务人，应当按照该条例规定缴纳印花税。

2. 应纳税凭证

下列凭证为应纳税凭证：
（1）购销、加工承揽、建设工程承包、财产租赁、货物运输、仓储保管、借款、财产保险、技术合同或者具有合同性质的凭证；
（2）产权转移书据；
（3）营业账簿；
（4）权利、许可证照；
（5）经财政部确定征税的其他凭证。

3. 计税依据及税率

纳税人根据应纳税凭证的性质，分别按比例税率或者按件定额计算应纳税额。具体税率、税额的确定，依照《印花税暂行条例》所附《印花税税目税率表》执行，其中房地产项目开发过程中涉及的税目主要有：购销合同，按购销金额万分之三贴花；加工承揽合同（广告），按加工或承揽收入万分之五贴花；建设工程勘察设计合同，按承包金额万分之五贴花；建筑安装工程承包合同，按收取费用万分之三贴花；

财产租赁合同，按租赁金额千分之一贴花；借款合同，按借款金额万分之零点五贴花；产权转移书据，按所载金额万分之五贴花；记载资金的账簿，按"实收资本"与"资本公积"两项的合计金额万分之五贴花。

《财政部 税务总局关于对营业账簿减免印花税的通知》（财税〔2018〕50号）规定："自2018年5月1日起，对按万分之五税率贴花的资金账簿减半征收印花税，对按件贴花五元的其他账簿免征印花税"。

4. 涉税阶段

印花税在房地产项目开发的各个阶段和环节都会涉及。凡是涉及合同或具有合同性质的单据，只要符合印花税税目，都要按规定贴花（缴纳印花税），例如土地取得环节的合同、勘察环节的合同、建设环节的合同、销售环节的合同（广告、产权转让等合同）以及金融企业融资合同等。

（四）耕地占用税

1. 纳税人

根据《中华人民共和国耕地占用税暂行条例》的规定，耕地占用税的纳税人为占用耕地建房或者从事非农业建设的单位或者个人。这里所称单位，包括国有企业、集体企业、私营企业、股份制企业、外商投资企业、外国企业以及其他企业和事业单位、社会团体、国家机关、部队以及其他单位；所称个人，包括个体工商户以及其他个人。

2. 计税依据及税率

耕地占用税以纳税人实际占用的耕地面积为计税依据，按照规定的适用税额一次性征收。

耕地占用税的税额规定如下：

（1）人均耕地不超过1亩的地区（以县级行政区域为单位，下同），每平方米为10元至50元；

（2）人均耕地超过1亩但不超过2亩的地区，每平方米为8元至40元；

(3) 人均耕地超过 2 亩但不超过 3 亩的地区，每平方米为 6 元至 30 元；

(4) 人均耕地超过 3 亩的地区，每平方米为 5 元至 25 元。

各地适用的具体税额，由省、自治区、直辖市人民政府根据本地区情况在上述幅度内核定。

3. 涉税阶段

耕地占用税主要在土地取得环节涉及，凡是占用耕地建房的都要缴纳耕地占用税。

（五）个人所得税

1. 纳税人

《中华人民共和国个人所得税法》（以下简称《个人所得税法》）明确，在中国境内有住所，或者无住所而一个纳税年度内在中国境内居住累计满 183 天的个人，为居民个人。居民个人从中国境内和境外取得的所得，依照该法规定缴纳个人所得税。

在中国境内无住所又不居住，或者无住所而一个纳税年度内在中国境内居住累计不满 183 天的个人，为非居民个人。非居民个人从中国境内取得的所得，依照该法规定缴纳个人所得税。

2. 应税所得

下列各项个人所得，应当缴纳个人所得税：

(1) 工资、薪金所得；

(2) 劳务报酬所得；

(3) 稿酬所得；

(4) 特许权使用费所得；

(5) 经营所得；

(6) 利息、股息、红利所得；

(7) 财产租赁所得；

(8) 财产转让所得；

(9) 偶然所得。

居民个人取得上述第（1）项至第（4）项所得（即综合所得），按纳税年度合并计算个人所得税；非居民个人取得上述第（1）项至第（4）项所得，按月或者按次分项计算个人所得税。纳税人取得上述第（5）项至第（9）项所得，依照《个人所得税法》规定分别计算个人所得税。

3. 税率

（1）综合所得，适用3%至45%的超额累进税率；

（2）经营所得，适用5%至35%的超额累进税率；

（3）利息、股息、红利所得，财产租赁所得，财产转让所得和偶然所得，适用比例税率，税率为20%。

4. 涉税阶段

个人所得税在企业存续及房地产项目开发各个阶段和环节几乎都会涉及，如代扣代缴企业职工工资薪金个人所得税、非职工劳务报酬个人所得税，个人投资者分红个人所得税。

（六）营业税（2016年5月1日后改为增值税）

1. 纳税人

在中华人民共和国境内提供《中华人民共和国营业税暂行条例》（以下简称《营业税暂行条例》）规定的劳务、转让无形资产或者销售不动产的单位和个人，为营业税的纳税人。

2. 纳税义务发生时间

营业税纳税义务发生时间为纳税人提供应税劳务、转让无形资产或者销售不动产并收讫营业收入款项或者取得索取营业收入款项凭据的当天。

3. 计税依据及税率

营业税的计税依据为纳税人提供应税劳务、转让无形资产或者销售不动产收取的全部价款和价外费用。根据政策规定，纳税人提供应税劳务、转让无形资产或者销售不动产，税率为5%。

4. 涉税阶段

营业税主要在销售环节涉及。如果房地产开发企业在项目开发过程中存在单独转让土地行为，则也要按规定缴纳营业税。此外，如果有房屋租赁行为，也要按照规定缴纳营业税。

（七）增值税（2016年5月1日后营业税改为增值税）

增值税处理的主要依据是《中华人民共和国增值税暂行条例》（以下简称《增值税暂行条例》）及其实施细则，以及《财政部 国家税务总局关于全面推开营业税改征增值税试点的通知》（财税〔2016〕36号）。

1. 纳税人

根据《增值税暂行条例》的规定，在中华人民共和国境内销售货物或者加工、修理修配劳务（以下简称劳务），销售服务、无形资产、不动产以及进口货物的单位和个人，为增值税纳税人。

2. 税目及税率

（1）房地产开发企业主要涉及税目。

①"销售无形资产"。销售无形资产，是指转让无形资产所有权或者使用权的业务活动。无形资产，是指不具实物形态，但能带来经济利益的资产，包括技术、商标、著作权、商誉、自然资源使用权和其他权益性无形资产。

自然资源使用权，包括土地使用权、海域使用权、探矿权、采矿权、取水权和其他自然资源使用权。

②"销售不动产"。销售不动产，是指转让不动产所有权的业务活动。不动产，是指不能移动或者移动后会引起性质、形状改变的财产，包括建筑物、构筑物等。

建筑物，包括住宅、商业营业用房、办公楼等可供居住、工作或者进行其他活动的建造物。

转让建筑物有限产权或者永久使用权的,转让在建的建筑物或者构筑物所有权的,以及在转让建筑物或者构筑物时一并转让其所占土地的使用权的,按照"销售不动产"缴纳增值税。

③ "租赁服务"。租赁服务,包括融资租赁服务和经营租赁服务。

其中经营租赁服务,是指在约定时间内将有形动产或者不动产转让他人使用且租赁物所有权不变更的业务活动。

按照标的物的不同,经营租赁服务可分为有形动产经营租赁服务和不动产经营租赁服务。

将建筑物、构筑物等不动产或者飞机、车辆等有形动产的广告位出租给其他单位或者个人用于发布广告,按照"经营租赁服务"缴纳增值税。

车辆停放服务、道路通行服务(包括过路费、过桥费、过闸费等)等按照"不动产经营租赁服务"缴纳增值税。

(2) 税率。纳税人提供不动产租赁服务、销售不动产、转让土地使用权的,税率为9%。

3. 一般计税方法

(1) 应纳税额。一般计税方法的应纳税额,是指当期销项税额抵扣当期进项税额后的余额。应纳税额计算公式为:

应纳税额=当期销项税额-当期进项税额

当期销项税额小于当期进项税额不足抵扣时,其不足部分可以结转下期继续抵扣。

(2) 销项税额。销项税额,是指纳税人发生应税行为按照销售额和增值税税率计算并收取的增值税额。销项税额计算公式为:

销项税额=销售额×税率

(3) 销售额计算公式。一般计税方法的销售额不包括销项税额,纳税人采用销售额和销项税额合并定价方法的,按照下列公式计算销售额:

销售额=含税销售额÷(1+税率)

(4)进项税额。进项税额,是指纳税人购进货物、加工修理修配劳务、服务、无形资产或者不动产,支付或者负担的增值税额。

一般纳税人销售自行开发的房地产项目,兼有一般计税方法计税、简易计税方法计税、免征增值税的房地产项目而无法划分不得抵扣的进项税额的,应以《建筑工程施工许可证》注明的"建设规模"为依据进行划分。进项税额的计算公式为:

$$\text{不得抵扣的进项税额} = \text{当期无法划分的全部进项税额} \times \left(\frac{\text{简易计税、免税房地产项目建设规模}}{\text{房地产项目总建设规模}}\right)$$

4. 房地产开发企业销售自行开发的房地产项目销售额

房地产开发企业中的一般纳税人销售自行开发的房地产项目,适用一般计税方法计税,按照取得的全部价款和价外费用,扣除当期销售房地产项目对应的土地价款后的余额计算销售额。销售额的计算公式如下:

$$\text{销售额} = \left(\text{全部价款和价外费用} - \text{当期允许扣除的土地价款}\right) \div (1+9\%)$$

$$\text{当期允许扣除的土地价款} = \left(\frac{\text{当期销售房地产项目建筑面积}}{\text{房地产项目可供销售建筑面积}}\right) \times \text{支付的土地价款}$$

当期销售房地产项目建筑面积,是指当期进行纳税申报的增值税销售额对应的建筑面积。

房地产项目可供销售建筑面积,是指房地产项目可以出售的总建筑面积,不包括销售房地产项目时未单独作价结算的配套公共设施的建筑面积。

支付的土地价款,是指向政府、土地管理部门或受政府委托收取土地价款的单位直接支付的土地价款。

"当期销售房地产项目建筑面积""房地产项目可供销售建筑面积",是指计容积率地上建筑面积,不包括地下车位建筑面积。

5. 一般纳税人销售自行开发的房地产老项目

一般纳税人销售自行开发的房地产老项目,可以选择适用简易计税方法按照5%的征收率计税。一经选择适用简易计税方法计税,36个月内不得变更为适用一般计税方法计税。

房地产老项目，是指：

(1)《建筑工程施工许可证》注明的合同开工日期在2016年4月30日前的房地产项目；

(2)《建筑工程施工许可证》未注明合同开工日期或者未取得《建筑工程施工许可证》但建筑工程承包合同注明的开工日期在2016年4月30日前的建筑工程项目。

一般纳税人销售自行开发的房地产老项目适用简易计税方法计税的，以取得的全部价款和价外费用为销售额，不得扣除对应的土地价款。

6. 预缴税款

一般纳税人采取预收款方式销售自行开发的房地产项目，应在收到预收款时按照3%的预征率预缴增值税。

应预缴税款公式：

$$应预缴税款 = 预收款 \div (1 + 适用税率或征收率) \times 3\%$$

适用一般计税方法计税的，按照9%的适用税率计算；适用简易计税方法计税的，按照5%的征收率计算。

7. 纳税义务发生时间

增值税纳税义务发生时间为纳税人发生应税销售行为并收讫销售款项或者取得索取销售款项凭据的当天；先开具发票的，为开具发票的当天。

收讫销售款项，是指纳税人销售不动产过程中或者完成后收到款项。

取得索取销售款项凭据的当天，是指书面合同确定的付款日期；未签订书面合同或者书面合同未确定付款日期的，为不动产权属变更的当天。

纳税人发生政策规定的视同销售不动产情形的，其纳税义务发生时间为不动产权属变更的当天。

8. 纳税申报

一般纳税人销售自行开发的房地产项目适用一般计税方法计税的，应按照《营业税改征增值税试点实施办法》（财税〔2016〕36号文件附件1）第四十五条规定的纳税义务发生时间，以当期销售额和9%的适用税率计算当期应纳税额，抵减已预缴税款后，向主管税务机关申报纳税。未抵减完的预缴税款可以结转下期继续抵减。

一般纳税人销售自行开发的房地产项目适用简易计税方法计税的，应按照《营业税改征增值税试点实施办法》第四十五条规定的纳税义务发生时间，以当期销售额和5%的征收率计算当期应纳税额，抵减已预缴税款后，向主管税务机关申报纳税。未抵减完的预缴税款可以结转下期继续抵减。

9. 发票开具

（1）一般纳税人销售自行开发的房地产项目，自行开具增值税发票。

（2）一般纳税人销售自行开发的房地产项目，其2016年4月30日前收取并已向主管地税机关申报缴纳营业税的预收款，未开具营业税发票的，可以开具增值税普通发票，不得开具增值税专用发票。

（3）一般纳税人向其他个人销售自行开发的房地产项目，不得开具增值税专用发票。

10. 小规模纳税人管理

（1）预缴税款。房地产开发企业中的小规模纳税人（以下简称小规模纳税人）采取预收款方式销售自行开发的房地产项目，应在收到预收款时按照3%的预征率预缴增值税。应预缴税款的计算公式为：

$$应预缴税款＝预收款÷(1+5\%)×3\%$$

（2）纳税申报。小规模纳税人应在取得预收款的次月纳税申报期或主管税务机关核定的纳税期限向主管税务机关预缴税款。

小规模纳税人销售自行开发的房地产项目，应按照规定的纳税义务发生时间，以当期销售额和5%的征收率计算当期应纳税额，抵减已预缴税款后，向主管税务机关申报纳税。未抵减完的预缴税款可以结转下期继续抵减。

（3）发票开具。小规模纳税人销售自行开发的房地产项目，自行开具增值税普通发票。购买方需要增值税专用发票的，小规模纳税人向主管税务机关申请代开。

小规模纳税人销售自行开发的房地产项目，其2016年4月30日前收取并已向主管地税机关申报缴纳营业税的预收款，未开具营业税发票的，可以开具增值税普通发票，不得申请代开增值税专用发票。

小规模纳税人向其他个人销售自行开发的房地产项目，不得申请代开增值税专用发票。

11. 涉税阶段

在商品房销售（预售）环节都涉及增值税，特别是在项目主销售（预售）期，是税款入库的高峰期。如果在开发过程中存在单独转让土地行为或者发生其他增值税应税行为，则也要按照规定缴纳增值税。如果有房屋租赁行为，也要按照规定缴纳增值税。

（八）城市维护建设税

1. 纳税人

根据城市维护建设税相关规定[1]，凡缴纳增值税（营业税）的单位和个人，都是城市维护建设税的纳税义务人。

2. 计税依据及税率

城市维护建设税以缴纳的增值税（营业税）税额为计税依据。税率分为7%（城市市区）、5%（县城、建制镇）、1%（不在城市市区、县城、建制镇）。

3. 涉税阶段

因为城市维护建设税是以缴纳的增值税（营业税）税额为计税依据的，因此在商品房销售（预售）环节，凡是涉及增值税（营业税）的就涉及城市维护建设税。

（九）教育费附加及地方教育附加

1. 纳税人

根据相关政策规定，凡缴纳增值税的单位和个人，都是教育费附加及地方教育附加的缴纳义务人。

---

[1] 自2021年9月1日起，《中华人民共和国城市维护建设税法》正式施行，请读者密切关注相关规定。后文不再做相同的提醒。

2. 计税依据及税率

教育费附加及地方教育附加以缴纳的增值税（营业税）税额为计税依据，其中教育费附加征收率为3%，地方教育附加征收率为2%。

3. 涉税阶段

因为教育费附加及地方教育附加是以缴纳的增值税（营业税）税额为计税依据的，因此在商品房销售（预售）环节，凡是涉及增值税（营业税）的就涉及教育费附加及地方教育附加。

(十) 房产税

1. 纳税人

根据《中华人民共和国房产税暂行条例》的规定，房产税以在征税范围内的房屋产权所有人为纳税人。

2. 计税依据

房产税依照房产原值一次减除10%~30%后的余值计算缴纳。具体减除幅度，由省、自治区、直辖市人民政府规定。比如，江苏省房产税依照房产原值一次扣除30%的余值计算缴纳。

没有房产原值作为依据的，由房产所在地税务机关参考同类房产核定。

房产出租的，以房产租金收入为房产税的计税依据。营改增后，计征房产税的租金收入不含增值税。

3. 税率

房产税的税率，依照房产余值计算缴纳的，税率为1.2%；依照房产租金收入计算缴纳的，税率为12%。

4. 涉税阶段

企业在存续期间拥有的房屋，在项目开发过程中未交付（未竣工）而使用的开发产品，自用或出租的临时建筑等房屋，都要按照规定申报缴纳房产税。

（十一）土地增值税

1. 纳税人

转让国有土地使用权、地上的建筑物及其附着物并取得收入的单位和个人，为土地增值税的纳税义务人，应当依照《中华人民共和国土地增值税暂行条例》（以下简称《土地增值税暂行条例》）缴纳土地增值税。

2. 计税依据

土地增值税按照纳税人转让房地产所取得的增值额和规定的税率计算征收。纳税人转让房地产所取得的收入减除规定扣除项目金额后的余额，为增值额。

营改增后，土地增值税纳税人转让房地产取得的收入为不含增值税收入。如果项目跨越营改增时点，则收入按以下公式计算：

$$土地增值税应税收入 = 营改增前转让房地产取得的收入 + 营改增后转让房地产取得的不含增值税收入$$

3. 扣除项目

土地增值税规定的扣除项目包括：

（1）取得土地使用权所支付的金额；
（2）开发土地的成本、费用；
（3）新建房及配套设施的成本、费用，或者旧房及建筑物的评估价格；
（4）与转让房地产有关的税金；
（5）财政部规定的其他扣除项目。

营改增后，计算土地增值税增值额的扣除项目中"与转让房地产有关的税金"不包括增值税。与转让房地产有关的税金＝营改增前实际缴纳的营业税、城市维护建设税、教育费附加＋营改增后允许扣除的城市维护建设税、教育费附加。

营改增后，房地产开发企业实际缴纳的城市维护建设税、教育费附加，凡能够按清算项目准确计算的，允许据实扣除。凡不能按清算项目准确计算的，则按该清算项目预缴增值税时实际缴纳的城市维护建设税、教育费附加扣除。

4. 税率

土地增值税实行四级超率累进税率：
增值额未超过扣除项目金额50%的部分，税率为30%；
增值额超过扣除项目金额50%、未超过扣除项目金额100%的部分，税率为40%；
增值额超过扣除项目金额100%、未超过扣除项目金额200%的部分，税率为50%；
增值额超过扣除项目金额200%的部分，税率为60%。

5. 土地增值税的预征

纳税人在项目全部竣工结算前转让房地产取得的收入，由于涉及成本确定或其他原因而无法据以计算土地增值税的，可以预征土地增值税，待该项目全部竣工、办理结算后再进行清算，多退少补。

6. 涉税阶段

由于土地增值税施行先预征再清算制度，因此在整个房地产开发项目的销售（预售）期间均涉及税款的申报缴纳。如果在开发过程中存在单独转让土地行为，则直接进行土地增值税清算。

（十二）企业所得税

1. 纳税人

根据《中华人民共和国企业所得税法》（以下简称《企业所得税法》）的规定，在中华人民共和国境内，企业和其他取得收入的组织为企业所得税的纳税人。

2. 销售收入的范围

房地产开发企业销售收入（开发产品）。开发产品销售收入的范围为销售开发产品过程中取得的全部价款,包括现金、现金等价物及其他经济利益。企业代有关部门、单位和企业收取的各种基金、费用和附加等,凡纳入开发产品价内或由企业开具发票的,应按规定全部确认为销售收入;未纳入开发产品价内并由企业之外的其他收取部门、单位开具发票的,可作为代收代缴款项进行管理。

营改增后,销售收入要换算成不含税收入。

3. 预计毛利额

企业销售未完工开发产品取得的收入,应先按预计计税毛利率分季(或月)计算出预计毛利额,计入当期应纳税所得额。开发产品完工后,企业应及时结算其计税成本并计算此前销售收入的实际毛利额,同时将其实际毛利额与其对应的预计毛利额之间的差额,计入当年度企业本项目与其他项目合并计算的应纳税所得额。

在年度纳税申报时,企业须出具对该项开发产品实际毛利额与预计毛利额之间差异调整情况的报告以及税务机关需要的其他相关资料。

4. 税率

企业所得税的税率为25%(一般企业)或20%(小型微利企业)。

5. 涉税阶段

在企业存续期间都存在企业所得税的业务,在房地产开发项目的运作中,其主销售(预售)期和竣工期是企业所得税最重要的涉及期间,这个期间是税款入库的高峰期。

PRACTICAL STRATEGIES OF
Real Estate Enterprises'
TAX INSPECTION

第二章
房地产开发环节涉税资料及对应涉税检查要点

房地产开发项目从开始到最终结束，整个周期大致可划分为四个阶段，即开发项目前期准备阶段、开发项目工程实施阶段、房地产销售阶段、物业保有阶段，更可进一步细分为十多个环节。在房地产项目运作过程中，要产生大量资料，包括各种权证、合同、批文、设计书（图）以及制作的各类表格，这些资料不仅是房地产开发企业项目运作过程中重要的档案资料，也是税务管理、税务检查和企业内部审计、企业自查重要的证据资料。有些资料在产生环节本身不一定涉税，但对整体涉税判断、后期涉税计算等非常重要。本章按开发项目阶段和环节顺序叙述产生的相应涉税资料以及对应的涉税要点（因营改增已全面推开，故以增值税为主），适合在开发的不同阶段进入检查，重点不在于解决重大深度涉税问题，而在于通过对各阶段环节业务特点、涉税资料及对应涉税要点的叙述，为税务管理、税务检查和企业内部审计、企业自查工作提供全面和快速的提示，为深度管理、检查提供一种前提。考虑到营改增前后，营业税和增值税的处理方式不同，在涉及流转税问题时，以增值税为主，将营业税和增值税的不同处理方式同时列举，以备在检查营改增前后相关业务时参考。

> **【提示】**房地产项目开发流程比较复杂，本书所有涉及房地产项目开发业务的内容包括开发流程、环节等，主要目的是为提醒各项涉税要点提供一个基础，与实际项目开发有一定差异，请读者注意。

第一节 开发项目前期准备阶段

房地产开发企业开发项目前期准备工作主要有项目的立项审批和规划审批、设计施工、市场规划、土地出让或转让等，此阶段的重点是取得项目开工建设的一系列许可证和国有土地项目建设用地的使用权，另一项重要工作就是确定建筑施工承包对象、销售渠道以及筹资方式，等等。

房地产开发企业在前期准备阶段需要缴纳的税种较少，主要是取得土地使用权时缴纳的契税、印花税及取得开发用地需要缴纳的城镇土地使用税等，其他各种成本费用支出涉及企业所得税的税前扣除、土地增值税增值额的扣除和个人所得税等，此外，对于成本费用支出，如果取得增值税专用发票，还涉及进项税额的处理。

一、项目可行性研究环节

（一）主要业务事项

1. 组织项目论证

项目可行性研究环节是指房地产开发企业组织相关机构、各类人员及外聘专家，对照国家政策及房地产发展的前景，对项目的各个方面进行分析和评估，以确定项目可行性方案的过程。

2. 搭建运作团队

一个房地产项目的开发，需要组建运作项目的团队，其中一些人员（如总经理、财务总监等关键岗位人员）有可能直接招聘，也有可能由集团委派任职。

（二）主要财务核算事项及会计科目

1. 项目可行性研究费用

项目可行性研究环节发生的费用主要有两部分：一是可行性研究费用，以咨询劳务费为主，主要支付对象是专业咨询公司、会计师事务所及一些专家个人；二是与可行性研究相关的办公费及差旅费，包括因项目可行性研究而发生的外出考察费等。

2. 会计科目

一般在财务核算上，可行性研究费用应记入"开发成本——前期工程费"科目或"开发间接费用"科目，如果可行性研究未通过则应计入企业的期间费用，涉及的科目主要是"管理费用"科目等。

企业支出的外出考察费一般分为两种：一种是房地产开发企业为未来项目投资而发生的外出考察费用，应直接记入"管理费用"科目（有的企业通过"经营费用"科目进行归集），在当期进行企业所得税处理；另一种是房地产开发企业为项目（或即将实施的项目）可行性研究而发生的外出考察费用，应先记入"开发成本——前期工程费"科目，再按规定结转处理。

（三）主要涉税点

从涉税角度看，这一环节没有特别复杂的涉税业务，也没有直接涉及项目开发的涉税资料，其涉及的税收问题，对于个人所得税来说，主要有个人（委派任职人员）在两处取得工资薪金的处理、劳务报酬项目的处理；对于企业所得税来说，主要是企业所得税费用列支等问题，对于支付的各项成本费用，如果取得增值税专用发票，则还有进项税额的处理业务，同时在这一环节还涉及少量的印花税应税合同（业务）。

1. 重要涉税资料

一些文字资料（如考察报告等）是判断涉税性质的重要依据。在这个环节有以下重要涉税资料：

（1）项目可行性研究报告。主要作用是根据相关报告等文字资料内容，判断相关业务的真实性及费用列支的会计处理（科目）是否正确。

（2）外出考察报告。主要作用也是根据相关报告等文字资料内容，以及外出人员构成情况等相关判断业务的真实性。

（3）工资清单。主要作用是核对委派人员工资薪金的发放形式，以及对在两处及以上地方取得工资薪金收入的人员，核对其个人所得税的计算是否正确。

（4）保险合同。保险合同主要是指企业办理车辆、财产等保险业务签订的合同，是计算印花税的直接依据。

2. 涉税关注点

（1）可行性研究业务的真实性。检查人员要从企业所得税的角度对相关可行性研究业务的真实性和支付费用取得的发票进行查核，具体查核方式可以是围绕邀请函、会议纪要及各类报送资料的内容判断业务的真实性。如果相关资料与业务不符合逻辑，则说明支出有可能是虚假的，需要深入核查，如确认是虚假支出，则不得在企业所得税税前列支。

（2）可行性研究业务费用列支情况。如果项目可行性研究获得通过，则相应费用应记入"开发成本——前期工程费"科目，如果企业记入"管理费用"科目，则挤占了当期利润，减少了当期应缴企业所得税。检查人员可以按照支出的原始凭证核对业务的性质。

案例 2-1

2017年4月，某地税务机关对某房地产开发企业进行涉税财务数据分析，发现该企业在2016年4月和6月两次支付项目可行性研究咨询费，金额共计28万元，全部记入"管理费用"科目。随后，税务机关通过纳税评估形式提醒纳税人自查。在自查中，企业会计通过查阅相关项目可行性研究咨询文字资料，发现是两种不同内容，其中4月份支付的金额为8万元的费用，其研究咨询的内容是企业后期项目的选择，而6月份支付的金额为20万元的费用，其研究咨询的内容则是取得土地使用权后的项目开发。根据相关政策规定，4月份支付的8万元可以记入"管理费用"科目，在当期进行企业所得税处理，而6月份支付的20万元，则应从"管理费用"

科目调整到"开发成本——前期工程费"科目，在后期根据情况结转处理。

> **【提示】**为突出检查内容和涉税问题，本书所附案例均不含案件审理定性（分析）等内容。

（3）外出考察情况。实务中，外出考察的名目很多，检查人员可以依据外出考察涉及的所有资料，从企业所得税的角度对外出考察等情况进行分析，如果发现相关资料内容与业务不符合逻辑，要判断是否存在名为考察调研实为旅游的行为，以确定如何进行企业所得税和个人所得税处理。

案例2-2

2016年4月，某地税务机关对某房地产开发企业进行税务检查。检查人员发现，该企业2015年8月组织人员赴西安考察与本企业相同类型项目的房地产开发情况，考察人员数量为15人，入账报销凭证为某商务（旅游）公司开具的发票，金额为105 000元，入账科目为"开发成本——前期工程费"科目。检查人员在查阅该企业提供的考察报告后，感觉报告内容很简单，没有具体实质性内容，同时参加考察的人员几乎涉及公司的每个部门，因此怀疑该公司存在以考察调研为名组织员工旅游的行为。为此，检查人员通过组织活动的某商务（旅游）公司查到相关情况，其"考察"的具体内容为游览华山、兵马俑、华清池等旅游项目。情况查实后，相关费用支出由"开发成本——前期工程费"科目调整到"职工福利费"科目。由于职工福利费的使用已经到达上限，因此全额调增当年应纳税所得额，计算应补缴企业所得税26 250元，同时根据个人所得税相关政策，每人7 000元计入个人当月工资收入，与原计税收入一起重新计算相应个人所得税。

（4）劳务费支出。支付给本企业以外专家人员的劳务咨询费，主要是在项目可行性研究中支付的专家咨询费等。由于自然人开具劳务费发票需要提交身份证（申报劳务报酬个人所得税使用），因此，检查人员可以通过核对身份证、入账发票等信息跟踪核实业务的真实性。

案例2-3

2017年9月，某地税务机关对某房地产开发企业进行税务检查，发现该企业

2016年4月支付项目可行性研究专家劳务费共计6人次60 000元,入账发票为税务机关开具的劳务发票,入账科目为"开发成本——前期工程费"科目。检查人员要求核对参加咨询专家人员的供职单位,但被查企业无法提供相关信息,后通过身份证信息核查发现,6人全部是某山区村民。企业承认,支出这笔劳务费的目的是以支付项目可行性研究专家劳务费的形式套取现金。

(5) 委派任职人员情况。委派人员一般在两处取得工资、薪金收入,在实际税收征管中,一般由雇佣单位(或自行选择)在支付工资、薪金时,按税法规定减除费用,计算扣缴个人所得税;派遣单位支付的工资、薪金不再减除费用,以支付全额直接确定适用税率,计算扣缴个人所得税。因此,对委派任职人员要关注在两处取得的工资是否按规定进行了个人所得税计算,可以直接核对两处支付单位提供的原始明细工资、薪金单(书)和完税凭证原件等,以便确定税款的计算是否正确。

(6) 进项税额的处理。企业在支付相关成本、费用时,包括日常管理性支出,如果取得增值税专用发票,其符合政策规定的进项税额可以抵扣销项税额。检查人员在检查时,可以列举政策规定的不得抵扣进项税额的条款(情形),再对照相关费用支出的性质,核查企业进项税额的处理是否正确。

(7) 企业车辆、财产保险。企业拥有的车辆均要办理相关保险,除此之外还有可能办理其他财产保险等,检查人员可以直接核对相关合同是否贴花(缴纳印花税),或根据合同核对是否有保险合同税目的印花税入库。对于企业财务人员而言,要尽量把所有合同归集齐,以防止遗漏印花税。

二、购置开发用地环节

(一) 主要业务事项

1. 办理相关手续

企业取得土地后,首先要与国土资源管理部门签订土地使用权出让合同,再凭合同到国土资源管理部门办理缴纳国有土地使用权出让金手续,并到房地产交易中心办理相关税费缴纳手续,在相关手续办理完毕后,房地产开发企业取得《国有土地使用权证》。

2. 取得开发用地

房地产开发企业获取土地的主要途径是招标出让、拍卖出让和挂牌出让，也有接受土地使用权转让、通过资本运营即投资者投入的土地使用权以及收购等方式。这里主要介绍出让、转让和投资者投入等三种取得开发用地的方式及相应的成本。

（1）出让。通过出让方式取得土地使用权的入账价值通常是土地出让金加上相关税费，相关税费是指涉及的契税、印花税，如果土地来自耕地则还要涉及耕地占用税。房地产开发企业通过"招、拍、挂"方式从政府取得土地，也叫从一级市场获取土地。

（2）转让。通过转让方式取得的土地使用权的成本包括购买价款、其他行政事业性收费和其他税费，通俗的说法就是：从其他公司购买的土地，成本就是购买成本。

（3）投资者投入。投资者投入的土地使用权，应当以投资合同或协议约定的价值作为成本，但合同或协议约定的价值不公允的除外。

3. 转让土地使用权

房地产开发公司在取得国有土地使用权后，由于各种原因会将部分土地使用权单独出售。

（二）主要财务核算事项及会计科目

1. 用于建造对外出售的房屋建筑物时的土地成本

在会计处理中，房地产开发企业取得的土地使用权用于建造对外出售的房屋等建筑物，相关的土地使用权应当计入所建造的房屋建筑成本，即借记"开发成本——土地征用及拆迁补偿费"等科目，贷记"银行存款""应付账款"等科目。契税是房地产开发企业为取得土地使用权而发生的支出，直接记入"开发成本"科目。房地产开发企业在签订土地使用权出让合同或转让合同时按产权转移书据缴纳的印花税，则直接记入"税金及附加"科目。

2. 用于自建用房等地上建筑物时的土地成本

如果房地产开发企业将取得的土地使用权用于自建用房等地上建筑物，土地使用权的取得成本可以直接记入"无形资产"科目，且土地使用权的账面价值不与地上建筑物合并计算成本，而仍作为无形资产进行核算，土地使用权与地上建筑物分别进行摊销和提取折旧。为建造办公楼等自用而取得的土地使用权所缴纳的契税，则记入"无形资产"科目。

上述业务在实务中有不同的处理方式，检查人员需要先摸清具体处理方式，为后续检查打好基础。

3. 农用地转为建设用地

如果房地产开发企业获取的土地涉及农用地转为建设用地，则应当办理农用地转用审批手续，并对占用的耕地进行补偿安置，其涉及的耕地补偿安置费用有土地补偿费、安置补助费、地上附着物补偿费及青苗补偿费、新菜地开发建设资金等。上缴的各项耕地补偿安置费用在财务核算上均记入"开发成本——土地征用及拆迁补偿费"科目。

4. 转让国有土地使用权

如果房地产开发企业将取得的部分国有土地使用权转让，可以直接在"无形资产——土地使用权"科目核算。

上述业务在实务中有不同的处理方式，检查人员需要先摸清具体处理方式，为后续检查打好基础。

（三）主要涉税点

1. 重要涉税资料

这个环节产生的资料主要是土地使用权合同，这些合同等资料中的数据和信息是多个税种计算的重要参考依据。

（1）《国有土地使用权出让合同》。相关合同还包括《国有土地使用权转让合同》等，这些合同签订的时间以及约定的金额、面积、土地交付时间等是计算增值税、印花税、城镇土地使用税、土地增值税、企业所得税的直接参考信息。

（2）《国有土地使用权证》。这类权证上标注的时间、面积等是计算城镇土地使用税、土地增值税、企业所得税处理的重要参考数据。

（3）国有土地出让金缴纳票据。土地出让金缴纳的票据及标注的金额是计算增值税、土地增值税、企业所得税的重要依据。

（4）耕地占用税、契税等相关税费缴纳凭证（完税证）。这类完税证标注的税额数据是计算土地增值税、企业所得税的直接数据。

2. 涉税关注点

（1）特殊业务的会计处理方式。在实务中，企业对同一项业务的会计处理有时会不一样，例如土地使用权的入账、股权交易的处理等，检查人员在遇到特殊（或有争议）业务处理，包括日常业务非常规会计处理方法时，需要理清其具体会计处理流程，然后对照政策判断其对涉及税种的计算的影响。

（2）土地成本支出的真实性及票据的真实性、合法性和有效性。发票（票据）是证明企业交易的业务按照法律法规规定的程序和要求进行的重要凭证。根据以票管税的原则，即使土地成本的支出是真实的，如果票据不符合规定，那么一般情况下增值税、土地增值税等不予抵扣或扣除。

①增值税规定。主要是《房地产开发企业销售自行开发的房地产项目增值税征收管理暂行办法》（国家税务总局公告2016年第18号发布）第五条、第六条的规定。支付的土地价款，是指向政府、土地管理部门或受政府委托收取土地价款的单位直接支付的土地价款。在计算销售额时从全部价款和价外费用中扣除土地价款，应当取得省级以上（含省级）财政部门监（印）制的财政票据。

②土地增值税规定。主要是《国家税务总局关于房地产开发企业土地增值税清算管理有关问题的通知》（国税发〔2006〕187号）第四条的规定。扣除取得土地使用权所支付的金额、房地产开发成本、费用及与转让房地产有关税金，须提供合法有效凭证；不能提供合法有效凭证的，不予扣除。

案例 2-4

2015年9月，某地税务机关在检查某房地产开发企业一个项目的土地增值税清算时，对50万元以上的发票（票据）逐票查阅，发现有一笔450万元的土地出让金支出，其原始支付凭证为某地产开发总公司开具的行政事业收据，而不是国土管理部门开具的票据。根据土地增值税关于对入账票据的规定，此笔土地出让金支出不能作为土地增值税扣除项目扣除。

（3）耕地占用税、契税、印花税及城镇土地使用税缴纳情况。

①耕地占用税。如果房地产开发企业购置的是耕地，则需要缴纳耕地占用税，由于耕地占用税是在实际占用耕地之前一次性缴纳的，不存在与征税机关清算和结算的问题，因此企业按规定缴纳的耕地占用税，可以不通过"应交税费"科目核算。

②契税。契税一般不通过"应交税费"科目核算，而是根据取得土地使用权的用途记入不同的会计科目。房地产开发企业为进行房地产开发而取得的土地使用权所缴纳的契税，在实际缴纳时依据契税完税凭证直接记入"开发成本"科目。为建造办公楼等自用而取得的土地使用权所缴纳的契税，在实际缴纳时依据契税完税凭证直接记入"无形资产"科目。

③印花税。检查人员在印花税方面关注的主要问题是应税权证和相关应税合同是否如实足额缴纳税款，最重要的是国有土地使用权出让合同、转让合同是否贴花，要特别关注补充合同的内容，如果补充合同增加了合同金额，则需要对增加的部分贴花。各项应缴纳的印花税，在计提时，借记"税金及附加"科目，贷记"应交税费——印花税"科目，缴纳时，借记"应交税费——印花税"科目，贷记"银行存款"科目。

案例 2-5

2016 年 4 月，某地税务机关对某房地产开发企业进行税务检查，检查人员在核对《土地使用权出让合同》印花税缴纳情况时，发现该公司的开发用地成本分三次支出，合计金额与印花税计税依据有较大差异。检查人员在查阅相关合同时，发现该公司有两份合同，其中一份合同金额为 2.3 亿元，分两次缴纳土地出让金，还有一份合同具有补充性质，内容为部分地块因市政设计等改变，需要补充缴纳 0.4 亿元土地出让金，而补充合同因企业财务人员疏漏，没有及时贴花（缴纳印花税）。

④城镇土地使用税。主要依据是《财政部、国家税务总局关于房产税、城镇土地使用税有关政策的通知》（财税〔2006〕186 号）第二条的规定。房地产开发企业按规定计算应缴纳的城镇土地使用税时，借记"税金及附加"科目，贷记"应交税费——应交城镇土地使用税"科目；缴纳城镇土地使用税时，借记"应交税费——应交城镇土地使用税"科目，贷记"银行存款"科目。该税种的重点注意事项是纳税义务发生时间。政策规定：以出让或转让方式有偿取得土地使用权的，

应由受让方从合同约定交付土地时间的次月起缴纳城镇土地使用税；合同未约定交付土地时间的，由受让方从合同签订的次月起缴纳城镇土地使用税。

此外，城镇土地使用税的缴纳要区分耕地与非耕地。征用的耕地，自批准征用之日起满一年时开始缴纳城镇土地使用税；征用的非耕地，自批准征用次月起缴纳城镇土地使用税。

案例 2-6

2017年8月，某地税务机关对某房地产开发企业进行涉税数据分析，发现其《土地使用权出让合同》签订日期为2015年8月，而申报缴纳城镇土地使用税的时间是从2016年3月份开始。随后，通过纳税评估形式提醒纳税人自查，该企业自查后，提供了国土部门2016年2月份交付土地的证明。原来《土地使用权出让合同》于2015年8月签订后，由于种种原因，土地一直没有正式交付给企业，直到2016年2月国土部门才正式交付（办理交接手续），因此城镇土地使用税可以从2016年3月份开始申报缴纳。

【提示】在实务中，关于城镇土地使用税的纳税义务发生时间，各地税务机关在征管上均有具体规定。

（4）新增资本的印花税问题。一些房地产开发企业在取得开发用地后会吸收投资者增加注册资本，其增加部分应根据记载资金的账簿，按资金总额万分之五贴花。可以直接核对"实收资本"科目的变化，以确定是否按规定纳税。

自2018年5月1日起，企业"实收资本"与"资本公积"科目增加的金额，按万分之五税率计算并减半贴花。

（5）转让土地使用权业务。转让土地使用权业务除直接涉及增值税（营改增前为营业税）、印花税计算外，检查人员最重要的关注点是土地增值税清算，一般单独转让土地使用权（单纯卖地）行为应在当期按规定进行土地增值税清算，因此，检查人员在核查中，凡是发现有单纯卖地行为的，就需要核对是否进行了土地增值税清算。

案例 2-7

2016年4月，某地税务机关对某房地产开发企业进行税务检查，经信息核对发现，该公司2015年开盘销售，但是2014年就有比较大的营业税入库，还有预交的土地增值税入库等。正式检查时，检查人员通过核对相关业务情况发现，该公司在

2014年将项目用地中的一块单独区域卖出,价格为14 295 600元,缴纳营业税及各项附加共计201 108.80元,预交土地增值税142 956元。根据相关政策,单独卖地的行为应直接进行土地增值税清算,该业务土地及拆迁成本12 817 082.94元、土地增值额1 277 408.26元、增值率10%,经计算应缴税款383 222.47元、已缴(预缴)税款142 956元,应补缴税款240 266.47元。

> 【提示】营改增后,企业"将项目用地中的一块单独区域卖出"应缴纳增值税,检查人员在分析时,可以从企业缴纳的增值税或预交的增值税入手,判断企业相关业务的发生。

(6) 土地补偿安置情况。检查人员要核查的内容包括安置的方式方法、承接单位情况及相关资料等。对涉及补偿的,要根据补偿协议(到户)核对支付款原始票据,审核补偿金额是否真实,以确保土地增值税、企业所得税涉及成本的真实性。重点核对的内容包括协议书、签字手续、身份证号、拆迁的房号等各类相关文书资料,凡是有疑问的都要追踪查询。

(7) 开发用地的地理面貌、开发程度等情况。检查人员要重点关注开发用地中水塘(河沟)、山地等特殊情况的处理,还有开发过程中发生的意外情况的处理方式等。这些都是企业所得税汇算、土地增值税清算检查中对特殊情况处理时所需要用到的情况和资料。

(8) 关联交易情况。检查人员主要需关注取得土地的方式,判断从关联方取得土地的作价是否合理,关注事项主要是取得土地作价的方式方法、各种价外费用、关联方关系及所有涉及交易的文书资料。

三、取得建设用地规划许可证环节

(一) 主要业务事项

1. 立项及规划设计

房地产开发企业取得开发用地后,要通过申请取得相关部门的开发项目立项批复，此后还要向规划局申请项目的规划设计要点，并根据规划局下发的《建设工程规划设计要点通知书》中所规定的设计要求，组织项目总体规划方案设计，形成规划总平面图等设计图纸及相关文件，如规划设计说明书（包括经济技术指标）等。

2. 建设用地规划许可

上述规划设计流程完成后，应报请规划局审核批准，由规划局再次核定用地面积、确定用地红线范围，然后发给《建设用地规划许可证》。

(二) 主要财务核算事项及会计科目

1. 一般费用核算

建设用地规划许可证取得环节发生的费用，主要包括相关办证费用、规划设计费用等，因为这些费用的发生均有明确的指向，所以均作为开发项目的前期费用处理。

2. 会计科目

对于有明确指向的上述费用，在财务核算上应记入"开发成本——前期工程费"科目。对于指向多个项目的，则要进行分摊计算。

(三) 主要涉税点

1. 重要涉税资料

(1)《开发项目立项批复》。立项批复是土地增值税、企业所得税相关事项处理的重要参考内容和推断计算数据，特别是房地产开发企业有多个项目在同一个期间内立项的，要以立项批复区分核算对象，涉及的共同成本费用要按照一定的方式进行分摊。

(2) 规划设计资料。主要是《项目规划设计要点申请书》、《建设工程规划设计要点通知书》、《建设工程规划设计方案》（规划设计说明书）等，是土地增值税、企业所得税相关事项处理的重要参考内容和推断计算数据，特别是在土地增值税处理中，要依据这些资料判断是否有超规划设计项目情况。

(3)《建设用地规划许可证》。《建设用地规划许可证》及相关设计图纸、红线图等，是土地增值税、企业所得税相关事项处理的重要参考内容和推断计算数据，也是土地增值税处理中判断是否有超规划设计项目的证据。

2. 涉税关注点

(1) 各类建筑物用地情况。开发用地面积是房地产开发企业土地成本分配分摊计算的重要依据，也是进行企业所得税、土地增值税相关分配分摊计算的基础数据。一般项目批文、土地合同、规划设计、竣工验收报告、测绘表等列示的数据会有一定的差异，但只要企业始终采用一个面积标准，就没有问题，因此，检查人员在检查时可以核对企业计算的基础面积数据是否一致，不一致的就可能存在问题，需要追踪摸清。

建设（规划）红线是对建设范围的限定，这个限定也是判断土地增值税是否可以扣除的一个关键点。根据政策规定，开发用地红线外的建设成本一般不能作为计算增值额的扣除项目。核对时，可以现场查看红线的界限，以确定是否存在超规划建设问题。

> 【提示】各地在土地增值税清算中，对"开发用地红线外的建设成本"是否给予扣除或如何扣除，均有具体规定，在检查时，应将具体规定与企业处理方式比对，以确定其处理是否正确。

(2) 各类勘探、设计合同的印花税问题。这类合同一般在企业的工程部保管，财务部门在管理上有一定的缺失，因此检查人员要多加关注。一般情况下，房地产开发企业除销售、建筑等业务（合同）可以核定征收印花税外，其余合同一般按实际金额贴花或申报缴纳印花税。

案例 2-8

2016 年 5 月，某地税务机关对某房地产开发企业进行税务检查，经入库信息核对，没有发现该公司在项目开发前期有诸如勘探、设计类合同印花税入库数据。在检查时，检查人员询问被查企业会计人员，原来这类合同全部是由企业工程部等保管的，没有作为计税资料转入财务部门，因此没有及时贴花（缴纳印花税）。

四、项目规划设计与报建环节

（一）主要业务事项

1. 建设工程规划

房地产开发企业在取得土地使用权后，根据规划局提出的设计要求，委托建筑设计院编制设计方案，并将设计方案报规划局审批。方案经审查通过后，委托设计院进行项目的初步设计，并将初步设计再报规划局，由规划局组织抗震办、人防办、消防、环卫、供水、供电等部门对初步设计进行会审。初步设计审查通过后，还需再委托设计院进行施工图设计，并将施工图报规划局，由规划局核定建筑红线。在红线划定并缴纳市政公用基础设施配套费后，由规划局颁发《建设工程规划许可证》。

2. 进入项目实施阶段

上述流程完成后，房地产开发企业正式进入建设实施阶段。

（二）主要财务核算事项及会计科目

1. 设计与报建环节费用

项目规划设计与报建环节发生的费用，主要有市政公用基础设施配套费、新墙体基金、白蚁防治费、城建档案资料服务费、工程勘察测绘费用、工程设计费用等。

2. 会计科目

上述费用凡是有明确指向的，在财务核算上应记入"开发成本——前期工程费"科目。如果有多个项目且无法区分，则要通过分摊计算记入相关核算对象成本科目。

(三) 主要涉税点

1. 重要涉税资料

(1)《建设工程规划许可证》。规划许可证是土地增值税、企业所得税相关事项处理的重要参考内容和判断数据,也是土地增值税清算检查时判断是否有超规划项目建设的直接依据。

(2) 各项目设计方案及相应施工图纸等。设计方案和施工图纸是土地增值税、企业所得税相关事项处理的重要参考内容和数据,也是判断是否有隐瞒的超规划建设项目(违章建筑)的直接重要依据资料。

(3) 各项(种)规费交纳凭证。各种交费凭证是土地增值税、企业所得税相关计算(税前扣除)的重要数据、凭证。

2. 涉税关注点

(1)《建设工程规划许可证》。《建设工程规划许可证》限定了建设内容,在实践中发生与规划建设不一致情形的,其土地增值税、企业所得税收入确认和税前扣除方面的处理有一定的差异。检查人员应在摸清企业的详细处理方法后,与当地税务机关的具体政策比对,以判断其处理是否合理。

案例 2-9

2014 年,某地税务机关在审核某房地产开发企业土地增值税项目清算报告时,对其配套建设的车库数量产生疑问,通过核对规划设计和企业实际建造数量,发现原规划设计数量为 1∶1.5,实际建造数量为 1∶2,且超规划设计的部分在空间上隔离开来,主要是为商铺的经营配套需要所建。根据当地土地增值税政策规定,超规划设计建造的车库成本不得在计算土地增值税时扣除。

(2) 合同印花税。继续关注各类勘测、设计等合同的印花税问题。对于企业财务人员而言,要注意签订合同的部门,特别是一些先签订合同后付款的业务,要及时取得相关合同的正本(或副本),完成贴花。

(3) 与境外相关的业务。对聘请境外企业设计、施工、监理、策划的,检查人员要查看其原始票据，如果境外企业在境内既没有经营机构又没有代理人，则该房地产开发企业应代扣代缴境外企业增值税（营改增前为营业税）等。

（4）各项（种）规费的处理。检查人员对规费的核查主要有两点：一是了解各项（种）规费的收取标准，用开发的建筑面积与实际缴纳的数额对比，看有无超标准多列支情况，其取得的票据是否合法、真实、有效；二是核查有关部门缓缴、免缴规费的文件、通知书等，核查有无规费抵免的情况。注意对不用再支付的规费是否仍按标准计提挂账，是否及时冲销相关成本费用。

（5）代收费。对于房地产开发企业发生的"市政公用基础设施配套费""发展新型墙体材料专用费""煤气建设费""散装水泥专项资金""白蚁预防费"等支出，如果属于代收费用性质，由于涉及今后土地增值税是否可以加计扣除问题，因此在该环节也要注意核查，一般来说，各地税务机关都会通过列举对这些代收费进行规范处理，核查时只要比对会计处理方式和交费数据就可以确定是否正确。

（6）继续关注相关会计处理方式。理清复杂业务以及有疑问业务（包括有疑问会计处理）的会计处理，是贯穿整个检查过程的。检查人员在该环节对大额支出进行核查时，如果发现会计处理不是很"清晰"，则要跟踪理清，以确认其处理是否正确、相关业务是否真实。

第二节 开发项目工程实施阶段

工程实施阶段是房地产开发的重要阶段，直接涉及的税种有建筑施工合同的印花税、材料购买合同的印花税、开发用地的城镇土地使用税等，此外还可能涉及增值税（销售多余材料）等。2016年5月1日营改增后，还会发生获取增值税发票（进项税额）等重要涉税业务。同时，由于这一阶段涉及拆迁（一般毛地涉及，净地不涉及）等业务，因此相关资料（票据）、成本费用支出均涉及企业所得税、增值税（进项税额）、土地增值税的处理。

一、房屋拆迁、安置环节

（一）主要业务事项

1. 拆迁方式

目前房地产开发企业取得的开发用地多为净地，因此很多房地产开发企业没有房屋拆迁、安置这一环节，但是一些老项目存在这个业务环节。具体业务程序是：房地产开发企业在取得房产管理部门城市房屋拆迁行政许可后，即进入拆迁、安置程序。拆迁方式一般有三种：①房地产开发企业取得土地后自行拆迁；②房地产开发企业委托拆迁公司进行拆迁；③房地产开发企业从国土部门取得净地。后两种拆迁方式较为常见。

【提示】拆迁不一定是开发项目工程实施阶段的业务，之所以在这里介绍，仅仅是因为其成本、费用支出等相关内容从检查角度与该阶段内容有相似之处。

2. 补偿方式

安置补偿方式一般有四种：①货币补偿；②实物补偿；③货币加实物补偿；④回原地返还面积。

（二）主要财务核算事项及会计科目

1. 拆迁、安置补偿费

房屋拆迁、安置环节发生的主要成本费用有拆迁安置补偿费、城市房屋拆迁管理费等，一般情况下拆迁管理费占到拆迁补偿资金概算的0.3%左右，各地具体情况有差异。

2. 会计科目

上述费用如果指向明确，在财务核算上应记入"开发成本——土地征用及拆迁补偿费"科目。如果有多个项目且无法明确区分，则要进行分摊计算再记入相关核算对象成本科目。

（三）主要涉税点

1. 重要涉税资料

（1）安置协议书。安置协议书是土地增值税、企业所得税列支扣除的重要判断资料。

（2）支付凭证。支付凭证通常包括安置费用的支付凭证和手续证明。这是判断土地增值税、企业所得税列支扣除事项真实性的重要资料。

2. 涉税关注点

（1）拆迁安置情况。与前述三种拆迁方式相对应，针对第①种拆迁安置方式，检查人员主要关注相关拆迁安置协议，与实际支付的拆迁、安置支出是否相符；针对第②种拆迁安置方式，检查人员主要关注发票开具的真实、合法和有效性，入账的票据应是拆迁公司开具的建安发票；针对第③种拆迁安置方式，应注意所有费用是否都已包含在土地出让费中，审核合同看费用是否已实际支付。

案例 2-10

由于在拆迁安置业务中，很多支付费用的凭证仅仅有个人签字，如涉及个人（住户）的补偿支出，基本就是只有个人签字的支出凭证，因此这个环节容易出现问题。2010 年 8 月，某地税务机关对某房地产开发企业进行税务检查，在核对拆迁补偿费用时，发现部分签字有疑问，即拆迁补偿协议书、拆迁补偿费用签字清单中的签字与补充补偿签字清单中的签字笔迹有较大差异。经过检查人员仔细追踪核对，发现部分补充补偿费支出为虚假支出，目的是套取现金。

（2）多个项目拆迁。同一企业如果有多个房地产开发项目，检查人员还要关注其发生的土地征用及拆迁补偿费是否按实际发生的成本对象进行归集，共同费用是否合理分摊，具体可以直接核对分摊费用的计算公式，看是否分项目计算分摊。

（3）房屋补偿部分。检查人员要关注是否用不动产（房屋）给予补偿，可以直接核对补偿清单目录，如果用房屋补偿则发生了销售不动产业务，还需进一步核对增值税（营改增前为营业税）等相关处理业务。

案例 2-11

2017 年 11 月，某地税务机关对 A 房地产开发企业进行税务检查，在检查时发现，该公司运作项目的土地是通过法院拍得的，不是净地，在整体业务中还存在部分建筑物（实物）交易业务。A 公司要用开发的两套商品房抵顶原地块上 B 公司的房屋，B 公司原房屋价值 760 万元。2015 年房屋竣工后，A 公司直接将成本为 810 万元的房屋交付给 B 公司，B 公司支付差额 50 万元，A 公司按成本价格 810 万元计算缴纳营业税 40.5 万元（810×5%）。根据相关政策规定，A 公司的这两套房屋要按照正常（公允）销售价格处理，A 公司同类房屋的销售均价为 510 万元，两套房屋价格为 1 020 万元，应缴纳营业税 51 万元（1 020×5%），A 公司应补缴营业税 10.5 万元（其他各税种略）。

如果是营改增后的业务，A 公司抵顶转让的两套房屋要按照增值税政策处理。

1. 如果房屋是在 2015 年建造的，营改增后再进行抵顶交易时，可以按简易计税方法处理，计算如下：

销售额：1 020÷（1+5%）＝971.43（万元）；

应纳增值税额：971.43×5%＝48.57（万元）。

2. 如果房屋是在2016年4月30日之后建造的，抵顶交易时按一般计税方法处理。假设A公司是一般纳税人，则计算如下：

销售额：1 020÷（1+11%）＝918.92（万元）；

销项税额：918.92×11%＝101.08（万元）。

3. 如果上述应税行为发生时间在2018年5月1日之后，则适用税率由11%调整为10%，相关计算如下：

销售额：1 020÷（1+10%）＝927.27（万元）；

销项税额：927.27×10%＝92.73（万元）。

> 【提示】自2018年5月1日起至2019年4月1日，纳税人发生增值税应税销售行为，原适用11%税率的，税率调整为10%。自2019年4月1日起，原适用10%税率的，税率调整为9%。本书后续内容中政策及公式涉及税率的，一般以最后一次公布税率为准。

（4）其他部门承担的费用。核查应由其他部门承担的拆迁安置费用是否计入了成本、有关政府部门的违规收费是否计入了成本，检查人员核查的具体方式是核对拆迁方案以及收费文件。

（5）土地出让金返还。关注取得土地后获得的土地出让金返还等优惠是否按规定进行了处理。土地出让金返还的涉税处理相对比较复杂，但是一般情况下，企业日常处理和检查时，只要先理清企业详细的处理过程，再对照政策规定检查就可以了，具体处理方式如下（也可参考本书相关完整案例）：

新修订的《企业会计准则第16号——政府补助》发布后，对于房地产开发获取的土地出让金返还，可以参照以下方式处理：

《企业会计准则第16号——政府补助》第四条规定，政府补助分为与资产相关的政府补助和与收益相关的政府补助。与资产相关的政府补助，是指企业取得的、用于购建或以其他方式形成长期资产的政府补助。与收益相关的政府补助，是指除与资产相关的政府补助之外的政府补助；第十一条规定，与企业日常活动相关的政府补助，应当按照经济业务实质，计入其他收益或冲减相关成本费用。与企业日常活动无关的政府补助，应当计入营业外收入。

政府给予的土地出让金返还，一般有两种类型：一是用于房地产开发公司建设市政配套设施的补助；二是用于房地产开发公司实施拆迁（毛地）补偿的补助。

根据上述规定，返还的土地出让金已经明确用于购建相关资产的，例如用于市政配套设施的补助，应直接冲减相关成本，不按照《财政部 国家税务总局〈关于专项用途财政性资金所得税处理问题的通知〉》（财税〔2011〕70号）中的不征税收入处理。会计处理如下：

借：银行存款

贷：开发成本——市政配套设施

如果返还的土地出让金已经明确用于拆迁补偿补助，则也是直接冲减相关成本，不按照财税〔2011〕70号文件中的不征税收入处理。会计处理如下：

借：银行存款

贷：开发成本——土地成本——拆迁补偿费

上述返还的土地出让金，如果仅仅是政府给予房地产开发企业的一般奖励性补助，且不符合财税〔2011〕70号文件相关规定，则要在当年结转所得进行企业所得税处理，在土地增值税项目清算中也不得扣除。

【提示】实务中，土地出让金返还的情形和处理具体情况相对比较复杂，具体处理政策以当地税务机关规定为准，此处仅提供一种参考思路。

（6）继续关注相关会计处理方式。要特别关注拆迁补偿支出、土地出让金返还等的会计处理明细，特别是要对拆迁补偿支出从科目使用、票据、签字等方面进行审核，发现疑问追踪到底。

二、开发项目工程建设准备环节

（一）主要业务事项

1. "三通一平"等

开发商在项目开工建设之前，一般要完成规划设计及报批、施工现场勘察和施工图设计、筹措资金以及"三通一平"(或"五通一平""七通一平")等。

2. 各项施工手续

在开展上述各项准备工作时还要向园林管理所、自来水公司、交通大队和供电局等部门办理树林砍伐、临时给水、临时占道和临时供电等手续。

(二) 主要财务核算事项及会计科目

1. 各项前期费用

本环节主要费用支出项目有"三通一平"(或"五通一平""七通一平")费用、苗木清理费、地质勘测费、工程设计、咨询和利息费用等。

2. 会计科目

上述费用财务核算上应记入"开发成本——前期工程费"、"待摊费用"和"预提费用"科目。

(三) 主要涉税点

1. 重要涉税资料

(1) 各种勘察、勘探合同。在施工中由于种种原因，会再次签订勘察、勘探相关合同，这些合同既是印花税的计税依据，也是相关成本费用列支的重要依据。

(2) 各类融资合同。为保障项目施工顺利进行，这个阶段已经开始涉及融资合同（也有可能在更早的时间涉及），融资合同不仅是印花税的计税依据，也是开发成本费用列支的重要依据，更是后期土地增值税、企业所得税项目清算处理需要用到的证据资料。

2. 涉税关注点

(1) 开发成本各明细科目。检查人员要关注"开发成本"科目中各类成本费用明细科目内容，特别是利息（融资）费用支出情况。融资费用重点关注的是根据合同判断资本化和当期费用化处理问题。需要注意的是，在计算增值税时，借款费用进项税额不能抵扣。同时要注意，有了金融企业融资业务，就有了银行借款印花税问题，因此融资合同的印花税检查主要从核对"银行借款"科目开始，特别要关注变化情况。

案例 2-12

2016年4月，某地税务机关对某房地产开发企业进行税务检查，在核对"银行借款"科目时，发现2015年某主贷款银行的借款数据期初、期末余额变化较大，期初余额为0.7亿元，期末余额为2.1亿元，核对相关税款缴纳记录，没有发现相应印花税缴纳入库信息。检查人员就相关情况与被查企业会计人员沟通，发现是会计人员以为2014年已经缴纳过印花税，因此出现疏漏。该项目2015年度在某银行贷款数额增加1.4亿元，计算补缴税款7 000元。

（2）与境外相关的业务。检查人员要继续关注是否有聘请境外企业进行设计、施工、监理和策划的业务，如果这些境外企业在中国境内既没有经营机构又没有代理人，应关注该房地产开发企业是否按规定代扣代缴境外企业的增值税（营改增前为营业税）等。

（3）行政性收费和政府基金。审核发生的各项行政性收费和政府基金是否符合规定的收取标准。检查人员的具体核查方式主要是依据相关收费文件对照检查。

（4）勘察、设计等费用。继续关注发生的勘察、设计等费用，除相关合同计算印花税外，检查人员要重点关注是否有成果报告和设计图纸作为真实性判断的证明。

（5）支付相关费用的手续。检查人员要审核发生的林木砍伐、移栽、临时给水、临时占道、临时用地等费用是否有相关的审批手续为依据。如果没有相关手续，则要从合理性及票据等方面进行综合判断，以确定其支出的合理性。

（6）"三通一平"的真实性。审核"三通一平"（或"五通一平""七通一平"）费用支出是否与土地的原开发程度和土地状况相一致，就是与地貌等状况比对，检查人员可以通过工程量的大小判断业务的真实性。

三、施工队伍招投标环节

（一）主要业务事项

1. 确定总承包商

房地产开发企业向规划部门办理建设工程规划许可证和缴纳相关规费凭证等资料后，再通过招标形式，确定一个总承包商或若干不同性质的承包商，签订施工合同准备开工建设。

2. 申请《建设工程施工许可证》

上述流程完成后，再向质检站、安全站、劳保办和定额站等部门办理相关手续，然后向建委申请《建设工程施工许可证》。

（二）主要财务核算事项及会计科目

1. 招投标费用

施工队伍的招投标环节发生的主要费用是项目招投标费用，以及围绕招投标业务产生的各项费用。

2. 会计科目

项目招投标费用由于指向明确，在财务核算上应按核算项目记入"开发成本——前期工程费"科目。

（三）主要涉税点

1. 重要涉税资料

（1）《建设工程施工许可证》。许可证上标注的时间是增值税判断新老项目的依据。该证也是核对有无隐瞒违建工程（项目）的参考依据。

（2）《建筑工程承包施工合同》。合同时间、金额等不仅是印花税的计税依据，也是项目运作后期企业所得税结转成本、土地增值税项目清算的重要依据。

2. 涉税关注点

（1）各类工程施工合同。合同金额是印花税的计税依据，同时也是开发项目完工结算前未达账发票涉及的企业所得税结转成本计算的参考数据。对于企业财务人员而言，在预提相关出包工程成本时，要注意不要突破规定的比例。对于检查人员而言，要逐笔核对归集未达账发票涉及的金额，以确定企业处理的正确与否。

（2）增值税上对新老项目的判断。根据《房地产开发企业销售自行开发的房地产项目增值税征收管理暂行办法》第八条的规定，一般纳税人销售自行开发的房地产老项目，可以选择适用简易计税方法按照5%的征收率计税。一经选择适用简易计税方法计税，36个月内不得变更为适用一般计税方法计税。

（3）关联交易情况。审查签订的各类合同单价，注意是否存在与关联企业定价明显过高，转移企业所得收益的问题。关注的重点是合同、定价的方式方法、关联方关系及所有涉及的文书资料，凡是发现有疑问的地方，要先摸清业务细节，再对照政策检查。

案例 2-13

2015年5月，某地税务机关对某房地产开发公司进行纳税评估时，在往来科目发现该公司占用A学校资金1.2亿元，通过查阅销售资料未发现A学校购买该公司商品房的合同以及相关登记。该公司会计人员介绍，是因为公司项目资金紧张而向A学校借用资金，该公司未支付利息，合同未签。为摸清该笔资金的真实情况，检查人员到A学校调查，发现该笔资金的真实用途是：A学校将资金无偿借给该公司使用，而学校员工购买该公司项目商品房时，每套房屋根据不同情况折让一定的价格，学校目前正在统计（登记）购买商品房的老师，具体优惠价格将根据购买情况确定。为此，检查人员提醒该公司，该公司与A学校、购房老师之间形成关联交易，该公司向A学校老师购房降价的部分有可能被认定为"抵顶"应支付的借款利息。提醒该公司应按照政策规定确认销售收入，若支付利息应取得相应的票据。

四、开发项目施工建设环节

（一）主要业务事项

1. 组织施工

房地产开发企业办理《建设工程施工许可证》后，即可进行工程的开发建设，企业在工程施工过程中需要按照合同负责项目的组织协调、费用控制、进度控制和质量控制等方面的工作。

2. 委托监理

房地产开发企业在项目开发中，多将进度控制、质量控制和合同控制等方面的工作委托监理单位完成。

（二）主要财务核算事项及会计科目

1. 核算内容

实施开发项目涉及的施工建设成本费用种类较多，主要包括：桩基工程费用、土建工程费用、水电气安装工程费用、附属工程费用、消防费用、智能化工程费用和小区景观工程费用等。

2. 会计科目

上述成本、费用的核算，应按其成本对象的类别，分别记入"开发成本——建筑安装工程费"、"开发成本——基础设施费"和"开发成本——公共配套设施费"等科目。

(三) 主要涉税点

1. 重要涉税资料

这一环节的涉税资料，主要是各类施工合同、劳务合同及融资合同等，但是这期间已经可以通过现场查看确定是否有违章建筑的问题（不必受限于合同），这涉及后期土地增值税清算、企业所得税成本结转等的处理。

（1）施工合同。施工合同是房地产开发企业项目运作中最重要的合同，也是金额最大的合同，其中的合同金额不仅是企业成本计算的最重要参考依据，也是相关企业所得税计算的重要依据，例如预提费用的处理。

（2）融资合同及相关合同。这期间融资合同金额变化比较大，涉及印花税、土地增值税、企业所得税的计算处理。同时还有可能涉及一些勘探、勘察合同等。

（3）劳务合同。在项目施工期，房地产开发企业有可能发生一些临时性用工，临时用工劳务合同涉及个人所得税、企业所得税等的计算和处理。

2. 涉税关注点

（1）滚动开发成本的处理。对滚动开发的房地产开发企业，要关注土地支付、公共配套等相关成本的分摊。分摊方法有三种，即：按转让土地使用权面积占总面积的比例分摊、按转让的建筑面积占总建筑面积的比例分摊、按税务机关确认的其他方式分摊。在检查时，检查人员要先理清企业具体的分摊计算方法，再对照政策检查（判断）其分摊方法是否合理。

（2）人防等地下设施成本的处理。关注人防设施等地下建筑（如车库）的成本构成、分摊及销售、使用情况，核对人防办公室的建设指标批复和实际人防建设面积，确认有没有将应在下一期开发项目中结转的人防设施成本记入当期开发成本的问题。由于此类业务在实际操作中比较复杂，各地税务机关制定了相应的具体规定，因此企业在日常处理这类业务和检查人员在检查这类业务时，可以先理清企业的具体处理方法，再对照当地税务机关的具体规定，检查（判断）其处理是否合理。

(3) 融资费用的处理。检查人员要继续关注利息费用支出情况。重点是金融企业利息支出情况，项目贷款的利息支出需要资本化，而对于房地产开发企业与金融企业在这期间签订的其他合同，要审核业务的真实性，对属于项目贷款而支付的额外利息，符合资本化条件的，要进行资本化处理。

案例 2-14

2017 年 3 月，某地税务机关对某房地产开发企业进行税务检查，在核对该公司"财务费用"科目明细内容时，发现部分利息没有做资本化处理。该公司建设资金重要来源是融资（金融企业），2015 年"财务费用"科目数据为 174.85 万元，其中 117.21 万元是为甲项目贷款而产生的利息，甲项目已经于 2014 年底完工，相关贷款资金已经投入到乙项目中，但是发生的相关利息共计 117.21 万元，却没有计入乙项目，而是记入了"财务费用"科目，在企业所得税汇算清缴时没有进行调整，挤占了当期应纳税所得额。经过沟通，发现是企业会计人员认为利息的归集以合同为主，没有按照实质性原则处理，因此出现错误。

(4) 大额成本费用支出。检查人员要重点关注成本、费用中的大额支出业务的真实、合法和有效性。重点从合同、资金流向、发票等多角度去核对，对于合同、资金流向、发票单位名称不一致的情况则要跟踪核查到底，虚假的支出不能列支。

(5) 材料分配方法。除少量按实际领用核算的材料外，检查人员要重点关注多个项目同时建设领用材料的分配方法是否合理和一致。在实际业务中，部分企业多个成本项目同时使用同类材料，对于没有明细核算（或无法明细核算）的，要按照一定的方式进行分摊，例如按工程量、建筑面积等。不管采用什么方式，都要重点关注两点：一是前后一致性，就是方式一旦确定不得随意改变；二是合理性，就是计算分摊的方式能准确反映各个项目的实际材料消耗量。检查人员在检查这类业务时，应先理清企业的具体处理方法，再对照政策规定，判断其处理是否合理。

(6) 材料成本差异处理。检查人员要重点检查材料成本差异的计算和分配方式是否一致，可以采用加权平均、先进先出等方式，且一经确定不得随意更改。核对的主要方式是连续核对计算第四季度的会计处理数据，看是否正确。

案例 2-15

2016年3月,某地税务机关对某房地产开发企业进行税务检查,该公司材料成本差异结转计算是按照加权平均法,检查人员对该公司2014年、2015年连续两年第四季度的材料成本差异会计处理情况进行核对,结果发现2015年12月份计算方式出现问题,即没有按照加权平均法计算结转差异,实际多转差异533万元。经过沟通,查明原因为:企业因为2015年利润过高,而2016年预估购买的材料价格上涨,所以采取了一种平衡方式。最终,"材料成本差异"项目检查调增应纳税所得额533万元。

(7)隐瞒的违章建筑。在这期间可以根据《建设工程施工许可证》、《建筑工程承包施工合同》和相关规划设计资料,对现场进行实地核对,以判断企业是否有超规划、超施工许可的"违章建筑"(具体可见本书最后一章的案例)。

如果有隐瞒的违章建筑,根据土地增值税政策,一般不能作为计算增值额的扣除项目。对于自用的违章建筑,不得将其成本摊入销售面积中的开发成本,在企业所得税计算中税前扣除,而是要按照自用固定资产折旧处理。企业已经使用的违章建筑涉及的房产税、城镇土地使用税要按规定征收(缴纳)。

> 【提示】关于违章建筑的土地增值税处理,各地有一些具体规定,处理时应以当地税务机关规定为准。

(8)劳务费用的处理。检查人员对劳务费用的核查主要是核对劳务合同,要将合同内容与企业用工的实际情况进行比对判断。此外,对于有逻辑疑问的,例如金额过大、用工期间不对称等,则要核对相关人员身份证信息、现场查看工作情况等。

五、开发项目竣工验收环节

(一)主要业务事项

1. 竣工验收

开发项目验收分为预验收和综合验收两个环节。该过程中报建委等有关部门备案的房屋建筑工程和市政基础设施工程竣工验收备案表、工程竣工验收报告、单位工程竣工验收证明书、单位工程竣工验收监督记录和最终的工程决算合同等资料是竣工验收核查的必备资料。

2. 各种验收表、报告的备案

根据相关政策规定,项目完成竣工验收手续后,会形成各种验收表、报告等,经相关部门备案后,就成为涉税处理中最重要的竣工证明资料。

(1) 验收表、报告表样。各地的验收表大同小异,基本表样如表 2-1 所示。

表 2-1　　　　　　　　房屋建筑工程竣工验收备案情况表

建设单位名称					
工程名称			工程地点		
结构类型/层次	地上：_____/_____层 地下：_____/_____层		建筑面积	地上：_____ m² 共_____ m² 地下：_____ m² (其中人防_____ m²)	
子单位工程范围		工程用途		工程造价（万元）	
开工日期		完工日期		竣工验收日期	
施工许可证号		规划核实合格书号		施工图审查批准书号	
勘察单位名称				资质等级	
设计单位名称				资质等级	
监理单位名称				资质等级	
施工单位名称				资质等级	
质量监督机构				监督注册号	
				建设单位（公章）	

验收报告基本格式如下（见表 2-2）：

表 2-2　　　　　　　　　　工程竣工报告

工程名称		结构类型	
工程地址		建筑面积	
建设单位		开工日期	
设计单位		完工日期	
监理单位		合同工期	
施工单位		工程造价	

竣工条件具备情况	项目内容	施工单位自检情况
	完成工程设计和合同约定的情况	
	技术档案和施工管理资料	
	主要建筑材料、建筑构配件和设备的进场试验报告（含监督抽检）资料	
	工程款支付情况	
	工程质量保修书	
	监督站责令整改问题的执行情况	
	保温节能执行情况	

已完成设计和合同约定的各项内容，工程质量符合有关法律、法规和工程建设强制性标准，特申请办理工程竣工验收手续。

项目经理：
企业技术负责人：
法定代表人：

（施工单位公章）

年　月　日

（2）竣工备案汇总表。由于竣工备案表不是按照整个项目，而是按照单独的楼栋，因此数量比较多，为方便使用，可以制作相应的竣工备案汇总表，以利涉税处理时参考对照。基本表样如表 2-3 所示。

表 2-3　　　　　　　　　　　　竣工验收备案汇总表

名称	地上建筑面积	地下建筑面积	开工日期	完工日期	验收日期

(二) 主要财务核算事项及会计科目

1. 各项建设成本的归集

已完工建设项目在竣工决算后,对发生的桩基工程成本、土建工程成本、水电气安装工程成本、附属工程成本和小区景观工程成本等,按其成本对象的类别分别记入"开发成本——建筑安装工程费"、"开发成本——基础设施费"和"开发成本——公共配套设施费"等科目。

2. 验收费用的核算

交纳给政府有关部门竣工验收的费用及因组织管理开发项目而发生的各项费用,按其成本对象的不同和费用发生的实际情况分别记入各完工项目的"开发成本——××费"、"开发成本——开发间接费用"和相关期间费用科目。

(三) 主要涉税点

1. 重要涉税资料

(1)《房屋竣工验收表》。商品房完成竣工验收后即可交付使用,竣工验收时间是增值税纳税义务发生的重要节点,也是企业所得税结转收入、成本的重要节点。

(2)《房屋测绘表》。测绘表是土地增值税项目清算、企业所得税项目汇算的重要参考,其主要作用是通过测绘表与销售窗口表(或销售合同清单等)数据的核对,判断是否存在后期改变结构、隐瞒面积等问题。

2. 涉税关注点

(1) 收入(所得)的结转情况。执行《房地产开发经营业务企业所得税处理办法》(国税发〔2009〕31号文件发布)第三条的规定。房地产开发企业采取的是预售制度,项目竣工验收后,即达到结转收入的条件,最重要的依据(之一)就是《房屋竣工验收表》。检查人员核对的重点是将《房屋竣工验收表》、"预收账款"科目余额等数据资料进行比对,判断企业是否按规定时间节点进行了收入的结转,其中凡是在当年已经取得《房屋竣工验收表》的楼栋,"预收账款"科目(或明细科目)正常情况下不得有余额。

> 【提示】《房地产开发经营业务企业所得税处理办法》第三条规定:"企业房地产开发经营业务包括土地的开发,建造、销售住宅、商业用房以及其他建筑物、附着物、配套设施等开发产品。除土地开发之外,其他开发产品符合下列条件之一的,应视为已经完工:
> (一)开发产品竣工证明材料已报房地产管理部门备案。
> (二)开发产品已开始投入使用。
> (三)开发产品已取得了初始产权证明。"

案例 2-16

2018年3月,某地税务机关对某房地产开发公司进行税务检查。在沟通甲项目开发情况时,该公司会计人员介绍,甲项目已经完工,所有楼栋均取得了竣工验收证明。但是随后检查人员在核对预收账款明细科目时,发现截至2017年12月31日,甲项目尚有5 500万元余额未结转。检查人员在取得相关竣工验收证明后,就甲项目未结转余额的原因与该公司会计人员进行沟通,结果发现原因是:由于该公司的上级公司当年度利润考核指标已经完成,因此,该部分收入没有结转,相关成本也没有结转。最终,依据企业所得税政策规定,该部分收入、成本在2017年度结转,调增2017年度应纳税所得额。

(2)增值税纳税义务发生时间的确定。执行《房地产开发企业销售自行开发的房地产项目增值税征收管理暂行办法》第十条、第十四条的规定。房地产的销售是采取预售制度,房地产项目达到一定进度后,可以领取预售许可证,应在收到预收款时按照3%的预征率预缴增值税。在纳税义务发生时,以当期销售额和相应的适用税率计算当期应纳税额,抵减已预缴税款后,向主管税务机关申报纳税。房屋完成竣工验收并交付后,即产生纳税义务,因此要按规定计算增值税应纳税额。

> **【提示】** 实务中关于增值税纳税义务发生时间的确认。对于预售的开发产品，根据《营业税改征增值税试点实施办法》（财税〔2016〕36号文件附件1）第四十五条第（一）项的相关规定，在开发项目运行到一定节点时（例如房屋交付、开具全额发票、产权过户等），要确认是否达到纳税义务发生的时点。各地税务机关在征管上有一些具体规定，检查时可以对照核查。

（3）票据未到情形的处理。执行《房地产开发经营业务企业所得税处理办法》第三十二条的规定。关注建筑合同、竣工决算和建筑业发票的信息。建筑工程承包合同的完成需要最后的结算，对于因出包工程未最终办理结算而未取得全额发票的（房地产开发公司或暂以收据等入账的工程支出），在证明资料充分的前提下，其发票不足金额可以预提，但最高不得超过合同总金额的10%。其证明资料主要是《建筑工程承包合同》和已经发生的工程量。检查人员在核查时要计算政策规定比例的界限数据。

案例 2-17

2015年5月，某地税务机关对某房地产开发企业进行税务检查。检查人员在核对成本结转业务时发现，该公司开发项目结转成本时，由于部分施工企业建筑业发票尚未取得，故采取预估成本方法，该公司施工合同总价格为2.3亿元，预估工程成本为0.32亿元。根据相关政策规定：出包工程未最终办理结算而未取得全额发票的，在证明资料充分的前提下，其发票不足金额可以预提，但最高不得超过合同总金额的10%。该公司预估工程成本的最高金额为0.23亿元，该公司实际预估工程成本为0.32亿元，多预估0.09亿元。最终，该项目检查调增应纳税所得额0.09亿元。

（4）预提费用的处理。除上述未取得全额发票而预提的成本外，政策规定允许预提（在企业所得税税前扣除）的费用只有以下两类：

①公共配套设施尚未建造或尚未完工的，可按预算造价合理预提建造费用。此类公共配套设施必须符合"已在售房合同、协议或广告、模型中明确承诺建造且不可撤销，或按照法律法规规定必须配套建造"的条件。

②应向政府上交但尚未上交的报批报建费用、物业完善费用。物业完善费用是指按规定应由企业承担的物业管理基金、公建维修基金或其他专项基金。

一般情况下,凡是不符合上述条件的,不得预提。检查人员核查时,只要按照相应成本对象、规划设计及上交费用明细等,采用列表标注处理方式就可以完成检查。

另需特别关注的是,有的省市对预提费用列支有相应的征管规定,比如有的地方规定,对预提的出包工程款自开发产品完工之日起超过2年仍未支付的,预提的出包工程款全额计入应纳税所得额;以后实际支付时可按规定税前扣除。除政府相关文件对报批报建费用、物业完善费用有明确的期限规定外,预提期限最长不得超过3年;超过3年未上交的,计入当期应纳税所得额,以后年度实际支付时准予在税前扣除。

(5)大额成本支出。检查人员要重点关注"开发成本——开发间接费用"科目明细摘要,对异常的大额支出要深入核查,注意合同、发票、资金流向是否一致,凡是不一致的,都要追踪核查相关业务的内容以及"不一致"的原因。

案例 2-18

2018年4月,某地税务机关对A房地产开发公司进行税务检查,该公司甲项目销售已经进入尾盘,绝大部分楼栋已经取得竣工验收证明。但是检查人员在后期发现,该公司列支的甲项目咨询费高达400万元。仔细核对相关业务,发现咨询合同是与该公司同一集团B公司签订的,款项也直接支付给A公司,A公司开具了增值税普通发票。但是相关合同内容简单,仅仅为项目销售等业务咨询。为此,检查人员从提供咨询的人员、咨询问题、咨询报告等相关细节入手核查,并取得了甲项目前期各种咨询合同比对。最终,该公司承认,咨询业务为虚构,目的是消化甲项目的利润。

(6)自建自用房产的处理。检查人员要核对《房屋竣工验收表》,如果已经竣工则要审核是否已经开始使用,特别是在竣工手续办理前已经使用的房产。凡是已经使用的房产,不论是否竣工、结算均要按规定申报缴纳房产税、城镇土地使用税。

案例 2-19

2015年1月,某地税务机关在对某房地产开发企业进行涉税分析时,通过租赁信息发现该公司部分商品房已经转为自用(出租),于是从纳税评估角度提醒纳税人进行相关税收自查。自查情况为,该公司将部分商业用房出租,出租时点为2014年4月份,租金为每年26万元,已经预收全年租金26万元,而《房屋竣工验收表》确定的时间是 2014 年 11 月，截至 2014 年 12 月底，该公司既没有结转固定资产（投资性房地产），也没有提取折旧。

根据相关规定，该房地产开发企业 2014 年 4—12 月期间收取的房屋租金应按照规定缴纳营业税、房产税及城镇土地使用税等。

营业税：26×5％＝1.3（万元）；房产税（从租）：26×12％＝3.12（万元）。

该企业应缴纳 2014 年 5—12 月份的城镇土地使用税 1 080 元（假设按分摊土地面积计算），如果该企业在 2014 年 5—12 月期间仍按照开发用地缴纳城镇土地使用税，则不存在少缴税款。

从企业所得税角度，该企业 2014 年当年应结转 5—12 月份期间的所得 17.33 万元（26÷12×8），以及对应期间缴纳的营业税（城市维护建设税等附加略）、房产税等成本。同时企业要根据相关会计处理原则将出租房屋结转为"投资性房地产"，从企业所得税汇算清缴角度，可以提取相应的折旧。

（7）测绘面积问题。检查人员要关注各类建筑物面积具体情况，在成本分配中使用的各类建筑面积是否与测绘（面积）成果表一致。如果测绘面积与销售窗口表等标明的面积相差过大，即测绘面积大于销售窗口表等资料面积，则要核对查明原因，防止超规划设计建造的面积未按规定进行涉税处理。

（8）成本结转情况。已经销售（预售）的商品房竣工验收后（以《房屋竣工验收表》为判断要件之一），要进行收入和成本的结转。而此时，有可能同一个项目中一部分已经完成竣工验收，而另一部分还在施工中。即使已经完成竣工验收的部分也可能存在有的已经销售，有的还没有销售的情况。因此，检查人员在核查结转成本业务时，要注意成本在不同商品房状态之间的分配方法是否合理，主要从两个层面关注成本的配比结转：

一是无法单独归集的共同成本在完工产品（商品房）和未完工产品（商品房）之间进行配比分摊，加上可以单独归集的成本，计算出准确的完工产品（商品房）的成本；

二是在已销售和未销售产品（商品房）之间进行分配，以计算出当期应结转的已销售产品（商品房）的成本。

此外，核查中需要特别关注的是成本结转方法的变化，如果在同一项目中前后使用了不同的成本结转方法，要测算不同方法的差异，判断其处理是否合理。

第三节
房地产销售阶段

从实际操作来看，房地产销售阶段（包括整个销售相关行为）往往从项目建设阶段就已经开始，如广告宣传、商品房预售等。通常商品房销售可按以下两种方式进行分类：

一是按照商品房的房源分为两种：商品房现售、商品房预售（期房）。

二是按照商品房销售组织形式分为两种：①自己组织销售，成立隶属于房地产公司的营销队伍。②委托中介服务机构（营销策划公司）销售，其又有三种运作方式：第一种是支付手续费；第二种是买断或者包销；第三种是基价代销＋超基数分成。

另外，房地产销售还有土地使用权转让、未完工程转让、联建商品房、受托建房等特殊情形。税法上还有对外投资、自用、分配股东等视同销售等政策。

由此可见，房地产开发企业销售情况非常复杂，而销售收入又是计算增值税、企业所得税、土地增值税的主要依据，因此，相关的资料和数据不仅是房地产开发企业重要的内审和档案资料，也是税务管理和税务检查的证据资料。

一、取得《销（预）售许可证》环节

（一）主要业务事项

1. 预售制度

房地产开发企业采取的是预售制度，取得《销（预）售许可证》是房地产开发企业销售的前提，房地产开发企业按照不同的条件向所在地的房产管理机关申请取得《销（预）售许可证》后可以开始销售（预销售）开发产品。在实际操作中，一般是在达到预售条件后,先办理预售手续,达到现销条件后,再办理销售许可证手续。《销售许可证》还是确认委托建房的依据之一。

> 【提示】各地对商品房开发管理中发放的销售许可证、预售许可证管理有一些差异,本书为叙述简练,一般统称为《销(预)售许可证》,在需要强调销售与预售时,再分别称为《销售许可证》和《预售许可证》。

2. 申请核价

房地产开发企业在取得《销(预)售许可证》后,还应向价格主管部门申请核价,取得价格主管部门的批复。

(二)主要财务核算事项及会计科目

1. 一般费用

取得房地产《销(预)售许可证》时,主要会发生一些事务性办公费等支出,例如中介费、工本费、交通费以及业务招待费等。

2. 会计科目

上述费用根据与项目的关联性质,一般记入"开发成本——开发间接费用"科目或者"管理费用"等科目。

(三)主要涉税点

1. 重要涉税资料

(1)《预售许可证》。房地产开发企业取得《预售许可证》后,可以开始预售商品房,因此取得《预售许可证》是计算预缴增值税的最重要节点,也是预缴土地增值税、计算企业所得税预计毛利额的重要节点。

(2)《销售许可证》。《销售许可证》是确定结转收入时点的一个重要参考依据,一般情况下,企业取得了《销售许可证》,大概率表明有一部分房屋(已销售)可以结转收入,进行企业所得税处理。

2. 涉税关注点

(1)《销(预)售许可证》。检查人员要重点关注《销(预)售许可证》上的数据信息,《销(预)售许可证》是判断销售量准确性和完整性的依据之一。检查人员将《销(预)售许可证》(含有具体销售楼盘信息的)与相关销售表数据比对,发现有较大差异(有差异不一定就有问题)的,可以追踪摸清情况。

(2)费用的处理。主要是日常发生的各项费用要根据不同情况(性质)记入"开发成本——开发间接费用"和"管理费用"科目。从成本、费用归集的角度看,如果房地产开发企业在项目运作期间没有其他经营项目,则大多数费用应记入"开发成本——开发间接费用"科目,在成本结转时处理,而不能记入"管理费用"等科目,直接在当期进行企业所得税处理。

案例 2-20

2017 年 3 月,某税务机关在分析某房地产开发企业财务数据时,发现其 2016 年管理费用支出突然增大,为此通过纳税评估形式提醒纳税人自查。经自查发现,原来企业会计人员误将办理《销售许可证》过程中发生的交通费、办证费以及施工现场发生的管理费等,记入了企业的"管理费用"科目。企业及时按照支出费用的性质调整科目,避免了在企业所得税汇算清缴中出现问题。

二、房地产销售的前期环节

(一)主要业务事项

1. 前期营销

房地产开发企业制定销售政策和营销规划后,采取各种方式对商品房进行营销,在取得《销(预)售许可证》之前,收取客户诚意金、看房金等,在实际购房时给予一定的价格抵减优惠。

2. 营销期间

对于商品房的销售期间，在实际操作中，房地产开发企业在开发前期就制定营销规划并投入营销，整个期间基本上是从项目开始贯穿到尾盘销售。

(二) 主要财务核算事项及会计科目

1. 营销费用

房地产销售的前期环节发生的广告、营销人员、营销机构等的费用，应记入"销售费用"科目。

2. 诚意金等各类收费

一般这类款项大多是在楼盘还没有正式开盘时收取的（也有开盘后收取），开盘后根据客户情况处理：对放弃购房的客户，诚意金等予以退还，对签订购房合同的客户，诚意金转为购房款。这类收取的款项一般先记入"其他应付款"科目核算（也有在其他科目核算），贷方核算收到的款项，借方核算退还的款项或者转入"预收账款"等科目的款项。需要注意的是，具有预收账款性质的款项，要计算缴纳预交增值税。

在实务中，诚意金等各类收费的处理情况比较复杂，检查时，需要仔细梳理处理方式。

(三) 主要涉税点

1. 重要涉税资料

（1）《诚意金协议书》。包括《意向协议书》等，此类协议书是核对销售收入、预缴增值税的参考数据。

（2）《广告营销合同》。广告合同是印花税的计税依据，合同内容（包括模型等）

则是土地增值税清算的重要参考资料。

（3）各类认购书等。各类认购书、客户登记表等由于记载了客户购房的重要信息（包括面积、金额等），因此是增值税（营改增前为营业税）、企业所得税检查的重要参考推断数据。

2. 涉税关注点

（1）合同印花税。检查人员要关注各类广告宣传合同等涉及的印花税。一般房屋销售、建筑合同印花税不易遗漏，而广告合同因存放在营销部门，财务部门在管理上存在一定差异空间，因此容易出现疏漏。

案例 2-21

2017 年 4 月，某地税务机关在对企业涉税情况进行分析时，发现某房地产开发企业有楼盘开始预售，但预售前没有广告合同印花税款入库的记录。税务机关将此情况作为疑点，通知纳税人自查。经自查发现，因为该企业的广告合同存放在营销策划部门，相关费用还没有最后结算，因此没有及时贴花（缴纳印花税）。

（2）诚意金的处理。检查人员要关注各类诚意金性质的款项是否一直挂账不结转，对于长期挂账的金额，要核对《诚意金协议书》及原始凭证查明真实业务，对于达到结转收入条件的要及时结转，否则会影响预缴增值税、预缴土地增值税、企业所得税预计毛利额的计算。

如果企业在核算中，将诚意金等各类收费记入其他科目，则要找出相关科目并核对相关业务。

（3）大额销售费用。检查人员要关注销售费用中大额费用支出业务和票据的真实性、合法性和有效性，例如销售咨询费、案场费、保洁费等。核对的方式主要是检查合同、发票和资金流向的单位名称是否一致，特别是相关业务是否符合逻辑。

（4）营销人员个人所得。在开发项目主销售期间，营销人员个人收入要高于其他人员，检查人员要重点核对个人所得税计算是否准确，特别是主销售期内年度奖励计算个人所得税的方式。根据《国家税务总局关于调整个人取得全年一次性奖金等计算征收个人所得税方法问题的通知》（国税发〔2005〕9 号）的相关规定。纳税人取得全年一次性奖金，单独作为一个月工资、薪金所得计算纳税。计税办法为：先将雇员当月内取得的全年一次性奖金，除以 12 个月，按其商数确定适用税率和速算扣除数。但是，在一个纳税年度内，对每一个纳税人，该计税办法只允许采用一次。雇员取得除全年一次性奖金以外的其他各种名目奖金，如半年奖、季度奖、加班奖、先进奖、考勤奖等，一律与当月工资、薪金收入合并，按税法规定缴纳个人所得税。

> 【提示】自2019年1月1日起执行新修订的《个人所得税法》后，根据《财政部 税务总局关于个人所得税法修改后有关优惠政策衔接问题的通知》（财税〔2018〕164号）第一条第（一）项的规定，"居民个人取得全年一次性奖金，符合《国家税务总局关于调整个人取得全年一次性奖金等计算征收个人所得税方法问题的通知》（国税发〔2005〕9号）规定的，在2021年12月31日前，不并入当年综合所得，以全年一次性奖金收入除以12个月得到的数额，按照本通知所附按月换算后的综合所得税率表（以下简称月度税率表），确定适用税率和速算扣除数，单独计算纳税。计算公式为：
>
> 应纳税额＝全年一次性奖金收入×适用税率－速算扣除数
>
> 居民个人取得全年一次性奖金，也可以选择并入当年综合所得计算纳税"。
>
> 根据上述政策规定，在2019年1月1日至2021年12月31日之间，对纳税人取得的全年一次性奖金收入，可以在"并入当年综合所得"与"不并入当年综合所得"两种方式中选择一种方式处理。
>
> 关于2022年1月1日之后的处理。根据财税〔2018〕164号文件第一条第（一）项的规定，自2022年1月1日起，居民个人取得全年一次性奖金，应并入当年综合所得计算缴纳个人所得税。

案例2-22

2015年3月，某地税务机关在对某房地产开发企业进行税务信息分析时发现，该公司从2014年开始进入项目的主销售期，工资薪金支出数额相对较大。为此，以纳税评估形式提醒纳税人自查个人所得税计算方式，并将相关文件传给纳税人对照检查。该公司在核对工资薪金、考核奖励的计算方式时，发现除年终奖励按"全年一次性奖金计算方式"计算外，另有两次在季度考核的基础上也使用了这种方式。该公司重新计算后，补缴（代扣代缴）了相应的税款。

三、签订买卖合同环节

(一) 主要业务事项

1. 填写认购书

房地产开发企业采取各种方式对房产进行营销,一般情况下,客户有意向后,先进行登记,然后,通过购销双方的谈判,最后填写认购书。

2. 签订《房屋买卖合同》

房地产开发企业与购房人（客户）达成销售意向,即填写认购书后,还要正式签订《房屋买卖合同》等。

3. 收取定金

定金和诚意金性质不同,一般情况下,定金对合同的正常履行具有约束力,是房地产开发企业在取得销售（预售）房屋许可证后,与客户签订商品房认购协议基础上收取的款项,实质上属于销售价款的一部分。如果客户违反认购协议的规定,未能最终签订商品房销售（预售）合同,则不再退还。

(二) 主要财务核算事项及科目

1. 销售费用

签订买卖合同环节发生的各类销售费用,应记入"销售费用"科目;收取的除定金外的预收款,应记入"预收账款（期房）"或者"营业收入（现房）"科目。

2. 定金

企业收取的定金,借记"银行存款"科目,贷记"预收账款——定金"科目。如果客户违反认购协议的规定,未能最终签订商品房预售合同,则按不再退还的金额，借记"预收账款——定金"科目，贷记"营业外收入"科目。

(三) 主要涉税点

1. 重要涉税资料

(1)《房屋销售合同》。合同中的金额等是印花税、增值税、土地增值税、企业所得税计算的重要依据。

(2)《销售窗口表》《销售控制表》等。因为表中记载了房型、房号、面积、金额、付款方式等详细购房信息，所以这类表格中的数据是企业所得税成本分摊计算、城镇土地使用税计算的重要依据，也是销售额核对的重要参考数据。

(3) 企业采取的销售政策，以及客户登记表、商品房认购书等。这类资料的内容是土地增值税、企业所得税重要的检查推断参考数据。

2. 涉税关注点

(1) 定金的处理。检查人员要重点关注对具有定金性质的款项是否及时处理，具有定金性质的款项属于销售收入的一部分，是预缴增值税、预缴土地增值税、企业所得税预计毛利额的计算依据。在实务中，定金的处理情况比较复杂，检查人员在检查时，需要仔细梳理企业的处理方式。

(2) 商品房销售数据。检查人员要关注并归集销售合同、《销售窗口表》、《销售控制表》、各类认购书等，同时还要实地考察楼盘，根据这些资料数据对照确认其销售情况，这些信息和数据是计算核对增值税（营改增前为营业税）及企业所得税、土地增值税项目清算处理的重要依据。对于企业会计人员而言，要建立商品房销售数据与相关税款计算数据的关联表格，以防止出现失误。

(3) 城镇土地使用税应纳税额的变化。伴随着商品房的销售，企业缴纳的城镇土地使用税会逐渐减少，其面积减少的依据就是《销售窗口表》数据。需要注意的是，为简化销售期间城镇土地使用税计算方式，各地税务机关依据政策规定，制定了一些简单的计算方式，检查人员在核查时依据这些计算方式直接对照计算就可以确定是否存在问题。

> **【提示】** 在项目开发期间关于城镇土地使用税的征管，各地有一些差异，具体以当地税务机关征管规定为准。

（4）低价交易情况。通过《销售窗口表》等关注低价销售或关联交易情况。对于企业会计人员而言，凡是发现不符合正常销售价格情形的，要依据政策规定处理相关业务，按照正常价格（公允价格或文件规定计价方式）计算销售收入。对于检查人员而言，发现异常问题业务时，要及时归集相关资料交政策部门进行判断。

（5）委托建房情况。对委托建房，检查人员要关注其委托协议、立项情况和完工进度等，核对工程量、工程款以及代建手续费的计算，确认其实现的手续费收入是否及时足额进行了增值税（营改增前为营业税）、企业所得税处理。

四、房款的收取和催收环节

（一）主要业务事项

1. 收取款项

客户按照合同的约定，将购房款（或首付）支付给房地产开发企业后，企业完成销售（预售）业务。

2. 催缴购房款

完成销售（预售）后，房地产开发企业按照合同的约定，对未按期缴纳购房款（首付）的客户，进行催缴，对违约客户按照合同约定处理，同时协助客户办理银行按揭贷款。

（二）主要财务核算事项及会计科目

1. 收取房款

收到客户的购房款时，应记入"预收账款"科目，然后按照规定的程序进行涉税处理。发生的各类销售费用，应记入"销售费用"科目处理。

2. 收到赔偿金

收到违约客户的赔偿金时，应记入"营业外收入"科目，年底结转。

(三) 主要涉税点

1. 重要涉税资料

(1)《银行按揭合同》及资料。这类资料是核对结转销售收入的重要参考资料。

(2)《委托代销协议》。协议中标注的款项是计算增值税（营改增前为营业税）的重要参考依据，也是企业所得处理的重要参考依据。

(3) 各类违约处理登记记录资料。各类违约处理的情况和数额是增值税（营改增前为营业税）、企业所得税处理的参考依据。

2. 涉税关注点

(1) 预收账款及相同性质的款项。检查人员要关注预收账款及相同性质的款项是否及时进行了增值税计算处理。

主要依据是《房地产开发企业销售自行开发的房地产项目增值税征收管理暂行办法》及《营业税改征增值税试点实施办法》第四十五条的规定。对于签订完销售（预售）合同收取的预售房款，先按规定计算缴纳预交增值税，待达到增值税纳税义务发生节点时，按规定计算缴纳增值税。一般纳税人销售自行开发的房地产项目适用一般计税方法计税的，应按照规定的纳税义务发生时间，以当期销售额和9%的适用税率计算当期应纳税额，抵减已预缴税款后，向主管税务机关申报纳税。未抵减完的预缴税款可以结转下期继续抵减。

一般纳税人销售自行开发的房地产项目适用简易计税方法计税的，按照5%的征收率计算。

在核查上述业务时，主要关注尚未"达到增值税纳税义务发生节点时，按规定计算缴纳增值税"的部分，即"预交增值税"部分。因为"预交增值税"的计算依据是"预售房款"金额，因此核对的方式主要是依据"预收账款"科目发生额，同时对照《房屋竣工验收表》、业主入住登记手续等资料，核对在达到增值税纳税义务发生节点时，是否及时计算缴纳增值税。

具体方法是核对"预收账款"科目的贷方发生额。在实务中，企业收到房款时，会根据新老项目的不同税率，进行价税分离并分别记入"预收账款"科目下的二级科目（房款、增值税税款）。在核对"预交增值税"时，可以用"预收账款——房款"科目的贷方发生额作为计税依据。如果企业未对预收的房款进行价税分离处理，则要对预收账款进行分析比对，即计算出不含税的预收房款金额，然后再核对其预交增值税的金额是否正确。

> 【提示】以上仅仅提供一种检查核对思路，各地对商品房销售增值税处理有一些具体的征管措施，在检查实务中，以当地税务机关征管规定为准。

(2) 处罚金额（赔偿金）的处理。对违反合同客户处罚金额（赔偿金）的处理，一般情况下，如果企业与客户已经完成购房合同履行，则按售房款处理；如果客户不再履行购房合同，则按照营业外收入处理。检查人员可以根据相关科目、企业处理赔偿登记簿核对处理情况，再判断对相关税种是否有影响。

(3) 销售公司房款收回。检查人员主要关注与销售公司的合同与往来记录，以合同和销售明细判断售房款是否及时收回，以及是否有被截留的问题。对于企业会计人员而言，在日常会计处理中，要列表掌握销售房款的收回情况，避免出现涉税问题。对于审计检查人员而言，则要以合同为依据，对照业务处理流程，判断其涉税处理是否正确。

(4) 购房款挂往来账情况。检查人员要重点关注"其他应付款"等往来科目，判断是否有将购房款挂往来账而少申报缴纳增值税（营改增前为营业税）等的情况。检查核对方式是针对异常大额往来款，追踪款项的来龙去脉，必要时核对银行账户信息，以理清是否与房屋销售有关。

(5) 土地增值税预缴情况。检查人员主要关注申报土地增值税（预征）的收入是否完整、预征率适用是否准确、预缴税款是否及时。一般是根据当地税务机关的规定，对不同的项目、房型、税率列表比对，以核对不同税率对应的计税依据是否正确。

案例 2-23

2015年9月，某地税务机关对某房地产开发企业进行税务检查，在查阅相关销售合同、销售窗口表等资料时，发现其销售的房屋包括两种类型：5个楼栋中有4个楼栋符合一般普通住宅标准，而另一个为特大户型，超过了当地规定的普通住宅标准。但是其预缴土地增值税的税率全部是按照普通住宅标准的2%执行的，少预缴1%的税款。按原预缴计税依据6 300万元计算，该公司补缴税款63万元。

（6）企业所得税预计毛利额的计算。检查人员要关注企业销售未完工开发产品取得的收入，是否先按预计计税毛利率分季（或月）计算出预计毛利额（或者按照当地征管规定计算），计入当期应纳税所得额。在检查时，可以参考企业的《企业所得税汇算清缴鉴证报告》中关于预计毛利额的计算进行核对，主要是核对毛利率适用是否正确、收入额是否完整、转回计算是否正确，等等。

五、交付验收环节

（一）主要业务事项

1. 房屋交付给购房者

按照合同约定的时间，房地产开发企业将商品房交付给购房者，购房者按照合同规定的品质要求进行验收，对不符合品质要求的，房地产开发企业进行整改，不能进行整改的，给予一定的经济赔偿或解除合同。房地产开发企业不能按合同约定的时间交付房屋的，应按合同约定给予购房者一定的赔偿。

2. 面积差异处理

购房者按房产管理部门最终实地测绘的面积办理房产证，对与合同不符的面积，办理房款的多退少补。相关处理完成后，合同应到房管部门正式进行登记鉴证。

（二）主要财务核算事项及会计科目

1. 赔偿事项的核算

房地产开发企业给予购房者赔偿时，一般情况下，应记入"营业外支出"科目。房地产开发企业对有问题（或瑕疵）的商品房进行维修时发生的支出，应记入"管理费用"科目。

2. 面积差的核算

面积差异是指实际销售面积（房产测绘后面积）与原签订的商品房销售合同的预计销售面积之间存在的差异。一般有两种处理方式：一是按实际销售面积结算价款，多退少补；二是实际销售面积超出原合同面积的部分，由房地产开发企业承担，客户不需要补交房款。房地产开发企业收到客户补交的面积差房款，要按收到的金额计算补缴相应的增值税（营改增前为营业税）。

企业因超出面积取得补收款时，应记入"营业收入"科目。企业收到客户补交的面积差房款，按收到的金额，借记"银行存款"科目，贷记"预收账款"科目，同时计算缴纳相应的预缴增值税等。

实际面积小于原计算面积退款时，应冲减营业收入。此外，房地产开发企业退还面积差涉及的房款，还应按退还的金额，借记"预收账款"科目，贷记"银行存款"科目。

实务中，面积差涉及的处理方式及会计处理有多种，检查人员需要理清业务流程，再对照相关政策，判断涉税处理是否正确。

（三）主要涉税点

1. 重要涉税资料

（1）房屋销售鉴证资料。房管部门的房屋销售鉴证资料是企业所得税收入结转、成本分摊的参考资料。

（2）客户补偿登记台账（记录）。台账数据是增值税（营改增前为营业税）、土地增值税、企业所得税的重要计算数据。

（3）各类纠纷处理情况登记记录等资料。超面积（或少面积）处理资料及各类纠纷处理情况登记记录等资料，是核对相关业务真实性的重要资料，是计算增值税、土地增值税、企业所得税的重要数据。

2. 涉税关注点

（1）核实面积差异的处理。检查人员要重点关注房产测绘表及销售合同、《销售窗口表》、销售明细账、客户补偿登记台账，在核实面积差异的基础上，核对相应的涉税处理。对于面积差异，房地产开发企业收到客户补交的面积差房款，要按收到的金额计算补缴相应的预缴增值税。除上述按台账、房产测绘表、《销售窗口表》等核对面积差异的数据及处理流程外，检查人员要重点核对房产测绘表中有数据而《销售窗口表》中没有数据的房屋，以防止超规划建筑面积被遗漏。

（2）自用房交付使用情况。检查人员要关注自用房产交付使用的情况，主要是关注使用后涉及的房产税是否缴纳，城镇土地使用税是否按照规定接续缴纳。

（3）开发产品对外投资、分配给股东情况。检查人员可以将项目开发总量与销售数量进行比对，核对固定资产、投资性房地产明细账，同时结合实地查看，审核有无将开发产品对外投资、分配给股东等，以确认企业是否按规定确认收入并进行涉税处理。

一般情况下，在房地产开发企业项目销售的中后期，企业有可能对税后利润进行分配，这时要重点关注用"开发产品"分配的业务，同时还需要进一步关注的涉税事项就是自然人投资者涉及的个人所得税。

（4）销售进度。检查人员主要是关注开发项目销售进度，判断土地增值税是否达到了清算标准。对于已达到清算标准而没有清算的，要根据各地的征管规定，及时上报或督促企业提出清算申请。

六、利润分配环节

(一) 主要业务事项

1. 税后利润分配

从项目运作和会计核算角度来看,分配环节应该是项目运作完毕后单独的一个环节,但是从房地产项目运作的整个周期看,主要获利期间并不一定在项目结束后,大多数房地产开发企业在主销售期获得大量利润,很多企业会在融资到位、主销售期后期等没有资金压力的情况下,对税后利润进行分配。因此,在这个环节要关注利润分配涉税情况。

2. 自然人投资者获取分配

这个环节要关注的涉税问题主要是个人所得税,即对自然人投资者获取的分配,要按规定代扣代缴"利息、股息、红利所得"个人所得税,税率为20%。

(二) 主要涉税点

1. 重要涉税资料

(1) 企业股东构成情况。主要是自然人投资者情况。

(2) 分配方案及分配明细。主要是分配的数据和个人所得计算数据。

(3) 股东购房资料。股东及关联人购房资料。

2. 涉税关注点

(1) 股东借款情况。检查人员要关注"其他应收款"或"其他应付款"等科目,注意是否存在不分配利润而投资者长期借款不还的情况。

(2) 实物分配情况。检查人员要关注"产成品"科目(或其他相关科目),注意是否存在用开发产品进行分配的情况,分配的处理是否正确。

(3)利润分配情况。检查人员要关注"利润分配"科目的变化,如果企业"利润分配"科目余额减少,一般情况下是企业对利润进行了分配,如果企业自然人股东没有相应的个人所得税申报入库记录,则有可能企业没有代扣代缴(或申报)"利息、股息、红利所得"个人所得税。

案例 2-24

2017 年 6 月,某地税务机关在分析辖区企业相关涉税资料时,发现某房地产开发企业 2016 年对利润进行了分配,根据"利润分配"科目余额的变化和企业所得税汇算清缴报告数据,确定该公司 2016 年分配利润 1 380 万元,其中 560 万元分配给了自然人股东。税务机关以纳税评估形式提醒纳税人自查。经自查发现,该公司有自然人股东 2 人,2016 年根据股东协议等,获得利润分配 560 万元,没有及时计算代扣代缴个人所得税,经计算共计补缴税款 112 万元。

(4)个人支出情况。检查人员主要关注各类费用支出科目,对一定金额的支出核对相关内容,判断是否存在股东个人支出情况,如果发生股东个人支出行为,则根据相关政策,要视同利润分配,计算利润分红的个人所得税,税率为 20%。

第四节
物业保有阶段

物业保有阶段主要是指房地产开发企业在项目完成后,对未销售或不再销售的房屋进行的处理,例如转固定资产自用或自营、转投资性房地产用于出租等。

一、房地产开发企业将开发产品转自用

(一)主要业务事项

房地产开发企业将开发产品转为自用固定资产或投资性房地产,用于出租、办公、商场、仓库等。

(二)主要财务核算事项及会计科目

1. 转做固定资产

企业将开发产品转做固定资产自用或投资性房地产,从开发项目本身角度,涉及成本分摊的计算,涉及的科目主要是"开发产品"和"固定资产——房屋"、"无形资产——土地使用权"、"投资性房地产"等科目。从土地增值税、企业所得税角度来看,最重要的是开发成本在销售的商品房和转为固定资产的房屋之间的分摊是否合理。

2. 其他各类性质开发产品的确定

主要是开发产品用于分配、福利及投资等的处理。

(三) 主要涉税点

1. 重要涉税资料

(1) 各类成本、开发产品及固定资产明细账等。此类资料是计算房屋建筑成本、土地使用权成本（无形资产）的基础数据。

(2) 相关权属资料等。这类资料是从会计及土地增值税、企业所得税、房产税角度，分摊各类性质开发产品（固定资产）成本的参考依据。

2. 涉税关注点

(1) 违章建筑情况。这里所称违章建筑实际上就是超规划建设的面积部分，检查人员需关注"开发产品、固定资产、在建工程"等科目，对照查看立项批文、规划许可证等，核查转为固定资产或投资性房地产的房屋是否有隐瞒的违章建筑，违章建筑的成本归集是否存在问题（即成本是否已经摊入商品房当中）。

从税收政策角度来说，违章建筑就是超规划建设的建筑物，根据土地增值税清算政策，其成本一般不得扣除。根据企业所得税政策，超规划建设的建筑物要单独归集、分摊相应的成本，按正常建筑物进行企业所得税处理。

【提示】关于违章建筑的土地增值税处理，因违章建筑的情况比较复杂，各地在土地增值税处理中有一定差异，具体以当地税务机关解释为准。

(2) 售房部（接待处）和样板房的处理。检查人员要关注售房部（接待处）和样板房的处理，凡能够单独作为成本对象进行核算的，要核查是否按自建固定资产进行处理，具体可以通过科目内容和现场查看来确定处理是否正确。

(3) 开发产品转为股东个人名下资产情况。检查人员要关注有无将开发产品转为股东个人名下资产，涉及个人所得税、增值税（营改增前为营业税）、企业所得税、土地增值税等税种的处理。

(4) 房产税等的处理。检查人员要关注转作自用固定资产或投资性房地产的房屋涉及的房产税和城镇土地使用税。

《财政部 税务总局关于房产税和车船使用税几个业务问题的解释与规定》(财税地字〔1987〕3号)第二条规定：房产原值应包括与房屋不可分割的各种附属设备或一般不单独计算价值的配套设施。主要有：暖气、卫生、通风、照明、煤气等设备；各种管线，如蒸气、压缩空气、石油、给水排水等管道及电力、电讯、电缆导线；电梯、升降机、过道、晒台等。

属于房屋附属设备的水管、下水道、暖气管、煤气管等从最近的探视井或三通管算起。电灯网、照明线从进线盒连接管算起。

《国家税务总局关于进一步明确房屋附属设备和配套设施计征房产税有关问题的通知》(国税发〔2005〕173号)第一条规定：为了维持和增加房屋的使用功能或使房屋满足设计要求，凡以房屋为载体，不可随意移动的附属设备和配套设施，如给排水、采暖、消防、中央空调、电气及智能化楼宇设备等，无论在会计核算中是否单独记账与核算，都应计入房产原值，计征房产税。

对照以上政策，检查人员要重点核查与房屋不可分割的附属设备是否计入了房产税计税依据。很多新建的房屋，其电梯、中央空调等是单独核算的，因此在核查时要注意。从企业会计日常处理角度来看，则要严格对照政策确定房产税的计税依据，对不同科目中应计入房产原值的数据进行准确归集。

案例2-25

2016年9月，某地税务机关在分析某房地产开发企业财务数据时，发现该公司2015年结转的固定资产除建筑物外，还有大量设备，价值为1500万元。随后，通过纳税评估形式提醒纳税人自查房产税计税价值等问题。该企业自查发现，2015年5月结转固定资产时，其中电梯、中央空调等单独记账，记入"固定资产——设备"科目，价值为890万元。根据政策规定，假定当地规定房产原值一次扣除30%为余值，2015年度应补缴房产税4.36万元（890×70%×1.2%×7÷12）。

(5) 固定资产的成本。检查人员要关注结转固定资产（或者投资性房地产）的成本，归集成本的方式是否合理。成本结转的合理性，不仅关系到固定资产入账价值的准确性，也会影响土地增值税清算和企业所得税汇算的准确性。

案例2-26

2017年6月，某地税务机关在审核分析某房地产开发企业土地增值税项目清算资料及企业所得税汇算清缴资料时，发现企业自行调整出不得进入成本、费用的各类支出 2 400 万元，并全部调增 2016 年度应纳税所得额。为此，税务机关以纳税评估形式提醒纳税人进一步自查，是否有开发产品转为固定资产或投资性房地产的情况，如有，需要核对结转的成本中是否计入了不得进入成本、费用的支出。企业自查核对结果是：2 400 万元已经参与了成本的结转，其中结转到固定资产或投资性房地产中的金额，经过计算为 16 万元。根据政策规定，这 16 万元要减少相关固定资产或投资性房地产的原始计价，不得提取折旧（或摊销）。

二、房地产开发企业出租开发产品

（一）主要业务事项

房地产开发企业开发的土地和房屋，除了销售和转让外，还可以对外进行商业性出租，获得土地和房屋租金收入。用于出租的物业，要转为投资性房地产进行核算。

（二）主要财务核算事项及会计科目

1. 转为投资性房地产业务

房地产开发企业可以将自建的商品房（产成品）对外出租。如果直接由在建工程转入，借记"投资性房地产"科目，贷记"在建工程"科目（或者由"开发产品"科目转入）。如果已经转入"固定资产——不动产"科目，则贷记"固定资产——不动产"科目，借记"投资性房地产"科目。

2. 出租房屋业务

出租房屋按合同收到租金时，借记"银行存款"科目，贷记"预收账款"科目；确认收入时，借记"预收账款"科目，贷记"其他业务收入"和"应交税费——应交增值税（销项税额）"科目。出租房屋发生的维修费用，借记"其他业务成本"和

"应交税费——应交增值税（进项税额）"科目，贷记"银行存款"科目。

（三）主要涉税点

1. 重要涉税资料

该环节形成的涉税资料包括：

（1）房屋租赁合同（协议）等。租赁合同（协议）及相关记账凭证和原始凭证是判断增值税、房产税、城镇土地使用税、企业所得税等处理方式正确与否的依据。

（2）投资性房地产明细账等。与自用固定资产一样，此类资料是计算房屋建筑成本、土地使用权成本（无形资产）的基础数据，从会计及土地增值税、企业所得税、房产税角度来看，分摊成本的计算涉及这些税种的税款计算。

2. 涉税关注点

（1）房屋出租情况（租赁合同）。房屋租赁合同（协议）是计算印花税的重要依据，检查人员在核查时，要重点关注印花税计税依据，一般长期租赁合同，租金是按年支付的，发票是按实际支付的租金金额开具的，相关增值税、房产税也是按实际开票金额计算的，但是印花税应按照合同总金额而不是每年支付的租金计算，如果年租金是10万元，租赁期是5年，则印花税要按照50万元计算并一次性缴纳。

此外，对于合同中同时约定租金和物业管理费的，在计算相关税款时要分开计算，同时还要对照当地相关部门公布的租金参考价格，判断租金与物业费金额是否合理。

（2）关联交易情况。检查人员要关注房地产开发企业出租房产是直接向用户出租还是通过其他关联公司对外出租，关注租金价格是否超过当地相关部门公布的最低标准，防止利用关联交易转移利润和少缴纳房产税。

案例 2-27

2015年8月，某地税务机关对某房地产开发企业进行税务检查，发现其所有自有商铺全部委托下属公司招租。核查其业务流程，发现该公司将商铺先租赁给下属公司，然后下属公司再出租给商户。商铺入账价值为4 400万元，如果房产税从价计征，则每年应缴税款36.96万元（假定房产原值一次扣除30%为余值），出租给下属公司后，每年收取租金为50万元，从租计算缴纳房产税6万元、营业税3万元（营改增后为增值税），而其下属公司再将商铺出租给商户，则不需要缴纳房产税，只需要缴纳营业税（营改增后为增值税）。为此，税务部门根据房产管理机构发布的该地区最低租金标准，核定计税租金为240万元，应缴纳房产税28.8万元（其他税种略）。

（3）不同税种的收入确认时点。从企业所得税和会计角度来看，企业于会计期末根据相关租赁合同约定，按照权责发生制的原则确认租金收入。但是房产税、增值税是根据合同约定和租金收入时点来确认，因此核对纳税义务发生时间要对照合同约定的付款日期，如果合同约定的付款日期已过，但租金尚未收取，纳税义务同样发生。

（4）出租产品成本费用的处理。若企业用于出租经营的土地和房屋转入"投资性房地产"科目核算，则出租开发产品的实际成本应按照使用期限分期平均摊入经营成本，在收取租金时计入经营收入，出租房发生的维修等费用计入经营成本。房地产开发企业出租经营土地和房屋，如果中途改变用途，将其作为商品对外销售，应在销售实现时，按照售价计入经营收入。同时，按照出租产品的摊余价值计入经营成本。

PRACTICAL STRATEGIES OF
Real Estate Enterprises'
TAX INSPECTION

第三章
房地产开发企业按财务核算三要素及税种检查要点

本章从房地产开发企业财务核算的三要素（即销售收入、成本费用和经营成果）角度出发，并以增值税、企业所得税政策为主线，分析其中可能存在的涉税问题及检查要点。房地产开发企业虽然业务比较复杂，但只要对照政策梳理，企业存在的主要问题就很容易发现，因此本章从便于税务管理、税务检查和企业内部审计人员对照政策发现比较重大的涉税问题出发，讲解对相关问题的检查和处理。本章讲解的检查角度更加符合税务机关日常检查的习惯，特别适合在项目开发接近尾声时参考。它与第二章一起，对相同业务从不同角度展开叙述。考虑到营改增前后，营业税和增值税的处理方式不同，在涉及流转税问题时，以增值税为主，将营业税和增值税的不同处理方式同时列举，以备在处理营改增前后相关业务时参考。

特别提醒：本章（包括本书）列举的税收政策没有涵盖房地产开发企业经营当中涉及的所有税收政策，仅包含基本的政策以及容易疏漏的政策（或问题），同时对于各项政策的执行，各地均制定有详细的征管规定，本书仅提供主要政策内容提示，以提醒在检查时关注这些内容。在检查中，政策只是给检查人员提供一个检查相关业务的参考，检查人员最主要的职责是查清相关业务情况，对于检查出的问题处理，应以当地税务机关的具体政策以及审理为准。

第一节 销售收入的税务检查

本章所称销售收入（不仅是会计概念上的销售收入），主要是指根据各税种政策确定的税收意义上的销售收入。在房地产开发企业获取销售（预售）收入的整个期间，均涉及增值税、土地增值税和企业所得税的计算和缴纳，本节主要讲解增值税和企业所得税涉及的政策（土地增值税相关内容见第五章）。

一、销售收入检查需要归集查阅的资料

核查房地产开发企业销售（预售）收入需要归集查阅的资料包括：商品房销（预）售许可证、价格主管部门核价批复、房屋面积测绘表、销售窗口表（月、季、年）、销控表（月、季、年）、销售合同、意向认购书及各类认购（预购）书、合同登记簿和销售发票存根等。

二、销售收入检查涉及的主要科目

明确检查涉及的科目主要是为了确定相关业务的发生数额及账务处理走向，在检查中要特别关注异常数据、异常账务处理（异常分录）和大额数据业务，对这些业务要仔细查看原始凭证、合同等资料。主要会计科目提示如下：

1. 主营业务科目

企业主营业务收入，一般按照经营收入的类别进行分类核算，具体有"商品房销售收入""配套设施销售收入""代建工程结算收入""土地转让收入""出租产品租金收入"等明细科目。

由于房地产开发企业采取的是预售制度，销售（预售）收入要先通过"预收账款"科目归集核算，因此要特别关注"预收账款"科目记载的完整性和准确性。

2. 兼营及附营业务科目

房地产开发企业除销售开发产品等取得主营业务收入外，还有可能取得商品房售后服务收入、材料销售收入、固定资产出租收入等，涉及的科目具体有"其他业务收入""固定资产""库存商品——材料"等科目。关注这类业务或科目的目的是发现企业在项目运作中是否存在对非主流业务涉税处理的疏漏。

3. 各类往来科目

各类往来科目记载的内容相对复杂，需要注意是否有隐瞒的商品房预售收入或其他"隐瞒性"收入，重点关注"应付账款""其他应付款"等科目，其中要特别关注往来科目中记载的具有"预收"性质的款项。

三、销售收入检查涉及的主要税收政策

（一）增值税规定

1. 增值税计税销售额

根据《营业税改征增值税试点实施办法》（财税〔2016〕36号文件附件1）第十条的规定，房地产开发企业增值税计税销售额是指纳税人发生应税行为取得的全部价款和价外费用。其中价外费用，是指价外收取的各种性质的收费，但不包括代为收取并符合规定的政府性基金或者行政事业性收费，也不包括以委托方名义开具发票代委托方收取的款项。

上述符合规定的政府性基金或者行政事业性收费，必须由行政单位收取，同时满足以下条件：

（1）由国务院或者财政部批准设立的政府性基金，由国务院或者省级人民政府及其财政、价格主管部门批准设立的行政事业性收费；

（2）收取时开具省级以上（含省级）财政部门监（印）制的财政票据；

(3) 所收款项全额上缴财政。

除此之外，凡是价外收取的费用，无论会计上如何核算，均应并入增值税计税销售额。

2. 销售自行开发的房地产项目一般计税方法销售额

根据《房地产开发企业销售自行开发的房地产项目增值税征收管理暂行办法》（国家税务总局公告 2016 年第 18 号发布）第四条、第五条及《国家税务总局关于土地价款扣除时间等增值税征管问题的公告》（国家税务总局公告 2016 年第 86 号）第五条的规定，房地产开发企业中的一般纳税人销售自行开发的房地产项目，适用一般计税方法计税，按照取得的全部价款和价外费用，扣除当期销售房地产项目对应的土地价款后的余额计算销售额。销售额的计算公式如下：

$$销售额 = \left(\begin{array}{c} 全部价款和 \\ 价外费用 \end{array} - \begin{array}{c} 当期允许扣除 \\ 的土地价款 \end{array} \right) \div (1 + 9\%)$$

$$\begin{array}{c} 当期允许扣除 \\ 的土地价款 \end{array} = \left(\begin{array}{c} 当期销售房地产 \\ 项目建筑面积 \end{array} \div \begin{array}{c} 房地产项目可供 \\ 销售建筑面积 \end{array} \right) \times \begin{array}{c} 支付的 \\ 土地价款 \end{array}$$

其中，当期销售房地产项目建筑面积，是指当期进行纳税申报的增值税销售额对应的建筑面积；房地产项目可供销售建筑面积，是指房地产项目可以出售的总建筑面积，不包括销售房地产项目时未单独作价结算的配套公共设施的建筑面积；支付的土地价款，是指向政府、土地管理部门或受政府委托收取土地价款的单位直接支付的土地价款。

在计算销售额时从全部价款和价外费用中扣除土地价款，应当取得省级以上（含省级）财政部门监（印）制的财政票据。

需要注意的是，"当期销售房地产项目建筑面积""房地产项目可供销售建筑面积"，是指计容积率地上建筑面积，不包括地下车位建筑面积。

3. 进项税额处理

根据相关政策，对房地产开发企业（一般纳税人）适用一般计税方法的项目，其发生的进项税额可以抵扣，对适用简易计税方法、免征增值税的项目，其发生的进项税额不得抵扣。根据《房地产开发企业销售自行开发的房地产项目增值税征收管理暂行办法》第十三条的规定，对一般纳税人销售自行开发的房地产项目，兼有一般计税方法计税、简易计税方法计税、免征增值税的房地产项目而无法划分不得抵扣的进项税额的,应以《建筑工程施工许可证》注明的"建设规模"为依据进行划分。

$$\text{不得抵扣的进项税额} = \text{当期无法划分的全部进项税额} \times \left(\frac{\text{简易计税、免税房地产项目建设规模}}{\text{房地产项目总建设规模}}\right)$$

4. 转让国有土地使用权销售额

一般纳税人转让其直接从国土部门(一级市场)受让的国有土地使用权,以取得的全部价款和价外费用,扣减对应的土地价款后的余额为销售额。

一般纳税人转让其从其他公司(二级市场)获得的国有土地使用权,以取得的全部价款和价外费用为销售额。

5. 转让在建项目的销售额

在建项目是指已立项建设但尚未完工的房地产项目或其他建设项目。房地产开发企业转让在建项目时,无论是否办理立项人和土地使用人的更名手续,其实质都是发生了转让不动产所有权或土地使用权的行为。对于转让在建项目行为应按以下办法征收增值税:

(1) 转让已完成土地前期开发或正在进行土地前期开发,但尚未进入施工阶段的在建项目,按"转让无形资产"税目中的"转让土地使用权"项目征收增值税。

(2) 转让已进入建筑物施工阶段的在建项目,按"销售不动产"税目征收增值税。

【提示】《财政部 税务总局关于明确国有农用地出租等增值税政策的公告》(财政部 税务总局公告2020年第2号)第三条规定:"房地产开发企业中的一般纳税人购入未完工的房地产老项目继续开发后,以自己名义立项销售的不动产,属于房地产老项目,可以选择适用简易计税方法按照5%的征收率计算缴纳增值税。"

6. 无偿转让无形资产或者不动产销售额

根据《营业税改征增值税试点实施办法》第十四条的规定精神,一般纳税人向其他单位或者个人无偿转让无形资产或者不动产（用于公益事业或者以社会公众为对象的除外），主管税务机关有权确定销售额，具体方式与因销售价格不合理而确定销售额方式相同。

7. 融资性质售后回购方式销售商品房

采用售后回购方式销售商品房的，如果符合企业会计准则关于销售收入确认的条件，则销售的商品房按售价确认收入，回购的商品房作为购进商品处理，同时按规定计算销项、进项税额。如果有证据表明不符合销售收入确认条件，而是以销售商品房方式进行融资，则收到的款项应确认为负债，回购价格大于原售价的差额在回购期间确认为利息费用。其收到的款项在"其他应付款"科目核算，同时按规定计算销项、进项税额，其中确认为利息费用部分的差额无法取得进项税额。

8. 回迁安置房销售额

房地产开发企业通常以自己的名义立项，在不承担土地出让价款的土地上开发回迁安置房，并向原居民无偿转让回迁安置房所有权。根据相关规定，这属于向其他单位或者个人无偿转让无形资产或者不动产（用于公益事业或者以社会公众为对象的除外）的情形，应缴纳增值税，主管税务机关有权确定销售额，具体方式与因销售价格不合理而确定销售额方式相同。

9. 转让土地使用权或销售不动产时发生退款

纳税人发生转让国有土地使用权或销售不动产（商品房）行为，开具增值税专用发票后，发生开票有误或者销售折让、中止、退回等情形的，应当先按照国家税务总局的规定开具红字增值税专用发票，在开具红字增值税专用发票后可按以下方式处理：

（1）纳税人适用一般计税方法计税的，因销售折让、中止或者退回而退还给购买方的增值税额，应当从当期的销项税额中扣减；因销售折让、中止或者退回而收回的增值税额，应当从当期的进项税额中扣减。

（2）纳税人适用简易计税方法计税的，因销售折让、中止或者退回而退还给购买方的销售额，应当从当期销售额中扣减。扣减当期销售额后仍有余额造成多缴的税款，可以从以后的应纳税额中扣减。

凡是未按照规定开具红字增值税专用发票的，一般情况下，不得扣减销项税额或者销售额。

> 【提示】关于"开具增值税专用发票后，发生开票有误或者销售折让、中止、退回等情形"的处理，各地在征管上有一些具体规定，应以当地税务机关解释为准。

10. 发生销售折扣

一般纳税人发生应税行为，将价款和折扣额在同一张发票上分别注明的，以折扣后的价款为销售额；未在同一张发票上分别注明的，以价款为销售额，不得扣减折扣额。

11. 价格明显偏低的如何确定销售额

根据《营业税改征增值税试点实施办法》第四十四条的规定，房地产开发企业发生应税行为价格明显偏低或者偏高且不具有合理商业目的的，主管税务机关有权按照下列顺序确定销售额：

（1）按照纳税人最近时期销售同类无形资产或者不动产（商品房）的平均价格确定。

（2）按照其他纳税人最近时期销售同类无形资产或者不动产（商品房）的平均价格确定。

（3）按照组成计税价格确定。组成计税价格的公式为：

$$组成计税价格 = 成本 \times (1 + 成本利润率)$$

成本利润率由国家税务总局确定。

具有合理商业目的，是指以谋取税收利益为主要目的，通过人为安排，减少、免除、推迟缴纳增值税税款，或者增加退还增值税税款。

> **【提示】**关于"价格明显偏低或者偏高且不具有合理商业目的"的处理,各地在征管上有一些具体规定,例如,低于或高于同期数据平均数值的一个百分比(10%、15%、20%等),应以当地税务机关解释为准。

12. 增值税纳税义务发生时间

(1) 销售自行开发的产品。房地产开发企业采取的是预售制度,在合同约定的商品房交付前,其收取的预收账款先计算预缴增值税,即在收到预收款时按照3%的预征率预缴增值税,待以后纳税义务确定时再按照规定计算增值税。在实际操作中,根据企业营销方式及商品房预售合同和实际面积有差异的特点,一般都会在商品房交付时,计算好商品房退补面积差,按最后确认的实际面积和金额一次性开具发票,使增值税纳税义务产生。具体可以分以下几种情况:

①分期付款。在商品房交付之前收取的预收账款,按3%预缴增值税,商品房交付之后,无论是否收取全部款项,均必须开具发票计算增值税。其中适用简易计税方式的,按5%计算增值税;适用一般计税方式的,按9%计算增值税。

②一次性付款。在商品房未交付和未开票之前,同样也是按照3%预缴增值税,在商品房交付或开具发票时(按交付时间和开具发票时间孰先原则)产生纳税义务,根据选择的不同计税方式分别计算增值税。

③提前开票。在实务中还有一种情况,就是客户已经支付了全款,商品房还没有交付,但客户要求(需要)开票,那么开票即产生了纳税义务,应按规定计算增值税。

(2) 无偿赠与他人。房地产开发企业将不动产(商品房)无偿赠与他人的,其纳税义务发生时间为不动产(商品房)权属变更的当天。

(3) 合作建房。主要形式是一方出土地、一方出资金,建立合营的企业,共同立项建造不动产(商品房),并按一定方式分配不动产(商品房)。其增值税纳税义务发生时间为无形资产(土地)权属变更、分配不动产(商品房)的当天。

> **【提示】**实务中,在"增值税纳税义务发生时间"的确定中,取得竣工验收备案手续是一个重要要件,对于精装修房屋存在的二次验收问题,各地在征管上有一些具体规定,应以当地税务机关解释为准。

(二) 企业所得税规定

1. 开发产品销售收入的范围及收入的确定

企业房地产开发经营业务包括土地的开发，建造、销售住宅、商业用房以及其他建筑物、附着物、配套设施等开发产品。

开发产品销售收入的范围为销售开发产品过程中取得的全部价款，包括现金、现金等价物及其他经济利益。企业代有关部门、单位和企业收取的各种基金、费用和附加等，凡纳入开发产品价内或由企业开具发票的，应按规定全部确认为销售收入；未纳入开发产品价内并由企业之外的其他收取部门、单位开具发票的，可作为代收代缴款项进行管理。

根据《房地产开发经营业务企业所得税处理办法》（国税发〔2009〕31号文件发布）第六条的规定，企业通过正式签订《房地产销售合同》或《房地产预售合同》取得的收入，应确认为销售收入的实现，具体按以下规定确认：

（1）一次性全额收款。采取一次性全额收款方式销售开发产品的，应于实际收讫价款或取得索取价款凭据（权利）之日，确认收入的实现。

（2）分期收款。采取分期收款方式销售开发产品的，应按销售合同或协议约定的价款和付款日确认收入的实现。付款方提前付款的，在实际付款日确认收入的实现。

（3）银行按揭。采取银行按揭方式销售开发产品的，应按销售合同或协议约定的价款确定收入额，其首付款应于实际收到日确认收入的实现，余款在银行按揭贷款办理转账之日确认收入的实现。

（4）委托销售。采取委托方式销售开发产品的，应按以下原则确认收入的实现：

①采取支付手续费方式委托销售开发产品的，应按销售合同或协议中约定的价款于收到受托方已销开发产品清单之日确认收入的实现。

②采取视同买断方式委托销售开发产品的，不论是属于企业直接与购买方签订销售合同或协议，还是属于企业、受托方、购买方三方共同签订销售合同或协议，如果销售合同或协议中约定的价格高于买断价格，则应按销售合同或协议中约定的价格计算的价款于收到受托方已销开发产品清单之日确认收入的实现；如果销售合

同或协议中约定的价格低于买断价格,或者属于受托方与购买方签订销售合同或协议,则应按买断价格计算的价款于收到受托方已销开发产品清单之日确认收入的实现。

③采取基价(保底价)并实行超基价双方分成方式委托销售开发产品,属于由企业与购买方签订销售合同或协议,或企业、受托方、购买方三方共同签订销售合同或协议的,如果销售合同或协议中约定的价格高于基价,则应按销售合同或协议中约定的价格计算的价款于收到受托方已销开发产品清单之日确认收入的实现,企业按规定支付受托方的分成额,不得直接从销售收入中减除;如果销售合同或协议约定的价格低于基价,则应按基价计算的价款于收到受托方已销开发产品清单之日确认收入的实现。属于受托方与购买方直接签订销售合同的,则应按基价加上按规定取得的分成额于收到受托方已销开发产品清单之日确认收入的实现。

④采取包销方式委托销售开发产品的,包销期内可根据包销合同的有关约定,参照上述①至③项规定确认收入的实现;包销期满后尚未出售的开发产品,企业应根据包销合同或协议约定的价款和付款方式确认收入的实现。

2. 预征企业所得税

根据《房地产开发经营业务企业所得税处理办法》第八条、第九条的规定,企业销售未完工开发产品取得的收入,应先按预计计税毛利率分季(或月)计算出预计毛利额,计入当期应纳税所得额。开发产品完工后,企业应及时结算其计税成本并计算此前销售收入的实际毛利额,同时将实际毛利额与对应的预计毛利额之间的差额,计入当年度企业该项目与其他项目合并计算的应纳税所得额。预计计税毛利率由各省、自治区、直辖市税务机关按规定的原则确定。

在年度纳税申报时,企业须出具对该项开发产品实际毛利额与预计毛利额之间差异调整情况的报告以及税务机关需要的其他相关资料。

3. 特殊销售行为收入的确定

(1)先出租再出售。开发企业将开发产品先出租再出售,凡将开发产品转作固定资产的,其租赁期间取得的价款应按租金确认收入的实现,出售时再按销售固资产确认收入的实现；凡未将开发产品转作固定资产的，其租赁期间取得的价款应按租金确认收入的实现，出售时再按销售开发产品确认收入的实现。

（2）开发产品分成。以非货币性资产分成形式取得收入的，应于分得开发产品时确认收入的实现。

（3）开发产品预租收入。企业新建的开发产品在尚未完工或办理房地产初始登记、取得产权证前，与承租人签订租赁预约协议的，自开发产品交付承租人使用之日起，出租方取得的预租价款按租金确认收入的实现。

（4）采用售后回购方式销售商品。根据《国家税务总局关于确认企业所得税收入若干问题的通知》（国税函〔2008〕875号）的规定，采用售后回购方式销售商品的，销售的商品按售价确认收入，回购的商品作为购进商品处理。有证据表明不符合销售收入确认条件的，如以销售商品方式进行融资，收到的款项应确认为负债，回购价格大于原售价的，差额应在回购期间确认为利息费用。

（5）视同销售。根据《房地产开发经营业务企业所得税处理办法》第七条的规定，企业将开发产品用于捐赠、赞助、职工福利、奖励、对外投资、分配给股东或投资人、抵偿债务、换取其他企事业单位和个人的非货币性资产等行为，应视同销售，于开发产品所有权或使用权转移，或于实际取得利益权利时确认收入（或利润）的实现。确认收入（或利润）的方法和顺序为：

①按本企业近期或本年度最近月份同类开发产品市场销售价格确定；

②由主管税务机关参照当地同类开发产品市场公允价值确定；

③按开发产品的成本利润率确定。开发产品的成本利润率不得低于15%，具体比例由主管税务机关确定。

4. 其他收入

根据《企业所得税法》的规定，企业以货币形式和非货币形式从各种来源取得的收入，为收入总额，包括九大类，具体有：销售货物收入；提供劳务收入；转让财产收入；股息、红利等权益性投资收益；利息收入；租金收入；特许权使用费收入；接受捐赠收入；其他收入。房地产开发企业除提供劳务、销售不动产等外，凡是符合企业所得税法规定的收入，均应作为该企业的所得。

四、销售收入方面的常见税收问题及检查要点

(一) 隐瞒销售收入

1. 主要问题

隐瞒或者忽略各种形式的销售收入,会影响增值税、企业所得税的正确计算。主要有以下几种情形:

(1) 销售面积虚假。提供虚假或不完整的销售面积,特别是隐匿车位等公共配套设施的销售收入。

(2) 以商品房抵债。采取以商品房抵冲其所欠施工款、材料款、广告费等各种形式的以物易物方式,隐匿销售收入。

(3) 预收款挂往来账。将预收售房款(按揭款)直接记入"短期借款"、"其他应付款"或"应付账款"等往来科目,长期挂账隐匿销售收入。此外,还有将委托代建手续费长期挂"其他应付款"科目、长期隐匿不及时结转收入等问题。

(4) 预收性质款项不处理。对收取的定金、诚意金等具有预收性质的款项不按预收账款涉税要求处理,长期挂其他往来账不结转收入(预收账款)。

(5) 回迁安置房不确认收入。房地产开发企业以自己的名义立项,在不承担土地出让价款的土地上开发回迁安置房,并向原居民无偿转让回迁安置房所有权,但是没有按照规定核定销售额计算增值税(营改增前为营业税)。这类问题主要发生在城市边缘改造项目中。

(6) 关联交易价格偏低。这种情况下的关联方多为与房地产业开发企业有融资关系的企业(特别是非金融企业)、有业务关系的个人等,要关注低价房购买者是否与企业有各类业务关系或亲属关系。

(7) 不按规定处理视同销售的行为。对于视同销售处理的各种情况,其中主要是股东分配、员工(高层)奖励等,不按规定计算结转销售收入。

2. 检查要点

核对所涉及的科目、资料和纳税申报数额,可以采取以下方式进行核查:

(1) 审核商品房销售（预售）契约和商品房买卖合同。检查人员可以查阅企业签订的所有商品房销售（预售）契约和商品房买卖合同，作为衡量销售收入的依据。检查中应当结合企业提供的商品房销售（预售）许可证、价格主管部门核价批复、房产部门房屋测绘面积、相关项目销售窗口表、销售合同及合同登记簿和销售发票存根等资料与"主营业务收入""预收账款"及其他往来科目进行比对，判定其是否存在未完全确认收入的情况。最简单的核对方法是将项目中楼栋信息、面积信息、价格信息、成交信息等列表比对，对差异过大的追踪摸清原因，以确定其是否存在问题。

(2) 进行实地检查。检查人员可以根据需要实地了解项目的进展情况，查阅销售部门的销售窗口表、销控表，掌握尚未卖出楼盘的状况，可以结合企业的售房合同、销售方式、物业管理部门的入住档案资料、办理房屋产权证底册以及规划设计等。在实地检查中，以这些资料信息比对各个楼栋，对有疑问的商品房，要追踪摸清其销售状态，实地检查后，再同企业"主营业务收入""预收账款"明细账进行比对，以确定其是否存在问题。

对房地产开发企业采取委托其他公司销售房屋的，应重点检查房地产项目的预售款或销售款是否长期挂在受托方账户或转移挪作他用，是否存在以总收入扣除代销、包销手续费后的差价作为增值税计税销售额等问题。最直观的核对方法是以委托房屋、已销房屋、价格（包括差价）、已收款、应收款、手续费等为指标，列表说明企业的业务行为是否符合政策规定。

案例 3-1

2014年8月，某地税务机关对某房地产开发企业进行税务检查，通过比对销售窗口表、销控表及售房合同等资料没有发现疑问，但是在实地检查时，发现房屋销售图表上的"小红旗"（已售标记）比企业提供的销售窗口表上的数字要多出12套，于是通过询问销售人员相关情况，了解到这12套房屋在正式开盘前就已经售（预）出。检查人员将情况反馈到被查企业财务部门后，通过与企业会计沟通及科目追踪，查清具体情况为：在2014年5月份开盘前，某关系单位一次性购买了12套房屋，金额2160万元，在2014年4月底收到款项时记入了"其他应付款"科目，没有及时申报缴纳营业税等。

> **【提示】** 如果上述业务发生在营改增后，则需要先计算预交增值税，待纳税义务发生时，再按政策规定计算增值税（销项税额）。根据政策规定，应预缴税款＝预收款÷(1＋适用税率或征收率)×3%。适用一般计税方法计税的，按照11%的适用税率计算；适用简易计税方法计税的，按照5%的征收率计算。
>
> 假设该房地产公司是一般纳税人，适用一般计税方法，房屋是在2016年4月30日之后建造的，预交增值税计算如下：
>
> 不含税价格：2 160÷(1＋11%)＝1 945.95（万元）；
>
> 应预缴税款：1 945.95×3%＝58.38（万元）。
>
> 如果上述应税行为发生时间在2018年5月1日之后，则适用税率由11%调整为10%，预交增值税计算如下：
>
> 不含税价格：2 160÷(1＋10%)＝1 963.64（万元）；
>
> 应预缴税款：1 963.64×3%＝58.91（万元）。
>
> 如果上述应税行为发生时间在2019年4月1日之后，则适用税率由10%调整为9%，预交增值税计算如下：
>
> 不含税价格：2 160÷(1＋9%)＝1 981.65（万元）；
>
> 应预缴税款：1 981.65×3%＝59.45（万元）。

（3）审核售房款或代建收入挂往来科目问题。审查"应付账款""其他应付款"等往来科目，核实往来款项的实际内容，必要时采用外调的方式，核查是否存在为了达到少缴、延迟甚至不缴税款的目的，而将预收的售房款或代建手续费以单位之间往来款的名义挂在"应付账款""其他应付款"等科目的问题。

案例3-2

2013年9月，某地税务机关对某房地产开发企业进行检查，检查人员在核对"其他应付款"科目时，发现有一笔4 301万元的挂账数据比较可疑，企业解释是收取的垫付工程款。由于数额较大，检查人员调取相关合同深入核查发现，该公司于2009年接受某公司委托开发建设办公楼，根据合同规定，工程预算4 118万元，该公司应按工程预算的8%收取项目管理费共计329.44万元，并于2011年底之前分三次收取完毕。深入追踪项目运作情况，发现该项目已于2012年投入使用，而该公司以工程未决算为由长期挂在"其他应付款"科目未及时缴纳税款。根据营业税、企业所得税相关规定，被查企业应先按合同约定的金额确认收入，待实际决算时再进行调整，因此确认2012年度收入329.44万元，根据当时的政策，补缴营业税329.44×5%＝16.47（万元），同时调增企业所得税应纳税所得额。

> 【提示】营改增后，根据增值税相关政策，应缴纳增值税，假设该公司为一般纳税人，329.44万元为含税收入。则销售收入：329.44/(1＋6%)＝310.79（万元）；销项税额：310.79×6%＝18.65（万元）。

（4）核查资金流动情况。房地产开发企业主要是依靠大量的资金运作来实现其项目开发，检查人员在检查中要特别注意查阅"现金"和"银行存款"会计科目，重点关注大额的现金流入和流出情况，特别是非融资贷款大额资金流入业务的对方科目（往来科目），对无法判断摸清具体业务情况的还可以采取到开户银行、对方单位调查等手段，检查企业是否存在隐瞒售房款等问题。

案例3-3

2012年3月，某地税务机关对某房地产开发企业进行检查，检查人员在核对"银行存款"科目时，发现在其项目建设阶段，除银行融资外，还有大量资金进入，通过对方科目内容核对，发现绝大部分为"其他应付款"科目，于是逐笔核对每笔流入资金的性质，通过对流出资金单位调查及被查企业相关人员沟通，查明具体情况为：被查公司在项目运作过程中，为减少资金压力和降低成本，将部分商业用房提前（没有取得预售许可证）预售，预售收入为8 500万元。根据营业税政策规定，提前预售的款项要按规定申报缴纳营业税，应补缴营业税425万元（8 500×5%）。

> 【提示】营改增后，根据增值税相关政策，假定该公司为一般纳税人，项目适用一般计税方法，业务发生时间在2019年4月1日以后，按照9%的适用税率计算，则应先预缴增值税＝预收款÷(1＋适用税率或征收率)×3%＝8 500÷(1＋9%)×3%＝233.94（万元）。

（5）核查以房抵债情况。检查人员可以查阅企业的"应付账款""其他应付款""短期借款""应收账款""其他应收款""开发成本""开发产品""营业外支出""固定资产清理""资本公积""待处理财产损溢"等科目，通过查阅账簿、凭证摘要内容和原始凭证等资料，对有涉及相关业务内容或疑问内容的，要追踪摸清业务发生情况，以判断是否存在以房抵债、以房屋交换等未确认收入和故意漏记、错记、隐藏销售收入的行为。

（6）核查相关科目借方红字或贷方发生额。核对开发成本、期间费用等明细账的借方红字或贷方发生额，通过查阅其科目走向，看是否存在将出租存量商品房（产成品）收入、售房余款等冲减开发成本或期间费用而不计收入的情况。

（7）审核视同销售情况。检查人员可以通过查阅"开发产品""固定资产""在建工程""营业外支出""应付职工薪酬""利润分配"等科目，核对相关记账凭证和原始凭证内容，通过查看立项批文及规划许可证等文件，核实开发产品的项目性质，检查企业是否存在将其开发产品用于捐赠、赞助、职工福利、奖励、对外投资、分配给股东或投资人、抵偿债务、换取其他企事业单位和个人的非货币性资产等行为，而未做视同销售处理的情形。

对于个人买房的，如果购房款记入"应收账款"或"其他应收账款"科目，则要核对购房人的身份和房屋是否已经完成产权转移。

案例 3-4

2015 年 8 月，某地税务机关对某房地产开发企业进行税务检查，检查人员通过"应收账款"等科目和销售窗口表核对股东购房情况，发现该公司某股东有一套购房存在较大疑问，经深入追踪细查所有原始资料，并通过第三方核查购房信息，最终确定该公司某股东购自行开发的某楼盘房屋一套，合同日期 2014 年 9 月 22 日，总价 705.44 万元，购房款未付，但已办理房产证。根据相关政策，股东无偿获取自行开发的商品房应视为企业对个人投资者的红利分配，依照"利息、股息、红利所得"项目代扣个人所得税，应扣缴个人所得税 141.09 万元。

（二）不按规定时点结转预收账款

1. 主要问题

房地产开发企业的开发项目已经完工并开始销售，各种完工和销售要件均已取得或显现，但收入仍然挂"预收账款"等科目，不按规定时点结转，少（延迟）缴纳企业所得税。

2. 检查要点

根据相关资料确定正确的结转时点，对照"预收账款"科目余额，判断是否存在问题。具体要点如下：

（1）核对销售和完工资料。检查人员需要归集查阅商品房销售（预售）契约和商品房买卖合同，掌握企业的销售方式。并在此基础上，结合竣工备案表、测绘明细表等资料，根据不同的销售（预售）方式确定正确的"预收账款"科目结转时点。

（2）核对预收账款结转时点。对照企业所得税各种销售方式收入确定的时点，确认预收账款是否按时结转确认收入。由于房地产开发企业销售商品房采取的是预售制度，根据预售制度规定及会计处理逻辑，如果项目在年度内全部竣工，即取得竣工备案表等，则根据企业所得税政策，在正常情况下，年底"预收账款"科目余额应全部结转，如果"预收账款"科目还有余额，则说明企业有可能没有及时结转收入。

案例 3-5

2014 年 9 月，某地税务机关对某房地产开发企业进行检查，发现被查公司的一个楼盘已经全部竣工，由该公司自行销售。检查人员获取了全部的竣工备案表、测绘明细表等资料，所有楼栋的竣工日期也在 2013 年 10 月 31 日之前，但在核对"预收账款"科目时，发现已经全部竣工的这个项目明细科目（二级科目）2013 年 12 月 31 日余额数达到 4 700 万元。检查人员和被查企业会计人员经过沟通，查明该企业没有按规定及时结转收入和成本。最终通过"预收账款"科目和相关成本科目结转计算，补缴企业所得税 437 万元。

> **【提示】** 房地产开发企业在年度企业所得税汇算清缴时，要重点关注项目完工情况，对于符合政策规定"完工条件"的，要及时结转收入和成本，避免涉税风险。

（3）核对投资性房地产处理情况。对企业将待售开发产品（商品房）转作投资性房地产的,先以经营性租赁方式租出或以融资租赁方式租出以后再出售的,检查人员应核查租赁期间取得的价款是否按租金确认收入的实现,出售时是否再按销售资产确认收入的实现。

(4) 核查临时出租情况。对企业将待售开发产品以临时租赁方式租出的,检查人员应核查租赁期间取得的价款是否按租金确认收入的实现,出售时是否再按销售开发产品确认收入的实现。

(5) 核查非货币性资产分配情况。对企业以非货币性资产分成形式取得收入的,检查人员要核查相关分配协议或相关业务合同,对照协议约定核对企业是否在分得开发产品(商品房)时确认收入的实现。

(三) 当期预收账款不申报纳税

1. 主要问题

隐瞒当期销售(预售)收入(预收账款),对当期收到的预收账款不进行增值税、企业所得税和土地增值税等相关税收的申报,而是延期到以后纳税期申报,影响税款的及时入库。

2. 检查要点

(1) 审核预收账款当期发生情况。检查人员可以从核查"预收账款"科目当期发生数入手,并在此基础上与当期增值税、土地增值税等预征申报数字相比对,看其逻辑关系是否一致,同时,还要查看其他往来科目,看是否有在其他往来科目隐瞒预收账款问题。

案例 3-6

2015 年 11 月,某地税务机关对某房地产开发企业进行税务检查,在案头分析时,发现被查公司当年连续 5 个月营业税与土地增值税(预缴)的计税依据不相符,其中土地增值税(预缴)的计税依据低于营业税计税依据。检查开始后,检查人员对被查企业"预收账款"科目每期发生数与企业实际申报营业税和土地增值税(预缴)数据列表比对,查明该公司营业税按规定申报缴纳税款,土地增值税因为是预缴，所以按照预估数额申报纳税。由于申报的计税依据具有时间性差异，相关问题滚动反映到 2015 年 10 月，其土地增值税（预缴）的计税依据少计 880 万元。

> 【提示】营改增后，在案头分析时，可以通过增值税预缴数据与土地增值税预缴数据的比对，判断相关逻辑关系。

（2）审核预计利润计算依据。检查人员可以对照企业所得税汇算清缴关于预计利润的申报数据，对房地产开发企业采取预售方式销售开发产品的，核查其当期取得的销售（预售）收入是否按规定的计税毛利率计算出预计营业利润额，主要方式是列表比对计算。

案例 3-7

从业务规范和政策角度来说，由于是纯粹的按政策计算，因此房地产开发企业预计利润的计算一般不会出错，但是也有例外。2017 年 4 月，某地税务机关对某房地产开发企业进行税务检查，为核对预计利润计算数据的准确性，检查人员对该公司项目从发生预售收入开始到项目成本结转，连续五年的预计利润计算数据进行了汇总比对（见表 3-1），结果发现由于计算失误造成少记应纳税所得额，但由于是时间性差异，少记的应纳税所得额通过逐年滚动计算归集到 2016 年汇算清缴期间重新计算预计利润。

表 3-1 　　　　××置业有限公司预计利润计算调整 　　　　　　单位：元

项目	2008 年	2009 年	2010 年	2011 年	2012 年
预售收入（预收账款）	117 807 432.00	459 505 991.00	353 415 180.63	181 466 643.22	165 809 628.52
预售利率	0.15	0.15	0.15	0.15	0.15
预计利润	17 671 114.80	68 925 898.65	53 012 277.09	27 219 996.48	24 871 444.28
土地增值税	2 356 148.64	13 517 931.98	7 627 632.99	3 629 332.86	3 316 192.57
营业税	5 890 371.60	22 975 299.55	17 670 759.03	9 073 332.16	8 290 481.43
城市维护建设税	412 326.01	1 608 270.97	1 236 953.13	635 133.25	580 333.70
教育费附加	235 614.86	919 011.98	706 830.36	453 666.61	414 524.07
税费合计	8 894 461.12	39 020 514.48	27 242 175.51	13 791 464.88	12 601 531.77
实际毛利	8 776 653.68	29 905 384.17	25 770 101.58	13 428 531.60	12 269 912.51
上年已转预售		117 807 432.00	459 505 991.00	353 415 180.63	181 466 643.22
转回毛利(纳税调整减少)		8 776 653.68	29 905 384.17	25 770 101.58	13 428 531.60

(四) 价外收费

1. 主要问题

对价外收费（如有线电视开户费、管道煤气开户费等）和代收费用没有按规定合并收入申报纳税，没有按规定并入收入一起申报缴纳增值税、土地增值税（预缴）等。

2. 检查要点

（1）检查往来科目情况。检查人员可以通过核查"其他应付款""应付账款"等往来科目，查看企业是否将随同房价一起收取的有线电视开户费、管道煤气开户费、集中供热及管网建设费等全部转入"其他应付款"等科目或与相关支出项目相互冲销。

（2）核查成本科目。检查人员可以通过核查成本科目，查看企业是否将有线电视开户费、管道煤气开户费、集中供热及管网建设费等相关支出计入工程施工成本，将收取的上述费用直接冲减开发成本。

(五) 收取房租不按规定申报纳税

1. 主要问题

对周转房、配套设施、开发产品（商品房）的出租收入不按规定的时间、金额确认收入，造成少缴增值税（营改增前为营业税）、房产税、城镇土地使用税、企业所得税等。

2. 检查要点

（1）核查收入类科目。检查人员主要是通过核查"主营业务收入""其他业务收入"等科目，核实企业是否存在将周转房、配套设施、开发产品（商品房）出租，特别是将违章建筑、临时建筑出租的情况。如有，应进一步核实各项房产出租收入是否按规定申报纳税。

(2)核查实物使用状态。检查人员可以通过实地了解周转房、配套设施、开发产品(商品房)的使用状态,并结合对外签订的相关合同,核实是否存在免租期或已出租而不在账务上反映的情形。同时,在现场查看时,还要关注是否有违章建筑、临时建筑以及使用情况。

案例3-8

2017年11月,某地税务机关对某房地产开发企业进行税务检查,在现场实地核查时,发现某个商业楼栋顶层建筑部分和其他部分有一定差异:一是电梯不通;二是内部建筑风格不同。检查人员核对相关设计图纸后发现,顶层建筑为违章建筑,且成本已经摊销结转,房屋也已经出租,2016年度收取的租金记入"其他应付款"科目,金额28万元。通过成本分摊计算,该违章建筑成本为890万元,根据相关政策及该违章建筑的使用情况,其成本不得随销售的商品房(可售面积)结转,而应按建筑物成本摊销(折旧),并调增相应的企业所得税应纳税所得额。该违章建筑成本不得在土地增值税清算时扣除。同时,出租该违章建筑收取的租金要按照规定计算缴纳增值税并结转所得,调增相应的企业所得税应纳税所得额。

根据当时的相关政策,对该公司摊销违章建筑成本的问题,应调增2016年应纳税所得额890万元,2016年可以提取折旧44.50万元(假定折旧年限为20年)。

【提示1】营改增后,对于收取的租金,《营业税改征增值税试点有关事项的规定》(财税〔2016〕36号文件附件2)第一条第(九)款第1项规定:一般纳税人出租其2016年4月30日前取得的不动产,可以选择适用简易计税方法,按照5%的征收率计算应纳税额。应缴纳增值税1.33万元[28/(1+5%)×5%]。

根据《财政部 国家税务总局关于营改增后契税 房产税 土地增值税 个人所得税计税依据问题的通知》(财税〔2016〕43号)第二条的规定,应缴纳房产税3.20万元[(28-1.33)×12%]。

【提示2】对于房地产开发企业在开发项目中建造的违章建筑,其成本、收入的企业所得税、土地增值税处理,各地税务机关均有相应的处理政策,本案例仅提供一种检查思路,具体政策处理以当地税务机关解释为准。

（六）取得商品房售后服务收入不按规定申报纳税

1. 主要问题

对代客装修、清洁等取得的收入以及材料销售收入、无形资产转让收入和固定资产（或投资性房地产）出租收入不按规定申报纳税，其中固定资产是指企业将完工的产成品已转为自用固定资产。

2. 检查要点

（1）核查相关业务收入。检查人员可以通过核查"其他业务收入""营业外收入""固定资产""无形资产""投资性房地产""库存商品"等科目业务内容，核实企业取得的商品房售后服务收入、材料销售收入、无形资产转让收入和固定资产（或投资性房地产）出租收入是否按规定入账。营改增后，上述所有收入都涉及增值税的相关计算。

（2）审核代客装修情况。主要是核查代客装修合同及账务处理，如果合同约定的具体业务不属于商品房销售性质，而是属于售后代理服务性质，则要核对收取的代理服务费的处理方式，其代理服务收费涉及增值税（营改增前为营业税）的计算。

案例 3-9

2017年9月，某地税务机关对某房地产开发企业进行税务检查，被查企业所建房屋为精装修类型，业主分别与房地产开发企业、装修公司签订合同。所有商品房已经于2015年销售完毕（包括装修完毕），业主于2016年1月前全部入住。检查人员在核对往来款业务时，在"其他应付款"二级科目中发现装修公司款项83万元，备注内容为"保证金"。为此，检查人员调阅装修公司相关明细账，发现所有装修及维修费用均在装修公司列支，装修公司与业主签订的装修合同全部由房地产开发企业销售人员在售房时签订，合同中有质量保证条款。检查人员就了解的基本情况与企业会计等人员进行了沟通。

最终查明，装修公司支付的83万元"保证金"，实际上是相关代办手续费。

根据当时的营业税政策，应缴纳营业税4.15万元（83×5%）。营改增后，根据增值税政策，上述案例中，如果是一般纳税人，应缴纳增值税：83/(1+6%)×6%＝4.70（万元）。

【提示】对于精装修房的涉税处理，各地税务机关均有相应的处理政策，本案例仅提供一种检查思路，具体政策处理以当地税务机关解释为准。

第二节 成本费用的税务检查

本章所称成本费用（不是仅指会计概念上的成本费用），主要是指以企业所得税政策为依据确定的成本费用，在房地产开发企业成本费用的税务检查中，企业所得税和土地增值税是检查重点（土地增值税见第五章），同时也涉及增值税进项税额处理的相关检查。

一、成本费用检查需要归集查阅的资料

检查成本费用需要归集查阅的资料包括：国有土地使用权出让合同、土地使用权证、取得土地使用权支付价款凭证、开发项目立项批复、建设用地规划许可证、建设工程规划许可证、建筑工程施工许可证、建设工程施工图设计文件审查批准书、工程概况及备案意见、建筑工程合同、项目竣工决算报表、房屋面积测绘表、银行贷款利息结算通知单、商品房购销合同统计表和相关发票等。

> 【提示】房地产开发项目的一些基础资料，例如国有土地使用权出让合同、土地使用权证等，是很多税种和检查环节需要的涉税资料，本书在介绍检查业务时，为方便读者查阅，尽量予以提示，因此内容略有重复。

二、成本费用检查涉及的主要科目

对于成本费用来讲，检查相关科目的目的是确定业务的真实发生和金额数据，在检查中要以上述各种资料为基础，同时还可参考企业所得税纳税申报表和土地增值税清算申报表（已经清算的项目）等。需要重点检查的科目有以下几类：

1. 成本类科目

主营业务成本科目，主要核算开发产品计税成本支出，具体有："开发成本——土地征用及拆迁补偿费""开发成本——前期工程费""开发成本——建筑安装工程费""开发成本——基础设施费""开发成本——公共配套设施费""开发成本——开发间接费用"等，还有"固定资产"和"在建工程"等相关科目。

2. 费用类科目

费用类科目具体有："财务费用"、"管理费用"和"销售费用"等，其中容易混淆的是，这类科目核算的业务，与"开发成本——前期工程费"科目在业务形式上相似。

3. 往来类科目

往来类科目具体有："应收账款""应付账款""预付账款""预收账款""其他应收款""其他应付款"等。

三、成本费用检查涉及的税收政策

成本费用涉及的税收政策主要是企业所得税、土地增值税（见第五章）税前扣除（抵扣）的政策，在营改增后还涉及增值税进项税额处理等相关政策规定。

在对房地产企业开发成本、费用扣除的检查中，涉及的政策和业务不限以下列举的各项政策及业务，下文列举的大多是在企业的处理中出现问题较多的业务，对此税务检查人员要重点关注；对于企业财务人员而言，则要在发生相关业务时，对照政策，防止发生涉税风险。

房地产开发企业的企业所得税政策，以《房地产开发经营业务企业所得税处理办法》等文件为主，此外，在实务中，房地产企业开发成本、费用支出（发生）业务的具体情况比较复杂，对一些成本、费用支出的扣除，各地税务机关在征管上有更加明确的规定，在检查中要注意这些政策规定的遵从度。

房地产开发企业成本费用检查涉及的主要政策如下：

(一) 成本、费用扣除的原则

企业在进行成本、费用的核算与扣除时，必须按规定区分期间费用和开发产品计税成本、已销开发产品计税成本与未销开发产品计税成本。

(二) 成本、费用扣除的范围

企业发生的期间费用、已销开发产品计税成本、税金及附加、土地增值税准予在当期按规定扣除。具体规定及分摊处理原则如下：

1. 已销开发产品计税成本的确定

已销开发产品的计税成本，按当期已实现销售的可售面积和可售面积单位工程成本确认。可售面积单位工程成本和已销开发产品的计税成本按下列公式计算确定：

$$可售面积单位工程成本 = 成本对象总成本 \div 成本对象总可售面积$$

$$已销开发产品的计税成本 = 已实现销售的可售面积 \times 可售面积单位工程成本$$

这里要注意的是，"成本对象总成本"是计税成本的概念，不包括未到票预估成本（不含符合要求的10%预估）、票据不合规成本等不符合税前列支的成本。

> 【提示】对于企业所得税税前扣除凭证的检查判断，除依据相关发票管理政策外，重点依据政策还包括《企业所得税税前扣除凭证管理办法》（国家税务总局公告2018年第28号发布）等。

2. 开发产品维修费的处理

企业对尚未出售的已完工开发产品和按照有关法律、法规或合同规定对已售开发产品（包括共用部位、共用设施设备）进行日常维护、保养、修理等实际发生的维修费用，准予在当期据实扣除。

3. 共用设施设备维修基金的处理

企业将已计入销售收入的共用部位、共用设施设备维修基金按规定移交给有关部门、单位的，应于移交时扣除。

4. 会所、物业管理场所等的处理

企业在开发区内建造的会所、物业管理场所、电站、热力站、水厂、文体场馆、幼儿园等配套设施，按以下规定进行处理：

（1）属于非营利性且产权属于全体业主的，或无偿赠与地方政府、公用事业单位的，可将其视为公共配套设施，其建造费用按公共配套设施费的有关规定进行处理。

（2）属于营利性的，或产权归企业所有的，或未明确产权归属的，或无偿赠与地方政府、公用事业单位以外其他单位的，应当单独核算其成本。除企业自用应按建造固定资产进行处理外，其他一律按建造开发产品进行处理。

5. 邮电通讯、学校、医疗设施的处理

企业在开发区内建造的邮电通讯、学校、医疗设施应单独核算成本，其中，由企业与国家有关业务管理部门、单位合资建设，完工后有偿移交的，国家有关业务管理部门、单位给予的经济补偿可直接抵扣该项目的建造成本，抵扣后的差额应调整当期应纳税所得额。

6. 采取银行按揭方式销售的处理

企业采取银行按揭方式销售开发产品的，凡约定企业为购买方的按揭贷款提供担保的，其销售开发产品时向银行提供的保证金（担保金）不得从销售收入中减除，也不得作为费用在当期税前扣除，但实际发生损失时可据实扣除。

7. 委托境外机构销售开发产品的处理

企业委托境外机构销售开发产品的，其支付给境外机构的销售费用（含佣金或手续费）不超过委托销售收入10%的部分，准予据实扣除。

8. 企业利息支出的处理

（1）向金融机构借款。

对于房地产开发企业而言，在借款过程中发生的借款利息、手续费、咨询费、顾问费及服务费等各种名目的费用，凡是有明确指向借款行为的，都属于借款费用。

对于房地产开发企业开发项目的融资费用，凡是符合资本化条件的，应计入相关资产成本；不符合资本化条件的，应作为财务费用，直接在当期企业所得税税前据实扣除。对于同一个贷款跨项目的，在进行企业所得税处理时，如果贷款项目已经完工，即达到预定可使用或者可销售状态之后，贷款金额继续投入到下一个（或另一个）项目使用的，则应继续进行资本化处理。

（2）向非金融机构借款。

对于房地产开发企业向非金融机构借款的利息支出，不超过按照金融企业同期同类贷款利率计算的数额的部分，准予税前扣除。

此外，根据《营业税改征增值税试点实施办法》第二十七条第（六）项的规定，购进的贷款服务，其进项税额不得从销项税额中抵扣。

《营业税改征增值税试点有关事项的规定》第一条第（四）项第3点规定："纳税人接受贷款服务向贷款方支付的与该笔贷款直接相关的投融资顾问费、手续费、咨询费等费用，其进项税额不得从销项税额中抵扣"。

（3）向个人借款。

对于房地产开发企业向个人借款支付的利息，从企业所得税角度分为两种情形。

①企业向股东或其他与企业有关联关系的自然人借款的利息支出。

《国家税务总局关于企业向自然人借款的利息支出企业所得税税前扣除问题的通知》（国税函〔2009〕777号）第一条规定："企业向股东或其他与企业有关联关系的自然人借款的利息支出，应根据《中华人民共和国企业所得税法》（以下简称税法）第四十六条及《财政部、国家税务总局关于企业关联方利息支出税前扣除标准有关税收政策问题的通知》（财税〔2008〕121号）规定的条件，计算企业所得税扣除额。"

②企业向内部职工或其他人员借款的利息支出。

国税函〔2009〕777号文件第二条规定："企业向除第一条规定以外的内部职工

或其他人员借款的利息支出,其借款情况同时符合以下条件的,其利息支出在不超过按照金融企业同期同类贷款利率计算的数额的部分,根据税法第八条和税法实施条例第二十七条规定,准予扣除。

(一)企业与个人之间的借贷是真实、合法、有效的,并且不具有非法集资目的或其他违反法律、法规的行为;

(二)企业与个人之间签订了借款合同。"

根据上述政策规定,企业与个人之间签订了借款合同,有明确商业目的的,例如合同约定为某项目借款,其支付的利息可以在规定的限额以内税前扣除。

9. 因国家无偿收回土地使用权而形成的损失的处理

企业因国家无偿收回土地使用权而形成的损失,可作为财产损失按有关规定在税前扣除。

10. 企业开发产品转为自用的处理

企业开发产品转为自用,其实际使用时间累计未超过12个月又销售的,不得在税前扣除折旧费用。

(三)涉及增值税的业务处理

在房地产开发企业开发项目成本、费用的检查中,涉及增值税检查的政策(或业务)主要是进项税额的处理。

1. 不得从销项税额中抵扣进项税额的业务

《营业税改征增值税试点实施办法》第二十七条规定:下列业务的进项税额不得从销项税额中抵扣:

(1)用于简易计税方法计税项目、免征增值税项目、集体福利或者个人消费的购进货物、加工修理修配劳务、服务、无形资产和不动产。其中涉及的固定资产、无形资产、不动产,仅指专用于上述项目的固定资产、无形资产(不包括其他权益性无形资产)、不动产。

纳税人的交际应酬消费属于个人消费。

（2）非正常损失的购进货物，以及相关的加工修理修配劳务和交通运输服务。

（3）非正常损失的在产品、产成品所耗用的购进货物（不包括固定资产）、加工修理修配劳务和交通运输服务。

（4）非正常损失的不动产，以及该不动产所耗用的购进货物、设计服务和建筑服务。

（5）非正常损失的不动产在建工程所耗用的购进货物、设计服务和建筑服务。

纳税人新建、改建、扩建、修缮、装饰不动产，均属于不动产在建工程。

（6）购进的旅客运输服务、贷款服务、餐饮服务、居民日常服务和娱乐服务。

上述第（4）项、第（5）项所称货物，是指构成不动产实体的材料和设备，包括建筑装饰材料和给排水、采暖、卫生、通风、照明、通讯、煤气、消防、中央空调、电梯、电气、智能化楼宇设备及配套设施。

2. 改变用途后的进项税额的处理

对于政策规定入账时（原用途）不得抵扣且未抵扣进项税额的固定资产、无形资产等，因改变用途等用于允许抵扣进项税额的应税项目的，应按允许抵扣的进项税额，借记"应交税费——应交增值税（进项税额）"科目，贷记"固定资产""无形资产"等科目。固定资产、无形资产等经上述调整后，应按调整后的账面价值在剩余尚可使用寿命内计提折旧或摊销。

3. 特殊采购业务进项税额不得抵扣的账务处理

一般纳税人购进货物、加工修理修配劳务、服务、无形资产或不动产，用于简易计税方法计税项目、免征增值税项目、集体福利或个人消费等，其进项税额按照现行增值税制度规定不得从销项税额中抵扣的，取得增值税专用发票时，应借记相关成本费用或资产科目，借记"应交税费——待认证进项税额"科目，贷记"银行存款""应付账款"等科目，经税务机关认证后，应借记相关成本费用或资产科目，贷记"应交税费——应交增值税（进项税额转出）"科目。

(四) 成本对象的确定

计税成本是指企业在开发、建造开发产品过程中所发生的按照税收规定进行核算与计量的应归入某个成本对象的各项费用。

成本对象是指为归集和分配开发产品开发、建造过程中的各项耗费而确定的费用承担项目。计税成本对象的确定有以下六大原则：

1. 可否销售原则

开发产品能够对外经营销售的，应作为独立的计税成本对象进行成本核算；不能对外经营销售的，可先作为过渡性成本对象进行归集，然后再将其相关成本摊入能够对外经营销售的成本对象。

2. 分类归集原则

对同一开发地点、竣工时间相近、产品结构类型没有明显差异的群体开发的项目，可作为一个成本对象进行核算。

3. 功能区分原则

开发项目某组成部分相对独立，且具有不同使用功能时，可以作为独立的成本对象进行核算。

4. 定价差异原则

开发产品因其产品类型或功能不同而导致其预期售价存在较大差异的，应作为不同的成本对象进行核算。

5. 成本差异原则

开发产品因建筑上存在明显差异可能导致其建造成本出现较大差异的，应作为不同的成本对象进行核算。

6. 权益区分原则

开发项目属于受托代建的或多方合作开发的，应结合上述原则分别划分成本对象进行核算。

成本对象由企业在开工之前合理确定,并报主管税务机关备案。成本对象一经确定,不能随意更改或相互混淆,如果确需改变成本对象,应征得主管税务机关同意。

上述原则是企业所得税处理的基本原则,企业在处理时的具体情形很多,检查人员可以先摸清企业的具体处理细节,再对照相关政策原则,判断其处理是否合理。

(五)开发产品计税成本支出的内容

1. 土地征用费及拆迁补偿费

指为取得土地开发使用权(或开发权)而发生的各项费用,主要包括土地买价或出让金、大市政配套费、契税、耕地占用税、土地使用费、土地闲置费、土地变更用途和超面积补交的地价及相关税费、拆迁补偿支出、安置及动迁支出、回迁房建造支出、农作物补偿费、危房补偿费等。

2. 前期工程费

指项目开发前期发生的水文地质勘查、测绘、规划、设计、可行性研究、筹建、场地通平等费用。

3. 建筑安装工程费

指开发项目开发过程中发生的各项建筑安装费用,主要包括开发项目建筑工程费和开发项目安装工程费等。

4. 基础设施建设费

指开发项目在开发过程中发生的各项基础设施支出,主要包括开发项目内道路、供水、供电、供气、排污、排洪、通讯、照明等社区管网工程费和环境卫生、园林绿化等园林环境工程费。

5. 公共配套设施费

指开发项目内发生的、独立的、非营利性的,且产权属于全体业主的,或无偿赠与地方政府、政府公用事业单位的公共配套设施支出。

6. 开发间接费

指企业为直接组织和管理开发项目而发生，且不能将其归属于特定成本对象的成本费用性支出，主要包括管理人员工资、职工福利费、折旧费、修理费、办公费、水电费、劳动保护费、工程管理费、周转房摊销以及项目营销设施建造费等。

（六）计税成本核算的一般程序

1. 当期实际发生的各项支出的处理

对当期实际发生的各项支出，按其性质、经济用途及发生的地点、时间进行整理、归类，并将其区分为应计入成本对象的成本和应在当期税前扣除的期间费用。同时还应按规定对有关预提费用和待摊费用进行计量与确认。

2. 应计入成本对象中的各项实际支出的处理

将应计入成本对象中的各项实际支出、预提费用、待摊费用等合理地划分为直接成本、间接成本和共同成本，并按规定将其合理地归集、分配至已完工成本对象、在建成本对象和未建成本对象。

3. 已销及未销开发产品的成本分摊

对前期已完工成本对象应负担的成本费用按已销开发产品、未销开发产品和固定资产进行分配，其中应由已销开发产品负担的部分，在当期纳税申报时予以扣除，未销开发产品应负担的成本费用待其实际销售时再予扣除。

4. 已完工和未完工开发产品的成本分摊

将本期已完工成本对象分为开发产品和固定资产并对其计税成本进行结算。其中属于开发产品的，应按可售面积计算其单位工程成本，据此再计算已销开发产品计税成本和未销开发产品计税成本。对本期已销开发产品的计税成本，准予在当期扣除，未销开发产品的计税成本待其实际销售时再予扣除。

5. 未完工和尚未建造成本对象的成本费用处理

对本期未完工和尚未建造的成本对象应当负担的成本费用，应按规定分别建立明细台账，待开发产品完工后再予结算。

（七）成本计量与核算方法

企业开发、建造的开发产品应按制造成本法进行计量与核算。其中，应计入开发产品成本中的费用属于直接成本和能够分清成本对象的间接成本的，直接计入成本对象。对于共同成本和不能分清负担对象的间接成本，应按受益的原则和配比的原则分配至各成本对象，具体分配方法可在下列方法中选择其一：

1. 占地面积法

指按已动工开发成本对象占地面积占开发用地总面积的比例进行分配。

（1）一次性开发的，按某一成本对象占地面积占全部成本对象占地总面积的比例进行分配；

（2）分期开发的，首先按本期全部成本对象占地面积占开发用地总面积的比例进行分配，然后再按某一成本对象占地面积占期内全部成本对象占地总面积的比例进行分配。

期内全部成本对象应负担的占地面积为期内开发用地占地面积减除应由各期成本对象共同负担的占地面积。

2. 建筑面积法

指按已动工开发成本对象建筑面积占开发用地总建筑面积的比例进行分配。

（1）一次性开发的，按某一成本对象建筑面积占全部成本对象建筑面积的比例进行分配；

（2）分期开发的，首先按期内成本对象建筑面积占开发用地计划建筑面积的比例进行分配，然后再按某一成本对象建筑面积占期内成本对象总建筑面积的比例进行分配。

3. 直接成本法

指按期内某一成本对象直接开发成本占期内全部成本对象直接开发成本的比例进行分配。

4. 预算造价法

指按期内某一成本对象预算造价占期内全部成本对象预算造价的比例进行分配。

> 【提示】上述成本核算的程序、计量与核算方法的原则是企业所得税处理的基本原则，企业在处理时的具体情形很多，检查人员需要先摸清企业的具体处理细节，再对照相关政策原则，判断其是否合理。

（八）关于分配方法的单项规定

1. 土地成本的分配

土地成本一般按占地面积法进行分配。如果确需结合其他方法进行分配，应征得税务机关同意。

土地开发同时联结房地产开发的，属于一次性取得土地分期开发房地产的情况，其土地开发成本在征得税务机关同意后可先按土地整体预算成本进行分配，待土地整体开发完毕再行调整。

2. 公共配套设施开发成本的分配

单独作为过渡性成本对象核算的公共配套设施开发成本，应按建筑面积法进行分配。

3. 借款费用的分配

借款费用由不同成本对象共同负担的，按直接成本法或按预算造价法进行分配。

4. 其他成本项目的分配

其他成本项目的分配方法由企业自行确定（报税务机关备案）。

（九）关于预提（应付）费用的规定

1. 出包工程相关费用

出包工程未最终办理结算而未取得全额发票的，在证明资料充分的前提下，其发票不足金额可以预提，但最高不得超过合同总金额的10%。

2. 公共配套设施相关费用

公共配套设施尚未建造或尚未完工的，可按预算造价合理预提建造费用。此类公共配套设施必须符合已在售房合同、协议或广告、模型中明确承诺建造且不可撤销，或按照法律法规规定必须配套建造的条件。

3. 应向政府上交费用

应向政府上交但尚未上交的报批报建费用、物业完善费用可以按规定预提。物业完善费用是指按规定应由企业承担的物业管理基金、公建维修基金或其他专项基金。

除以上几项预提（应付）费用外，计税成本均应为实际发生的成本。

> 【提示】关于预提费用的处理，各地有一些具体规定，例如原江苏省地方税务局规定：
> （1）企业根据《房地产开发经营业务企业所得税处理办法》第三十二条第二款可以预提公共配套设施建造费用，对售房合同、协议或广告，或按照法律法规及政府相关文件等规定建造期限而逾期未建造的，其预提的公共配套设施建造费用在规定建造期满之日起一次性计入应纳税所得额。未明确建造期限的，在该开发项目最后一个可供销售的成本对象达到完工产品条件时仍未建造

的，其以前年度已预提的该项费用应并入当期应纳税所得额，以后年度实际发生公共配套设施建造费用时，按规定在税前扣除。

（2）根据《房地产开发经营业务企业所得税处理办法》第三十二条第三款，预提的报批报建费用、物业完善费用，必须是完工产品应上交的报批报建费用、物业完善费用，同时需提供政府要求上交相关费用的正式文件。未完工产品应上交的报批报建费用、物业完善费用不得预提在税前扣除。除政府相关文件对报批报建费用、物业完善费用有明确期限外，预提期限最长不得超过3年；超过3年未上交的，计入应纳税所得额。以后年度实际支付时按规定在税前扣除。

（十）其他规定

1. 单独建造的停车场所的处理

企业单独建造的停车场所，应作为成本对象单独核算。利用地下基础设施形成的停车场所，作为公共配套设施进行处理。

2. 未取得合法凭据的处理

企业在结算计税成本时，其实际发生的支出应当取得但未取得合法凭据的，不得计入计税成本，待实际取得合法凭据时，再按规定计入计税成本。

3. 应当选择确定计税成本核算的终止日

开发产品完工以后，企业可在完工年度企业所得税汇算清缴前选择确定计税成本核算的终止日，不得滞后。凡已完工开发产品在完工年度未按规定结算计税成本，主管税务机关有权确定或核定其计税成本，据此进行纳税调整，并按《中华人民共和国税收征收管理法》（以下简称《税收征收管理法》）的有关规定进行处理。

对于成本费用的确定，企业所得税和土地增值税在具体项目上有一些差异，实际操作时需要注意。

> 【提示】实务中,上述业务的具体情形很多,在征管上,各地对具体处理方式均有一些详细规定,应以当地税务机关解释为准。

四、成本费用方面的常见税收问题及检查要点

(一)不按规定预提开发成本

1. 主要问题

企业采用预提或预估房地产开发成本方式,虚增当期房地产开发成本或提前结转房地产开发成本,影响当期企业所得税计算。

2. 检查要点

(1)核对相关科目发生额和余额。重点查看"其他应付款""预提费用""开发成本"科目和"建筑安装工程费""公共配套设施费"等科目的内容,在了解预提或预估基本业务情况的基础上,取得相关科目中的预提或预估数据。

(2)结合前期资料判断预提或预估数据。对预提或预估的金额,结合建筑施工合同、规划许可证、政府部门相关文件等资料仔细深入查清业务的来龙去脉,判断是否有成本多提预估的情况存在。

(3)计算政策预估线。按出包工程合同数据、工程量数据、已经取得发票数据和未取得全额发票的数据计算政策界限,即在证明资料充分的前提下,其发票不足金额可以预提,但最高不得超过合同总金额的10%。

案例3-10

2015年3月,某地税务机关对某房地产开发企业进行税务检查,检查人员在核对相关建筑业发票与成本结转情况时,被查企业会计人员介绍,由于建筑成本开具发票和入账时间有一定差距,为配比成本,一般是先根据工程(建筑、材料等)量通过"开发成本""其他应付款"科目预提成本,待票据到达再按实际金额冲回调整,对于票据跨年度问题,没有做专门处理。公司财务人员认为,这样处理对已完

工销售部分成本结转当期企业所得税可能有影响，但对项目总体没有影响。为此，检查人员对截至2014年底尚未处理完毕的估计成本进行了统计，其预估成本剩余34 280.33万元，出包工程总成本110 298.00万元，预估最高限额为11 029.80万元，多预估成本23 250.53万元，影响了当期企业所得税的计算，故调增2014年应纳税所得额23 250.53万元。

（4）核对其他预估成本的条件。一是公共配套设施尚未建造或尚未完工的，此类公共配套设施必须符合已在售房合同、协议或广告、模型中明确承诺建造且不可撤销，或按照法律法规规定必须配套建造的条件；二是应向政府上交但尚未上交的报批报建费用、物业完善费用可以按规定预提。

（二）虚列成本费用

1. 主要问题

采取虚构业务、票据等方式直接虚列成本费用套取现金，造成少缴企业所得税、个人所得税等问题。

2. 检查要点

（1）核查支出业务是否发生。检查人员应核查相关票据本身的真实性，并确定相关款项是否已实际支付，除虚假发票及各种非法取得的发票不得列支外，对于无法取得发票的各项支出和预提的成本、费用，在土地增值税计算时一般不得扣除。在企业所得税计算时，是否可以税前扣除，要根据当地税务机关的具体征管规定确定。

（2）核对大额支出资金流。检查人员要核对相关大额支出业务涉及的合同、发票、资金流向是否一致，凡是不一致的要跟踪核查涉及的业务内容和流程，以确定业务的真实情况和税收问题。

> 【提示】合同、发票、资金流向是否一致并不是判断存在问题的唯一标准，所以遇到这类问题最重要的是通过核查"不一致"的原因，最终摸清业务情况。

（3）核查业务的真实性。检查人员要重点核查成本费用类科目的明细摘要，并延伸查看相关业务记账凭证、原始凭证及合同等资料，同时结合票据和现金流向进行对照核查，以确定业务的真实性。具体可以关注绿化工程、隐蔽工程等。

（4）进行实地核查。检查人员可以根据具体情况的需要，深入到业务对应方单位调查核实相关账务处理，以确定业务的真实性。

案例 3-11

2019 年 1 月，某地税务机关对某房地产开发公司进行税务检查，检查人员核对绿化工程合同、现场、实际支出等事项，并将相关数据与某园林苗木公司价格比对，发现金额差异过大。检查人员开始与该公司会计人员沟通，未取得结果。为此，检查人员通过园林专家初步掌握树木价格，再到施工企业进行核查。在核查中，检查人员详细追踪进货渠道、资金流向、会计处理及原始凭证，再与相关合同比对，最终发现该公司存在虚报绿化成本问题。

（三）增值税发票和进项税额的处理不合规

1. 主要问题

采取虚构业务、非法取得增值税专用发票和普通发票等违法行为，利用非法取得的发票在企业所得税计算中虚列成本费用，在增值税计算中虚增进项税额。

2. 检查要点

（1）对发票本身的合规性进行审核。对于增值税专用发票，可以根据相关发票开具规定，比对票面信息（如纳税人识别号）等，判断其合规性（完整性）。对于增值税普通发票，根据《国家税务总局关于增值税发票开具有关问题的公告》（国家税务总局公告 2017 年第 16 号）的规定，自 2017 年 7 月 1 日起，购买方为企业的，索取增值税普通发票时，应向销售方提供纳税人识别号或统一社会信用代码；销售方为其开具增值税普通发票时，应在"购买方纳税人识别号"栏填写购买方的纳税人识别号或统一社会信用代码。不符合规定的发票，不得作为税收凭证。

（2）对业务及发票的逻辑进行审核。检查人员在核对成本费用时，对其支付款项收取的增值税发票，要和相关合同、资金流向等进行比对，对信息不完全一致的，要深入追踪检查，如确定业务是虚假的，则进项税额不得抵扣。

（3）对不得抵扣的进项税额进行审核。主要是根据政策规定，对照核查是否有不得抵扣的进项税额从销项税额中进行了抵扣。检查人员应重点核查项目开发期间，是否发生自然灾害、事故等各种特殊情况，核对相关的损失和增加的成本，摸清具体会计处理方式，特别是进项税额转出业务。

根据《营业税改征增值税试点实施办法》第二十七条等规定，进项税不得抵扣的情形要有以下几种：

①购进货物劳务之后，改变用途，增值税抵扣链条中断，不可抵扣进项税额。

②采用简易征税方法计算增值税，不可抵扣进项税额。

③增值税扣税凭证不符合规定，不可抵扣进项税额。

在实务中，由于企业的经营情况不断改变调整，核算时会先抵扣进项税额，当发生上述不得抵扣的情形后，再将进项税额转出。因此，这里所称进项税额转出，实际上是将那些按税法规定不能抵扣，但购进时已作抵扣的进项税额如数转出。

在上述不得抵扣的情形中，常见的有以下两种情况，检查人员在检查时要特别关注：

一是购进的货物、在产品、产成品发生非正常损失；

二是购进的货物或应税劳务改变用途，用于非应税项目、免税项目或集体福利与个人消费等。

下面我们通过两个案例分别讲解非正常损失的进项税额转出和改变用途的购进货物或应税劳务的进项税额转出的处理。

案例 3-12

A房地产开发公司是一般纳税人，2017年3月购进一批施工用物资20万元，进项税额3.4万元，共计支付23.4万元。2017年5月因仓库管理不善，有一半的物资被盗。

根据《营业税改征增值税试点实施办法》的规定，非正常损失，是指因管理不善造成货物被盗、丢失、霉烂变质，以及因违反法律法规造成货物或者不动产被依法没收、销毁、拆除的情形。A公司因项目现场管理不善，造成物资被盗损失，属于因管理不善产生的"非正常损失"，其进项税额应全部转出。A房地产开发公司会计处理如下（单位：万元）：

1. 购进货物时：

借：开发成本——建筑安装工程费——材料　　　　　　　20
　　应交税费——应交增值税（进项税额）　　　　　　　3.4
　贷：银行存款　　　　　　　　　　　　　　　　　　　23.4

2. 货物被盗时：

借：营业外支出　　　　　　　　　　　　　　　　　　　11.7
　贷：开发成本——建筑安装工程费——材料　　　　　　10
　　应交税费——应交增值税（进项税额转出）　　　　　1.7

案例 3-13

A房地产开发公司是一般纳税人，2017年11月购进一批取暖器用于项目管理现场办公使用，价值2万元，进项税额0.34万元，共计支付2.34万元。2017年12月，发现项目现场无须使用取暖器，为避免闲置浪费，后由公司领导批准，于元旦前发放给员工做新年福利。A房地产开发公司会计处理如下（单位：万元）：

1. 购入取暖器时：

借：开发成本——开发间接费用——办公费　　　　　　　2
　　应交税费——应交增值税（进项税额）　　　　　　　0.34
　贷：银行存款　　　　　　　　　　　　　　　　　　　2.34

2. 作为员工福利发放时：

借：管理费用——职工薪酬——福利费　　　　　　　　　2.34
　贷：开发成本——开发间接费用——办公费　　　　　　2
　　应交税费——应交增值税（进项税额转出）　　　　　0.34

> 【提示】如果按照视同销售处理，计算了相应的销项税额，则不需要进行进项税额转出。

（4）核查不得抵扣进项税额转出计算是否准确。在检查不得抵扣进项税额转出时，可能会遇到一些企业因无法确定具体进项税额而没有及时转出的情况。根据《增值税暂行条例》等相关规定，可以按以下方式审核处理：

一是对于纳税人能准确划分不得抵扣进项税额的，可将对应货物按购进时已抵扣的进项税额转出；

二是对无法准确确定应转出进项税额的，可以按所耗实际成本计算抵扣进项税额。

如果实际成本中包含购买价及运杂费等情况且税率不同（原税率有17%、13%、11%、6%），根据相关规定，确实无法分清适用税率的，从高计征增值税。

检查人员在检查上述问题时需要注意，因为进项税额的抵扣，在2020年1月8日之前需要认定通过，在2020年1月8日之后，纳税人取得增值税专用发票等，如需用于申报抵扣增值税进项税额，应当登录增值税发票综合服务平台确认发票用途。纳税人应当按照发票用途确认结果申报抵扣增值税进项税额。

进项税额的抵扣时间没有严格的逻辑，但是一般情况下是在次月认证通过（或登录确认），因此，检查人员在检查时要重点关注进项税额背后的性质，参考抵扣时间。

> 【提示】对于上述问题，各地在征管上制定有一定的规范政策，具体以当地税务机关解释为准。

（四）混淆前后期开发成本费用

1. 主要涉税问题

（1）混淆当期与后期的成本费用。这里所称的前后期，没有明确的界限，一般以开发项目主销售（预售）期间开始产生大量企业所得税年度为分界线。一些企业为调节项目前后期利润，混淆当期与后期的成本费用，其目的是减少项目前期企业所得税入库数额。少数企业甚至在后期也不按规定准确计算成本，以达到少缴企业所得税的目的。

（2）土地成本等不按规定方式摊销。一些企业为调节项目前后期利润，对土地成本等不按规定的方式计算分摊数额，造成前期成本对象多分摊，减少项目前期企业所得税入库数额。

2. 检查要点

（1）查明是否混淆当期与后期成本费用。检查人员在审核时要完成以下检查工作：

①核查其成本项目归集科目的内容和数据。

②根据当期已实现销售的可售面积和可售面积单位工程成本予以合理分摊。

③核查当期准予扣除的已销开发产品的计税成本,从而判断是否有当期占用下期开发成本的情况。

④关注项目预决算报告,查看建筑合同,确认合同工程造价和签约时点,还要关注合同中明确的建筑工程款、材料费等数据。

(2)审核土地成本分摊的处理。检查人员在审核时要完成以下检查工作:

①了解企业分摊土地等公共成本的计算方式。

②根据成本归集科目确定相关数额。

③对于计算方式不符合规定的要重新计算,如土地成本分摊政策规定要按占用面积法,而企业未经过税务管理机关许可使用建筑面积法。

案例 3-14

2015 年 3 月,某地税务机关对某房地产开发企业进行税务检查,该公司将开发的一个大项目分成若干小项目,且按时间顺序依次开发。检查人员在核对土地成本分摊计算数据时,发现分摊计算的基础依据是建筑面积,而后期项目预计建筑面积与前期项目建筑面积差距较大,计算方式未通过税务管理机关备案等。检查人员认为,由于前后期建筑面积差异较大,且后期项目未开发,规划设计没有正式下达,因此根据政策及合理性原则,土地成本应按照占地面积法分摊。重新选择分摊计算方式后,已结转成本部分多分摊土地成本 4 872.56 万元。

(五)隐瞒建筑增加成本

1. 主要涉税问题

(1)超规划设计建筑。这里所称超规划设计建筑,是指在项目施工的开始阶段,就在原设计建筑物的隐蔽处建造超规划设计的建筑物,同时隐瞒测绘面积。

(2)擅自扩大建筑面积。在项目施工的后期,擅自扩大建筑面积,包括扩大地下建筑面积,并隐瞒测绘面积。

2. 检查要点

（1）核对单位成本。检查人员在检查中，对于单位成本过高的，就是与同类型建筑物相比（也可参考当地平均单位成本数据），单位成本过大的，要注意成本过大的原因，仔细核对成本、费用归集的各项业务，发现疑问（点）就从科目、数据归集等方面追踪到底。

（2）核对设计资料。对单位成本过高的项目，要仔细核对规划设计资料，对于有超规划设计疑问的建筑物，还可以核对施工许可证、规划设计、图纸及宣传资料等。

（3）进行现场核对。现场核对是核查隐瞒建筑的一个重要环节，检查人员在核对时，要结合相关规划设计、图纸等，对有疑问的建筑逐一对照排查。

案例 3-15

2011 年 7 月，某地税务机关对某房地产开发企业进行税务检查。由于在数据分析中发现单位成本过高，为查清是否存在隐瞒建筑问题，检查人员核对项目规划面积和施工许可证面积，发现差异后，又仔细核对规划设计说明书及施工许可证、面积测绘表等数据，并与"开发成本"明细科目核对，发现企业有可能隐瞒了一个超规划设计的建筑物。为查实问题，检查人员与相关人员一起到现场核对，通过图纸等资料比对，发现"隐藏"有一个 2 600 平方米左右的小项目，其信息数据既未列入立项规划，也未在销售窗口表中反映，但成本已经结转。

（六）营改增前甲供材处理不当

1. 主要问题

营改增前，主要问题是重复列支甲供材成本，少缴纳企业所得税和土地增值税。根据《中华人民共和国营业税暂行条例实施细则》第十六条的规定，纳税人提供建筑业劳务（不含装饰劳务）的，其营业额应当包括工程所用原材料、设备及其他物资和动力价款在内，但不包括建设方提供的设备的价款。因此，在检查营改增前的项目时，主要是核对发票数据、合同内容等。

2. 检查要点

（1）审核对甲供材的约定与实际情况是否一致。检查人员在检查时，对尚未完成工程决算的，应着重审核其与施工企业签订的建安合同对甲供材的约定并与实际情况核对。

（2）判断竣工决算前是否重复列支甲供材。核对其取得的建筑安装发票金额与建筑安装合同（尤其是决算报告）的金额是否存在较大的差异，如存在较大差异则应进一步核实其"开发成本"科目中的原材料项目的金额与建筑安装业发票中填开的金额是否有重复，以判断企业是否存在重复列支甲供材的问题。

（3）判断竣工决算后是否重复列支甲供材。对于已完成竣工决算的，应查看房地产开发企业与建安企业之间的甲供材核对清单，以判断企业是否存在重复列支甲供材的问题。

（七）营改增后甲供材处理

1. 主要问题

根据《营业税改征增值税试点有关事项的规定》的相关规定，一般纳税人为甲供工程提供的建筑服务，可以选择适用简易计税方法计税。甲供工程，是指全部或部分设备、材料、动力由工程发包方自行采购的建筑工程。

营改增后，由于甲供工程流转税计算方式的改变，其会计处理及增值税计算相对比较清晰，因此在一般业务流程上不会出现大的涉税问题。可能存在的问题主要是少数房地产开发企业与建筑企业串通，发包虚假工程。

2. 检查要点

主要是通过对超过一定金额的出包工程及购买材料支出等进行真实性审核。检查人员在审核时，一是通过税务机关发票系统核对票面信息，以判断发票的真实性；二是对合同内容进行逻辑判断分析，对过于简单的合同要外调相关企业，详细摸清具体情况；三是对有疑问的合同，要通过资金流向、票据等外调相关企业，查实业务的具体情况。

第三节 房地产开发企业经营成果的税务检查

从税收角度看,房地产开发的经营成果涉及整个项目开发过程,有关营业收入、营业成本和期间费用等涉及的税收政策和税收检查前面已有介绍,本节主要介绍销售完毕后及前面检查易疏漏的一些内容。

一、经营成果检查需要归集查阅的资料

主要包括企业在开发过程中取得的审批文书、各种许可证、权属证书、销售窗口表、销控表、签订的合同等,通过对这些资料的审核,了解项目的大致情况,如开发的类型、开工完工时间、分期或滚动开发情况等,为确定基本核算单位奠定基础。

二、经营成果检查涉及的主要科目

1. 收入类科目

收入类科目主要有:"主营业务收入""其他业务收入""营业外收入"等。

2. 成本费用类科目

成本费用类科目主要有:"税金及附加""开发产品""销售费用""管理费用""财务费用""其他业务支出""营业外支出"等。

三、经营成果检查涉及的税收政策

经营成果检查涉及土地增值税清算条件的判断及企业所得税最后(项目)汇算

相关政策，本小节主要以《房地产开发经营业务企业所得税处理办法》为主，介绍企业所得税上关于项目完工、经营成果分配、税款计算等的相关政策。

（一）开发产品完工条件

根据政策规定，房地产开发企业项目运作包括土地开发、建造、销售住宅、商业用房以及其他建筑物、附着物、配套设施等开发产品。除土地开发之外，其他开发产品符合下列条件之一的，应视为已经完工：

（1）开发产品竣工证明材料已报房地产管理部门备案；
（2）开发产品已开始投入使用；
（3）开发产品已取得初始产权证明。

> 【提示】对于企业销售的精装修房屋，因为毛坯房的验收是在装修工程之前，对于精装修房的涉税验收节点如何掌握，各地税务机关在征管上有基本规定，在检查时以当地税务机关规定为准。

（二）实际毛利额与预计毛利额之间差额的处理

根据政策规定，房地产开发企业销售未完工开发产品取得的收入，采取预计利润制度。

1. 预计毛利额

企业销售未完工开发产品取得的收入，应先按预计计税毛利率分季（或月）计算出预计毛利额，计入当期应纳税所得额。

2. 应纳税所得额

开发产品完工后，企业应及时结算其计税成本并计算此前销售收入的实际毛利额，同时将实际毛利额与对应的预计毛利额之间的差额，计入当年度企业本项目与其他项目合并计算的应纳税所得额。

在年度纳税申报时，企业须提交对该项开发产品实际毛利额与预计毛利额之间差异调整情况的报告以及税务机关需要的其他相关资料。

(三）特定事项的税务处理

1. 联合开发且项目未成立独立法人公司的情形

房地产开发企业以本企业为主体，联合其他企业、单位、个人合作或合资开发房地产项目，且该项目未成立独立法人公司的，应重点关注以下两个方面。

（1）合同或协议中约定视同销售收入行为的处理。凡开发合同或协议中约定向投资各方（即合作、合资方，下同）分配开发产品的，企业在首次分配开发产品时，如果该项目已经结算计税成本，其应分配给投资方开发产品的计税成本与其投资额之间的差额计入当期应纳税所得额；如果未结算计税成本，则将投资方的投资额视同销售收入进行相关的税务处理。

（2）合同或协议中约定分配项目利润的处理。

①企业应将该项目形成的营业利润额并入当期应纳税所得额统一申报缴纳企业所得税，不得在税前分配该项目的利润。同时，不能因接受投资方投资额而在成本中摊销或在税前扣除相关的利息支出。

②投资方取得该项目的营业利润应视同股息、红利进行相关的税务处理。

2. 以土地使用权换取开发产品的情形

房地产开发企业以换取开发产品为目的，将土地使用权投资其他企业房地产开发项目的，按以下规定进行处理：

企业应在首次取得开发产品时，将其分解为转让土地使用权和购入开发产品两项经济业务进行企业所得税处理，并按应从该项目取得的开发产品（包括首次取得的和以后应取得的）的市场公允价值计算确认土地使用权转让所得或损失。

四、经营成果方面的常见税收问题及检查要点

（一）应付款项处理不当

1. 主要涉税问题

（1）对拖欠材料供应商材料款处理不当。房地产开发企业由于种种原因"拖欠"

或不再支付材料供应商材料款的，要理清拖欠或无须支付的具体原因，如果是材料供应商为鼓励房地产开发企业在规定的期限内付款而向其提供的优惠，属于现金折扣，则房地产开发企业需要把已计入开发成本的应付未付的工程款，从"应付账款"科目转"营业外收入"科目处理；如果是材料供应商由于售出商品的质量不合格等原因而在售价上给予的减让，属于销售折让，则房地产开发企业需要将应付账款冲减开发成本，同时将相应的已抵扣的增值税进项税额转出（原先入账时未进行增值税进项税抵扣的则不考虑转出）。如果不按上述规定进行财务处理，则会造成少缴企业所得税与多抵扣进项税的可能。

（2）对拖欠建筑商款项处理不当。房地产开发企业拖欠建筑商部分款项，长期挂账不结转应纳税所得额，造成少缴（或滞纳）企业所得税。如果确定无须支付，在营改增后则可能还会涉及增值税进项税额转出的问题。

2. 检查要点

（1）核对会计科目。查看"应付账款"和"其他应付款"科目的明细核算，如果近三年预付款项账户余额没有发生变化，需要追踪找到原因，检查人员可以通过外调等方式到对方企业实地核查，以查明具体业务的真相。

（2）重新计算企业所得税。通过查阅企业对账清单或审计评估报告，对不再支付的款项，按政策规定结转所得计算企业所得税。

案例3-16

2017年5月，某地税务机关对某房地产开发企业进行税务检查，发现该企业相关楼盘除少量车库外，在2015年就已经全部销售完毕，相关新项目还未开始运作。检查人员发现，该公司"应付账款"一个明细科目有贷方余额28万元，经查阅相关凭证和原始凭证，发现是应支付的某品牌电梯费用。查阅相关合同并询问相关工程人员、会计人员后得知，该公司因使用的这种品牌电梯出现质量瑕疵而进行的扣款（尾款）。检查人员指出，由于该项目的产品已经基本销售完毕，相关成本已经结转，如果"应付账款"明细科目中的电梯费用尾款不再支出，则应转入"营业外收入"科目处理。在后期检查中，检查人员到电梯供货企业进行了调查，并与被查企业会计人员进行了沟通，最终确定了这笔尾款不再支付。因此，被查企业应将这笔电梯尾款从"应付账款"科目转入"营业外收入"科目处理。

【提示1】在实务中,上述案例中的会计处理仅仅是提供一种参考,不管采取何种处理方式,都必须按照企业所得税的政策确认收入。

【提示2】如果上述业务发生在营改增后,且企业开发项目成本还未结转,则房地产开发企业需要将应付账款冲减开发成本,同时将相应的已抵扣的增值税进项税额转出(原先入账时未进行增值税进项税抵扣的则不考虑转出)。如果不按上述规定进行财务处理,则会造成少缴企业所得税与多抵扣进项税的可能。

(二)固定资产结转处理不当

1. 主要问题

(1)成本结转处理不当。土地增值税清算后,相关开发成本全部可以准确计算,企业未及时调整前期结转或预估的固定资产成本,影响企业所得税的正确计算。

(2)折旧摊销处理不当。因成本结转而影响的折旧摊销没有及时处理。例如,相关票据未到、预估入账的固定资产,没有按照政策规定在后续处理。

2. 检查要点

(1)确认不得计入成本费用的数据。检查人员在审核成本费用数据时,可以采取三种方式:一是通过成本费用科目记载的内容(摘要)判断是否存在问题;二是对企业结转成本的公式进行审核,即核对公式分母、分子数据的来源是否准确;三是查看土地增值税清算资料中不予扣除的相关内容,通过对比企业所得税政策进行分析鉴别,将不得税前扣除或计入开发成本的内容(数据)找出。

(2)调整相关数据。在确认不得计入成本费用的数据后,得出真实的计税成本,结合查到的已转固定资产及折旧摊销数据,计算出多转成本及折旧,调整对应年度企业所得税数据。

第四节 土地增值税清算涉及企业所得税问题的处理与检查

房地产开发企业的开发项目竣工并完成销售后，凡是达到政策规定条件的要进行土地增值税清算。本节主要分析土地增值税清算的成果对企业所得税处理的影响，以及在进行企业所得税检查时如何应用土地增值税清算成果。其涉税处理主要依据是《国家税务总局关于房地产开发企业土地增值税清算涉及企业所得税退税有关问题的公告》（国家税务总局公告 2016 年第 81 号）等相关规定。

一、土地增值税清算涉及的退税政策

（一）政策要点

土地增值税的征管采取的是项目销售（预售）时预缴和项目完成时清算的方式，土地增值税清算会导致一些企业多缴企业所得税，其中涉及的退税政策主要包括以下内容：

1. 当年企业所得税汇算清缴出现亏损且有其他后续开发项目的

企业按规定对开发项目进行土地增值税清算后，当年企业所得税汇算清缴出现亏损且有其他后续开发项目的，该亏损应按照税法规定向以后年度结转，用以后年度所得弥补。后续开发项目，是指正在开发以及中标的项目。

2. 当年企业所得税汇算清缴出现亏损且没有后续开发项目的

企业按规定对开发项目进行土地增值税清算后，当年企业所得税汇算清缴出现亏损，且没有后续开发项目的，可以按照以下方法，计算出该项目由于土地增值税

原因导致的项目开发各年度多缴企业所得税税款,并申请退税:

(1) 该项目缴纳的土地增值税总额,应按照该项目开发各年度实现的项目销售收入占整个项目销售收入总额的比例,在项目开发各年度进行分摊,具体按以下公式计算:

$$各年度应分摊的土地增值税 = 土地增值税总额 \times \left(项目年度销售收入 \div 整个项目销售收入总额 \right)$$

上述销售收入包括视同销售房地产的收入,但不包括企业销售的增值额未超过扣除项目金额20%的普通标准住宅的销售收入。

(2) 该项目开发各年度应分摊的土地增值税减去该年度已经在企业所得税税前扣除的土地增值税后,余额属于当年应补充扣除的土地增值税;企业应调整当年度的应纳税所得额,并按规定计算当年度应退的企业所得税税款;当年度已缴纳的企业所得税税款不足退税的,应作为亏损向以后年度结转,并调整以后年度的应纳税所得额。

(3) 按照上述方法进行土地增值税分摊调整后,导致相应年度应纳税所得额出现正数的,应按规定计算缴纳企业所得税。

(4) 企业按上述方法计算的累计退税额,不得超过其在该项目开发各年度累计实际缴纳的企业所得税;超过部分作为项目清算年度产生的亏损,向以后年度结转。

3. 书面材料说明

企业在申请退税时,应向主管税务机关提供书面材料说明应退企业所得税税款的计算过程,包括该项目缴纳的土地增值税总额、项目销售收入总额、项目年度销售收入额、各年度应分摊的土地增值税和已经税前扣除的土地增值税、各年度的适用税率,以及是否存在后续开发项目等情况。

除上述政策外,其检查内容涉及政策已经在前述列举。

(二)检查要点

1. 退税检查

对于退税业务的检查比较明晰,检查时可以结合企业土地增值税清算年度涉及的当年企业所得税汇算清缴情况,判断其是否应该执行退税政策,并对应退企业所得税税款进行核实。

2. 实地违建检查

前面已列举过违建检查的方式方法,在此环节,随着项目完成,各项物业开始使用,一些在前面无法检查到的问题,此时可以继续检查。检查人员在检查时,可以在现场比对设计要点(图),或者对正常建筑中的加层、夹层、空中花园等特殊部位比对设计要点(图),看是否属于超规划设计建筑。

案例 3-17

2018年6月,某地税务机关检查人员对某房地产开发公司进行检查,该公司的一个项目已经完成土地增值税清算。检查人员到项目现场查看时,发现一个临街商业楼盘中,电梯无法到达顶层(去往顶层需要步行走楼梯),通过了解,顶层由该公司的一个部门在使用。此后,检查人员就部分建筑内容、成本结转等事项,与该公司会计人员进行了详细沟通,查明原因为:该层为违章建筑,成本已经随项目全部结转。为此,最后处理(业务)结果是:按照成本计算公式、单价,将违章建筑成本调出,减少土地增值税扣除成本,补缴相应税款。同时,调增(结转成本当年)企业所得税应纳税所得额,补缴相应税款。违章建筑成本按照固定资产入账,按照税法规定的折旧年限摊销。房产税按规定计算缴纳。

3. 报告披露问题检查

在土地增值税项目清算鉴证报告中,因为一些特殊原因,出具报告的财税中介机构会就一些问题进行披露(保留意见)。检查人员要仔细查阅这些披露(保留意见)的事项,对涉及税收处理的,要追踪处理结果。

案例 3-18

2019年4月,某地税务机关检查人员对某房地产开发公司进行检查,在审核一份2017年完成的土地增值税清算鉴证报告时,发现披露的(保留意见)事项中,有一个涉及河道内容的工程。披露内容为:因无法取得相关资料,暂以入账成本确认。为此,检查人员仔细审核合同并到施工方核查会计处理等业务,发现在项目清算时,该工程因涉及纠纷已经进入司法程序,因此没有处理。根据审核后的数据,该公司实际支付金额减少了35万元。为此,减少土地增值税扣除成本,补缴相应土地增值税税款。同时,调增(结转成本当年)企业所得税应纳税所得额,补缴相应企业所得税税款。

二、进行企业所得税检查时对土地增值税清算成果的应用

土地增值税在成本费用列支上的政策口径与企业所得税不同,虽然在真实性、相关性、实际支付等政策要求上一致,但是在票据要求上存在一定差异。根据土地增值税的特点,其对票据的要求比企业所得税的要求更加严格,所有票据必须符合土地增值税政策规定,否则相关成本费用不得在增值额中扣除。因此,可以利用土地增值税项目清算中对票据审查的成果,进一步检查企业所得税。

(一)检查涉及的资料

土地增值税项目清算中需要核对成本费用列支的票据,对于超过一定金额的票据要列出清单,逐一核对真实性、相关性、实际支付及票据本身的合规性。在进行企业所得税检查时,可以利用这个清单对照企业所得税政策甄别处理。

(二)检查要点

1. 审查清算中认定不得扣除的成本费用

凡是土地增值税项目清算中认定不符合真实性、相关性原则以及没有实际支付的成本费用,根据企业所得的处理原则,均不得税前列支。

2. 审核票据的合规性

凡是土地增值税项目清算中认定不合规的票据,从企业所得税政策角度看,如果是正常状态下应该取得而未取得的票据,相关成本费用一般也不予税前列支。

3. 进行数据调整计算

对根据企业所得税政策认定存在问题的成本费用数据,以及企业已经按照所属年度、各项成本分摊计算表计算的各项数据,在剔除问题数据后,按原计算表重新进行计算,发现少缴企业所得税的,应补缴相应年度税款。

第五节 其他税种的税务检查

一、房产税

（一）需要归集和查阅的资料

房产税检查需要归集和查阅企业的房产证、固定资产卡片、固定资产成本结转计算单等。

（二）涉及的主要科目

主要涉及的会计科目有："固定资产""开发成本""在建工程""开发产品"等。

（三）涉及的主要政策

1. 房产税征税时间的确定

（1）企业自建的房屋，自建成使用（自用）之次月起征收房产税，未完工使用的，自使用的次月起征收房产税。

（2）企业委托施工企业建设的房屋（自用），从办理验收手续之次月起征收房产税。

（3）出租、出借房产，自交付出租、出借房产之次月起计征房产税。

> 【提示】实务中，对于房产税征税时间的确定，各地有明细的具体规定，应以当地税务机关解释为准。

2. 房产原值的确定

（1）房屋原价的核算。对依照房产原值计税的房产，不论是否记载在会计账簿固定资产科目中，均应按照房屋原价计算缴纳房产税。房屋原价应根据国家有关会计制度规定进行核算。对纳税人未按国家会计制度规定核算并记载的，应按规定予以调整或重新评估。

（2）房产原值应包含地价。根据《财政部 国家税务总局关于安置残疾人就业单位城镇土地使用税等政策的通知》（财税〔2010〕121号）第三条的规定，对按照房产原值计税的房产，无论会计上如何核算，房产原值均应包含地价，包括为取得土地使用权支付的价款、开发土地发生的成本费用等。宗地容积率低于0.5的，按房产建筑面积的2倍计算土地面积并据此确定计入房产原值的地价。

3. 地下建筑的处理

根据《财政部 国家税务总局关于具备房屋功能的地下建筑征收房产税的通知》（财税〔2005〕181号）的规定，具备房屋功能的地下建筑的房产税政策明确如下：

（1）凡在房产税征收范围内的具备房屋功能的地下建筑，包括与地上房屋相连的地下建筑以及完全建在地面以下的建筑、地下人防设施等，均应当依照有关规定征收房产税。

地下建筑的房产原值应包括与房屋不可分割的各种附属设备和配套设施。

上述具备房屋功能的地下建筑是指有屋面和维护结构，能够遮风避雨，可供人们在其中生产、经营、工作、学习、娱乐、居住或储藏物资的场所。

自用的地下建筑，按以下方式计税：

①工业用途房产，以房屋原价的50%作为应税房产原值。

应纳房产税的税额＝房屋原价×50%×（1－30%）×1.2%

②商业和其他用途房产，以房屋原价的70%作为应税房产原值。

应纳房产税的税额＝房屋原价×70%×（1－30%）×1.2%

（2）对于与地上房屋相连的地下建筑，如房屋的地下室、地下停车场、商场的地下部分等，应将地下部分与地上房屋视为一个整体按照地上房屋建筑的有关规定计算征收房产税。

(3) 出租的地下建筑,按照出租地上房屋建筑的有关规定计算征收房产税。

4. 居民住宅区内业主共有的经营性房产的处理

对居民住宅区内业主共有的经营性房产,由实际经营(包括自营和出租)的代管人或使用人缴纳房产税。其中自营的,依照房产原值减除10%～30%后的余值计征,没有房产原值或不能将业主共有房产与其他房产的原值准确划分开的,由房产所在地税务机关参照同类房产核定房产原值;出租的,依照租金收入计征。

(四) 检查要点

1. 检查企业持有房产的状况

在检查中,主要审核"固定资产"科目,看是否如实将全部应税房产进行了申报;其次审核"在建工程"科目,看是否有已办理工程结算或已实际使用的房产未及时转固定资产缴纳房产税。

2. 审核房产价值

审查自有房产价值组成内容,核对新建房屋是否把电梯、装修、空调、内部照明设施等与房屋不可分割的各种附属设备并入房产原值缴纳房产税。在检查中,检查人员可以核查"无形资产——土地使用权"科目,核对计算土地价值是否按规定并入房产原值。

3. 审查出售前已使用房屋

审查对出售前房地产开发企业已使用或出租、出借的商品房是否按规定计缴房产税。

案例 3-19

2016年8月,某地税务机关对某房地产开发企业进行税务检查,在检查中检查人员发现,在该公司一个2013年完成的项目中,有三套剩余的房屋一直没有销售出去。询问被查企业会计人员相关情况,会计人员解释,这三套房屋由于光线被遮挡,因此一直没有销售出去,公司准备改造后再确定如何使用。检查人员现场查看,发现这三套房屋已经作为非居住房屋使用,后经过与被查企业会计人员沟通,具体情况为:其中一套房屋由物业临时使用,另外两套房屋由公司临时使用。最后的处理方案为:由公司临时使用的两套房屋按规定计算缴纳房产税(城镇土地使用税已缴),这两套房屋在"产成品"科目记载的价值为750万元,假定计税价值按70%计算,则每年税款为4 725元(7 500 000×70%×1.2%)。

4. 核对租金收入

审查"主营业务收入""其他业务收入"等账户,看企业是否将房产租金收入全部计入收入。

根据政策规定,营改增后,房产出租的,计征房产税的租金收入不含增值税。

5. 审核房产税第一次纳税时点

查明房产税的第一次计税时间是否符合政策规定。

二、城镇土地使用税

(一)需要归集和查阅的资料

城镇土地使用税检查需要归集和查阅土地合同、土地使用证、销售窗口表以及自有房屋情况等。

(二)涉及的主要科目

涉及的科目有:"开发成本——土地出让金""无形资产——土地使用权""固定资产——房屋""投资性房地产"科目等,也可查看相关收益类科目,看是否有土地使用权的转让,以确定土地的变化情况。

(三) 涉及的主要政策

1. 地下建筑用地的处理

根据《财政部 国家税务总局关于房产税 城镇土地使用税有关问题的通知》(财税〔2009〕128号)第四条的规定,对在城镇土地使用税征税范围内单独建造的地下建筑用地,按规定征收城镇土地使用税。其中,已取得地下土地使用权证的,按土地使用权证确认的土地面积计算应征税款;未取得地下土地使用权证或地下土地使用权证上未标明土地面积的,按地下建筑垂直投影面积计算应征税款。

对上述地下建筑用地暂按应征税款的50%征收城镇土地使用税。

2. 纳税义务发生时间的确定

(1) 以出让或转让方式有偿取得土地使用权的,应由受让方从合同约定交付土地时间的次月起缴纳城镇土地使用税;合同未约定交付土地时间的,由受让方从合同签订的次月起缴纳城镇土地使用税。

(2) 出租、出借房产,自交付出租、出借房产之次月起计征城镇土地使用税。

(3) 房地产开发企业自用、出租、出借本企业建造的商品房,自房屋使用或交付之次月起计征城镇土地使用税。

(4) 对通过招标、拍卖、挂牌方式取得的建设用地,不属于新征用的耕地,应该从合同约定交付土地时间的次月起缴纳城镇土地使用税;合同未约定交付土地时间的,从合同签订的次月起缴纳城镇土地使用税。如果因特殊情况,在合同约定交付土地时间没有取得土地,而重新约定(补充协议)交付土地时间的,以重新约定(补充协议)交付土地时间为准。

> 【提示】对通过招标、拍卖、挂牌方式取得的建设用地缴纳城镇土地使用税的时间点,各地在具体处理中有一定差异,应以当地税务机关解释为准。

3. 改造安置住房建设用地的处理

在商品住房等开发项目中配套建造安置住房的，依据政府部门出具的相关材料、房屋征收（拆迁）补偿协议或棚户区改造合同（协议），按改造安置住房建筑面积占总建筑面积的比例免征城镇土地使用税、印花税。

4. 应税集体所有建设用地的处理

在城镇土地使用税征税范围内实际使用应税集体所有建设用地、但未办理土地使用权流转手续的，由实际使用集体土地的单位和个人按规定缴纳城镇土地使用税。

（四）检查要点

1. 核对土地合同、土地证等数据

通过核对土地合同、土地证等资料中应税土地和免税土地的范围和面积数据，确定应税土地面积。实务中，土地合同、土地证数据有一定差异，在项目运作期间，土地合同是先取得的，因此只要数据差异不大，一般以土地合同标注的面积为准。

2. 核对土地级别

土地级别由当地政府发布，因此，只需核对当地政府确定的土地级别及适用单位税额，就可以计算准确的税款。

3. 核对销售期每年税额变化情况

查阅项目销售期间的销售窗口表，根据已售（或未售）建筑面积占可售建筑面积的比例，计算每年未售应税土地面积，进而核对企业每期税款计算的准确性。

【提示】实务中，对每年未售应税土地面积的确定，各地在具体处理中有一定差异，应以当地税务机关解释为准。

4. 核查未开发土地

核查已征用未开发的土地是否按规定申报缴纳城镇土地使用税。主要是依据土地合同核查是否按照规定缴纳城镇土地使用税。

5. 核查开发用地城镇土地使用税的第一次缴纳时间

根据相关文件的规定，核对企业第一次实际缴纳城镇土地使用税的时间。需要注意的是，企业实际取得土地的时间必须以国土管理部门确定的为准。

6. 审核开发用地的城镇土地使用税停止缴纳时间

各地执行口径不尽相同，但根据城镇土地使用税相关文件精神，一般可以按如下方法计算：

（1）转让土地使用权的。房地产开发企业转让土地使用权的，应当自土地交付次月或转让合同签订次月起终止纳税义务。

（2）转让新建商品房的。房地产开发企业转让新建商品房的，应当自房屋交付使用次月起终止纳税义务。对于房地产开发企业开发的住宅小区，城镇土地使用税的计算一般依据当地税务机关的具体征管规定。

（3）转让存量房的。房地产开发企业转让存量房的，应当自房屋办理权属转移、变更登记手续，房地产权属登记机关签发房屋权属证书之次月起终止纳税义务。

在核对上述业务时，要注意将停止缴纳的时间与相关资料时间进行比对。如果当地税务管理机关在征管上有特殊规定，则以当地规定为准。

7. 核对免税情况

房地产开发企业免征城镇土地使用税的情形，主要是开发廉租住房、经济适用住房等项目，或在一般项目中含有廉租住房、经济适用住房类型的房屋。检查核对时，主要是看政府部门的批文，对于一般项目中含有廉租住房、经济适用住房的，要根据实际占用的面积计算核对免征税额。

三、印花税

（一）需要归集查阅的资料

房地产开发企业在项目运作中，其建筑合同、销售合同等一般是根据营业额核定征收印花税，对于其他合同均要单独贴花或申报缴纳印花税，具体需要归集和查阅的资料有：借款合同、土地合同、设计合同、勘察测绘合同、租赁合同、保险合同及广告营销合同等。

（二）涉及的主要科目

核查印花税涉及的科目，主要目的是看科目中是否有涉税合同的支出，一般情况下，设计费支出要在"开发成本"科目中体现，广告费支出在"管理费用"科目或"销售费用"科目中体现，因此主要科目有"开发成本""管理费用""销售费用"等。

这里要注意的是，判断合同是否为印花税涉税合同的标准是印花税税目，凡是符合印花税税目规定的合同均要按规定贴花（缴税），否则不属于印花税涉税合同。

（三）涉及的主要政策

1. 关于印花税贴花时点及不兑现或不按期兑现合同的规定

依照政策规定，应纳税凭证应当于书立或者领受时贴花，在具体实务中，就是在合同书立或者领受的第二天按规定贴花，履行完税手续。

由于印花税应纳税凭证应当于书立或者领受时贴花（缴纳），因此对于未执行合同、未执行完合同及作废合同，凡是发生了书立或者领受行为，均要按规定贴花（缴纳）。

2. 修改合同金额及未确定金额合同的规定

依照《印花税暂行条例》的规定，凡修改或补充合同增加金额的，应就增加部分补贴印花。对于暂时无法确定总价的合同，可以先按 5 元贴花，等合同执行完毕后,再按实际发生金额计算缴纳印花税。

3. 印花税核定比例规定

例如,南京市规定:产权转移书据:房地产开发企业其应缴纳的印花税按产权转移书据所载金额的100%的比例核定。建筑安装工程承包合同:房地产开发企业按销售收入40%的比例核定。

应按照当地的规定核算印花税。

(四) 检查要点

1. 核定征收范围

审核印花税核定征收比例是否符合规定,主要是审核核定计税依据的范围是否有遗漏。具体方法就是根据相关科目记载的业务数据,按照核定的税率计算税款,例如产权转移业务,要核对"预收账款"科目数据以及具有相同性质的科目数据

2. 通过支出内容追踪合同

检查人员可以通过"开发成本""管理费用""销售费用"等科目的支出内容,分析核对是否有相应的合同,并根据开发周期(环节)税款入库情况判断合同是否及时贴花。例如施工初期各类工程、设计及勘探合同,营销期间广告合同等。

3. 审核未执行合同、框架合同或修改、补充合同

检查人员在核查相关合同贴花情况时,要关注未执行合同、框架合同或修改、补充合同等,因为这类合同容易被遗漏。特别是框架合同,因为合同本身没有确定的金额,只是双方约定在一个期间内完成一定的业务量,所以要通过合同仔细核对业务量,以确定计税依据。

案例 3-20

2015年12月,某地税务机关对某房地产开发企业进行税务检查,检查人员没有发现相关广告合同印花税入库数据,但同时在楼盘周边、销售处等区域均有某广

告公司发布的广告。企业会计解释，公司没有签订具体广告合同，只有一个委托广告制作合同，在两年时间内，广告公司按要求制作和发布广告，每次发布的形式和费用由公司营销部门审核。检查人员查阅被查企业与广告公司签订的合同，内容只约定按被查企业要求制作发布广告的次数，费用由被查企业审定后按次支付，合同有效期间为2013年6月至2015年6月。通过"销售费用——广告费"明细科目数据计算，两年发布广告费用为170万元，应补缴印花税850元。

> 【提示】此案例中，对于企业会计的日常涉税业务，应该在合同签订时，暂按5元贴花，待合同执行完毕后，再按照实际发生的金额计算缴纳税款，税款为845元（850－5）。

四、个人所得税

（一）需要归集查阅的资料

检查个人所得税需要归集查阅的资料，主要是相关销售奖励资料、销售窗口表、劳务费支出清单。此外，对于涉及股东分红的个人所得税检查，还要查阅相关利润分配方案和明细账。

（二）涉及的科目

在个人所得税检查中，检查人员要通过查看会计科目确定相关个人所得的支付金额，通常有"管理费用""销售费用""利润分配""开发成本""产成品"等科目，有的还涉及各类往来科目。

（三）涉及的主要政策

1. 利息、股息、红利所得征管规定

《国家税务总局关于切实加强高收入者个人所得税征管的通知》（国税发〔2011〕

50号)对利息、股息、红利所得征管提出了如下要求:

(1) 加强企业分配股息、红利的扣缴税款管理,重点关注以未分配利润、盈余公积和资产评估增值转增注册资本和股本的征管,堵塞征管漏洞。

(2) 对投资者本人及其家庭成员从法人企业列支消费支出和借款的,应认真开展日常税源管理和检查,对其相关所得依法征税。涉及金额较大的,应核实其费用凭证的真实性、合法性。

(3) 对连续盈利且不分配股息、红利或者核定征收企业所得税的企业,其个人投资者的股息、红利等所得,应实施重点跟踪管理,制定相关征管措施。同时,加强企业注销时的个人投资者税收清算管理。

(4) 向个人借款并支付利息的,通过核查企业所得税税前扣除凭证等方式,以确定企业向个人借款并支付利息时,是否计算代扣代缴个人所得税。

2. 个人终止投资、联营、经营合作等个人所得税处理规定

根据政策规定,个人因各种原因终止投资、联营、经营合作等行为,从被投资企业或合作项目、被投资企业的其他投资者以及合作项目的经营合作人取得股权转让收入、违约金、补偿金、赔偿金及以其他名目收回的款项等,均属于个人所得税应税收入,应按照"财产转让所得"项目适用的规定计算缴纳个人所得税。

对扣缴义务人或纳税人申报的股权转让所得计税依据明显偏低(如平价和低价转让等)且无正当理由的,主管税务机关可参照每股净资产或个人股东享有的股权比例所对应的净资产份额核定。

应纳税所得额的计算公式如下:

$$应纳税所得额 = 个人取得的股权转让收入、违约金、补偿金、赔偿金及以其他名目收回款项合计数 - 原实际出资额(投入额)及相关税费$$

3. 个人无偿受赠房屋个人所得税处理规定

除政策规定(涉及直系亲属等)的情形以外,房屋产权所有人将房屋产权无偿赠与他人的,受赠人因无偿受赠房屋取得的受赠所得,按照"偶然所得"项目缴纳个人所得税,税率为20%。

【提示】《财政部 税务总局关于个人取得有关收入适用个人所得税应税所得项目的公告》（财政部 税务总局公告2019年第74号）第二条规定："房屋产权所有人将房屋产权无偿赠与他人的，受赠人因无偿受赠房屋取得的受赠收入，按照'偶然所得'项目计算缴纳个人所得税。按照《财政部 国家税务总局关于个人无偿受赠房屋有关个人所得税问题的通知》（财税〔2009〕78号）第一条规定，符合以下情形的，对当事双方不征收个人所得税：

（一）房屋产权所有人将房屋产权无偿赠与配偶、父母、子女、祖父母、外祖父母、孙子女、外孙子女、兄弟姐妹；

（二）房屋产权所有人将房屋产权无偿赠与对其承担直接抚养或者赡养义务的抚养人或者赡养人；

（三）房屋产权所有人死亡，依法取得房屋产权的法定继承人、遗嘱继承人或者受遗赠人。

前款所称受赠收入的应纳税所得额按照《财政部 国家税务总局关于个人无偿受赠房屋有关个人所得税问题的通知》（财税〔2009〕78号）第四条规定计算。"

4. 以企业资金为个人购房个人所得税处理规定

根据政策规定，凡是符合以下情形的房屋或其他财产，不论所有权人是否将财产无偿或有偿交付企业使用，其实质均为企业对个人进行了实物性质的分配，应依法计征个人所得税。

（1）企业出资购买房屋及其他财产，将所有权登记为投资者个人、投资者家庭成员或企业其他人员的。

（2）企业投资者个人、投资者家庭成员或企业其他人员向企业借款用于购买房屋及其他财产，将所有权登记为投资者、投资者家庭成员或企业其他人员，且借款年度终了后未归还借款的。

5. 低价销售的处理规定

根据政策规定，对房地产开发企业存在以明显低于市价的优惠价格向单位员工销售房产，除根据住房制度改革政策的有关规定外，单位按低于购置或建造成本价格出售住房给职工，职工因此而少支出的差价部分，属于个人所得税应税所得，应按照"工资、薪金所得"项目缴纳个人所得税。

6. 股权转让的处理规定

对个人转让股权的个人所得税处理，以股权转让收入减除股权原值和合理费用后的余额为应纳税所得额，按"财产转让所得"缴纳个人所得税。合理费用是指股权转让时按照规定支付的有关税费。个人股权转让所得个人所得税，以股权转让方为纳税人，以受让方为扣缴义务人。扣缴义务人应于股权转让相关协议签订后5个工作日内，将股权转让的有关情况报告主管税务机关。

如果股权转让价格明显偏低，除符合特殊规定条件之外，税务机关有权核定股权转让收入，被投资企业的土地使用权、房屋、房地产企业未销售房产、知识产权、探矿权、采矿权、股权等资产占企业总资产比例超过20%的，主管税务机关可参照纳税人提供的具有法定资质的中介机构出具的资产评估报告核定股权转让收入。

（四）检查要点

在个人所得税检查中，检查人员除按正常检查方法核查相关月份个人所得税外，还需要关注不常见业务或异常业务（如无偿赠与等），检查其是否按规定进行涉税处理，对于房地产开发企业可以重点关注以下几点。

1. 销售奖励

对工资薪金的税务检查，房地产开发企业与其他企业没有特别区别，在检查时可以特别关注企业的一些销售奖励文件，奖励对象如果是企业自己的员工，应计入当期工资薪金所得，如果是企业外部人员，应根据具体情况确定性质（劳务所得、偶然所得等）处理。

案例 3-21

2017年11月，某地税务机关对某房地产开发企业进行税务检查，检查人员在核对企业相关福利费支出时发现,该公司在2016年底因楼盘销售接近尾声,奖励员工分批赴香港旅游。检查人员核对旅游业务单据出游人数、姓名后,发现与被查企业工资薪金单据不相符,经过与被查企业会计人员沟通,原因是旅游时邀请了部分业务关联单位人员参加,共计有8人,平均费用8 600元。最后的处理方案是:对于公司员工计入当月工资重新计算补缴个人所得税,对于外单位的人员,依照偶然所得按20%税率计算代扣代缴个人所得税13 760元。

2. 股东分红

对于有自然人投资的房地产开发企业,除根据"利润分配"科目核查个人所得税之外,还可以根据"开发成本"或"开发产品"等科目以及销售窗口表等核查是否有隐瞒的用自建商品房进行分配或视同分配的行为(参见前面的案例3-4)。

案例 3-22

2015年4月,某地税务机关对某房地产开发企业进行税务检查,检查人员在核对"管理费用"科目中有关汽车费用内容时,发现有一辆汽车报销的费用凭证的抬头不是被查企业的名称,而是企业一个副总经理的名字。经询问企业会计人员后得知,2012年3月份,该公司因工作需要为某副总经理购买(配置)一辆汽车,该副总经理是公司股东之一,购买时,因失误以公司副总经理个人名义购买,目前支付的购买资金54万元还挂在往来科目中。根据个人所得税相关政策,因为汽车已经登记在被查公司副总经理个人名下,且购车款已经连续2年挂往来科目,因此视同利润分配,补缴个人所得税10.8万元(54×20%)。

3. 低价销售

对于房地产开发企业按低于建造成本价格出售开发产品给职工的,检查人员在检查时,首先可以通过销售窗口表计算分析筛选低价商品房;其次摸清低价商品房的业务性质及购买人信息;最后根据具体情况,对于本单位职工购买的商品房,按照政策规定处理。

PRACTICAL STRATEGIES OF
Real Estate Enterprises'
TAX INSPECTION

第四章

房地产开发企业特殊涉税业务检查处理要点

这里所称特殊业务有两个含义：一是指不同于常规的业务；二是指在税收处理上比较复杂和存在难点（或争议）的业务。本章以相关税收政策及实际操作内容为主线，介绍合作建房、代建工程、视同销售、售后回租、售后回购等非常规业务的相关税务处理。这些业务涉及的税收政策和会计处理相对复杂，绝大多数存在问题的企业也并非故意隐瞒，而是政策复杂所致，相关的涉税问题只有对照政策才能明晰。在检查中如果发现企业存在此类非常规业务，应深入核查、仔细追踪，搞清楚特殊涉税业务的来龙去脉，特别是会计处理方式，进而找出存在的涉税问题及解决方法。考虑到营改增前后，营业税和增值税的处理方式不同，在涉及流转税问题时，以增值税为主，将营业税和增值税的不同处理方式同时列举，以备在处理营改增前后相关业务时参考。

特别提醒： 本章内容涉及的业务在实务中比较复杂，各地税务机关在征管中，依据基本的政策框架，根据不同的情形制定有具体的征管规定，对于检查人员而言，最重要的是查清业务及会计处理细节，提交政策部门研究处理。本章介绍的内容并非唯一方法，仅为检查人员在检查时提供一种对比参考。

第一节 房地产合作开发的税务处理

一、房地产合作开发的概念

根据原营业税政策解释,房地产合作开发,是指由一方提供土地使用权,另一方提供资金,又称合作建房。

从法律角度解释,房地产合作开发是指具有房地产开发资质的一方与提供建设用地使用权或提供资金、技术、劳务等的一方或多方在共担风险、共享收益的条件下合作开发房地产项目。《最高人民法院关于审理涉及国有土地使用权合同纠纷案件适用法律问题的解释》(法释〔2005〕5号)规定:"合作开发房地产合同,是指当事人订立的以提供出让土地使用权、资金等作为共同投资、共享利润、共担风险合作开发房地产为基本内容的协议。"据此解释精神,一般情况下,合作开发要符合以下三个条件:

(1)以合作双方的名义办理合建审批手续;
(2)办理土地使用权变更登记;
(3)其中一方具有房地产开发经营资质。

目前,房地产合作开发的模式很多,比较常见的主要有三种,即:联建模式、项目公司联营开发模式和房屋参建模式,其运作方式和税收处理均有一定的区别。

1. 联建模式

联建是指拥有土地使用权的当事人提供土地使用权,具有房地产开发资质的房地产开发企业提供资金和技术,以双方名义共同开发,然后按照双方约定比例进行房屋分配并对自己名下的房屋进行使用或销售的行为。

联建是"以双方名义共同开发",因此,联建体需要履行相应的法律程序,获取相应的项目各类批文。其中联建的一方(供地方)必须以土地使用权作为必要的出资方式。由于联建体是为特定的联建事项建立的,因此建房目的实现后,联建关系消亡,各方转而成为该房产的共有人,各自获得的收益是根据分配协议获取的房产,成为相应房产的产权人。

2. 项目公司联营开发模式

项目公司联营开发是指提供资金、技术、劳务的一方与提供土地的另一方通过签订联营开发合同,组成房地产开发经营的实体,共享利润、共担风险的经济联合行为。参与联营的主体应当按照法律程序办理所有事项,包括公司的成立、土地使用权过户等。

联营体是独立的企业或项目公司,联营各方出资不以土地使用权作为必要的出资方式,获得的收益是开发的房产销售后取得的货币资金(利润)。

3. 房屋参建模式

房屋参建是指参建人对已经成立的房地产项目参与投资或预购房屋的行为。该行为没有法律上的行为认可,实际上具有一定的融资性质。

二、合作建房的增值税(营改增前为营业税)处理

(一)不成立合营企业的增值税(营业税)处理

合作建房的第一种形式是纯粹的"以物易物",即双方以各自拥有的土地使用权和房屋所有权相互交换,概括为项目合作双方不成立合营企业的契约式合作建房。具体分为以下两种交换方式:

1. 土地使用权和房屋所有权相互交换

土地使用权和房屋所有权相互交换,双方都取得了部分房屋的所有权。在这一合作过程中,甲方以转让部分土地使用权为代价,换取部分房屋的所有权,发生了

转让土地使用权的行为；乙方则以转让部分房屋的所有权为代价，换取部分土地的使用权，发生了销售不动产的行为。从基本政策角度看，合作建房的双方都发生了增值税（营改增前为营业税）的应税行为。

（1）营业税处理。营改增前，对甲方应按"转让无形资产"税目中的"转让土地使用权"子目征收营业税，对乙方应按"销售不动产"税目征收营业税。由于双方没有进行货币结算，因此，应当按照相关规定分别核定双方各自的营业额。如果合作建房的双方（或任何一方）将分得的房屋销售出去，则又发生了销售不动产行为，应对其销售收入再按"销售不动产"税目征收营业税。

（2）增值税处理。营改增后，对甲方应按"销售无形资产"税目中的"土地使用权"子目征收增值税；对乙方应按"销售不动产"税目中的"建筑物"子目征收增值税。由于双方没有进行货币结算，因此，应当按照增值税相关规定分别核定双方各自的营业额。如果合作建房的双方（或任何一方）将分得的房屋销售出去，则又发生了销售不动产行为，应对其销售收入再按"销售不动产——建筑物"税目征收增值税。

上述增值税的计税销售额，根据相关政策规定，应按照以下顺序确定：
①按照纳税人最近时期销售同类服务、无形资产或者不动产的平均价格确定。
②按照其他纳税人最近时期销售同类服务、无形资产或者不动产的平均价格确定。
③按照组成计税价格确定。组成计税价格的公式为：

$$组成计税价格 = 成本 \times (1 + 成本利润率)$$

成本利润率由国家税务总局确定。

2. 以出租土地使用权为代价换取房屋所有权

例如，甲方将土地使用权出租给乙方若干年，乙方投资在该土地上建造建筑物并使用，租赁期满后，乙方将土地使用权连同所建的建筑物归还甲方。在这一经营过程中，乙方是以建筑物为代价换得若干年的土地使用权，甲方是以出租土地使用权为代价换取建筑物，双方都发生了增值税（营改增前为营业税）的应税行为。

（1）营业税处理。营改增前，甲方发生了出租土地使用权的行为，对其按"服务业——租赁业"税目征收营业税；乙方发生了销售不动产的行为，对其按"销售不动产"税目征收营业税。对双方分别征税时,其营业额须按相关规定分别核定。

(2) 增值税处理。营改增后,甲方发生了出租土地使用权的行为,对其按"经营租赁服务——不动产经营租赁服务"税目征收增值税;乙方发生了销售不动产的行为,对其按"销售不动产——建筑物"税目征收增值税。对双方分别征税时,其销售额应按照建筑物建造成本计价。相关会计处理如下:

①乙方工程建造时,与工程相关支出的票据要及时(最好在发生当期)提交给甲方入账,以便进行增值税的进项认证抵扣工作。

甲方:

借:在建工程

应交税费——应交增值税(进项税额)

贷:其他应付款——乙方

乙方:

借:其他应收款——甲方

贷:银行存款/应付账款

②乙方在项目建成后移交给甲方,甲方按建造成本计入固定资产,并以同等金额开具土地租金发票给乙方。

甲方:

借:固定资产

贷:在建工程

借:其他应付款——乙方

贷:其他业务收入

应交税费——应交增值税(销项税额)

【提示】根据《不动产进项税额分期抵扣暂行办法》(国家税务总局公告2016年第15号发布)第二条的规定,2016年5月1日后发生的不动产在建工程,除房地产开发企业自行开发的房地产项目和融资租入的不动产外,其进项税额应按照该办法有关规定分2年从销项税额中抵扣,第一年抵扣比例为60%,第二年抵扣比例为40%。

《财政部 税务总局 海关总署关于深化增值税改革有关政策的公告》(财政部

税务总局 海关总署公告2019年第39号）第五条规定："自2019年4月1日起，《营业税改征增值税试点有关事项的规定》（财税〔2016〕36号印发）第一条第（四）项第1点、第二条第（一）项第1点停止执行，纳税人取得不动产或者不动产在建工程的进项税额不再分2年抵扣。此前按照上述规定尚未抵扣完毕的待抵扣进项税额，可自2019年4月税款所属期起从销项税额中抵扣。"

乙方：
  借：待摊费用（建筑物所有建造成本支出与进项税金额的差额）
    应交税费——应交增值税（进项税额）（对应甲方开具给乙方土地租金发票的销项金额）
  贷：其他应收款——甲方

③乙方未来若干年无偿使用该建筑物时，又分两种情况：

一是自己使用，按使用年限分摊已支出的建筑物建造成本。
  借：营业费用
  贷：待摊费用

二是对外出租。
  借：银行存款/现金/应收账款
  贷：其他业务收入
    应交税费——应交增值税（销项税额）
  借：其他业务成本
  贷：待摊费用

综上，笔者认为按建造成本计价更具有可操作性。

【提示】上述按照建造成本计价，仅仅是提供一种处理对比参考。实务中，各种情形较多，检查人员只要摸清会计处理细节就可以了。

（二）成立合营企业的增值税（营业税）处理

合作建房的第二种方式是甲方以土地使用权、乙方以货币资金合股，成立合营企业，共同建房。对此种形式的合作建房，需要视具体情况确定如何征税。

1. 采取风险共担、利润共享的分配方式的情形

房屋建成后，如果双方采取风险共担、利润共享的分配方式，相关税收处理如下：

（1）营业税处理。营改增前，按照"以无形资产投资入股，参与接受投资方的利润分配，共同承担投资风险的行为，不征营业税"的规定，对甲方向合营企业提供的土地使用权，视为投资入股，对其不征营业税；只对合营企业销售房屋取得的收入按销售不动产征税；对双方分得的利润不征营业税。

（2）增值税处理。营改增后，对甲方向合营企业提供的土地使用权，视为有偿转让无形资产，按照"销售无形资产——土地使用权"税目征收增值税，其销售额应按照土地使用权入股计价的金额确定，计价金额明显偏低的，按照相关政策规定核定处理。对合营企业销售房屋取得的收入按"销售不动产——建筑物"税目征收增值税；对双方分得的利润不征收增值税。

2. 采取固定比例提成或提取固定利润的分配方式的情形

房屋建成后，甲方如果采取按销售收入的一定比例提成的方式参与分配，或提取固定利润，则相关税收处理如下：

（1）营业税处理。营改增前，甲方的这种行为不属于营业税政策所称"投资入股不征营业税"的行为，而属于甲方将土地使用权转让给合营企业的行为，因此，对甲方取得的固定利润或从销售收入按比例提取的收入按"转让无形资产"税目征收营业税；对合营企业按全部房屋的销售收入按"销售不动产"税目征收营业税。

（2）增值税处理。营改增后，对甲方向合营企业提供的土地使用权，视为有偿转让无形资产，按"销售无形资产——土地使用权"税目征收增值税，其计税销售额应按照土地使用权入股计价的金额确定，计价金额明显偏低的，按照相关政策规定核定处理。对合营企业销售房屋取得的收入按"销售不动产——建筑物"税目征收增值税；对双方分得的利润不征收增值税。

3. 采取双方按一定比例分配房屋的分配方式的情形

如果房屋建成后双方按一定比例分配房屋，则相关税收处理如下：

（1）营业税处理。营改增前，此种经营行为未构成营业税上所称"以无形资产投资入股，共同承担风险的不征营业税"的行为。因此，首先对甲方向合营企业转让的土地，按"转让无形资产"税目征收营业税，其营业额按相关规定核定。对合营企业的房屋，在分配给甲乙方后，如果各自销售，则再按"销售不动产"税目征收营业税。

（2）增值税处理。营改增后，对甲方向合营企业提供的土地使用权，视为有偿转让无形资产，按照"销售无形资产——土地使用权"税目征收增值税，其销售额应按照土地使用权入股计价的金额确定，计价金额低于公允价值的，按照公允价值确定。合营企业在房屋建成后对甲乙双方按一定比例分配房屋的行为，属于增值税上的"销售不动产——建筑物"，销售额为按增值税计税销售额的核定政策规定核定的金额。房屋在分配给甲乙双方后，如果甲乙双方各自再销售，则再按"销售不动产——建筑物"税目征收增值税。期间可以按规定计算进项税额。

（三）参与建房、集资建房等情形的增值税（营业税）处理

1. 办理立项后又接受他人投资的情形

房地产开发企业在办理不动产立项后，又接受他人投资参与不动产建设，并与他人共同分配不动产的，其分配环节的计税销售额应按增值税计税销售额的相关规定核定。

2. 以集资建房名义销售不动产的情形

房地产开发企业以集资建房名义销售不动产的，其增值税的计税销售额为向出资人收取的全部集资款。

三、合作建房的企业所得税处理

根据《企业所得税法》及其实施条例、《房地产开发经营业务企业所得税处理办法》等法规，合作建房中的企业所得税政策要点如下：

(一)以本企业为主体联合建房的情形

企业以本企业为主体联合其他企业、单位、个人合作或合资开发房地产项目,且该项目未成立独立法人公司的,企业所得税应按下列规定进行处理。

1. 约定分配开发产品的

凡开发合同或协议中约定向投资各方(即合作、合资方,下同)分配开发产品的,企业在首次分配开发产品时,如果该项目已经结算计税成本,其应分配给投资方开发产品的计税成本与其投资额之间的差额计入当期应纳税所得额;如果未结算计税成本,则将投资方的投资额视同销售收入进行相关的税务处理。

2. 约定分配项目利润的

凡开发合同或协议中约定分配项目利润的,应按以下规定进行处理:
(1) 企业应将该项目形成的营业利润额并入当期应纳税所得额统一申报缴纳企业所得税,不得在税前分配该项目的利润。同时,不能因接受投资方投资额而在成本中摊销或在税前扣除相关的利息支出。
(2) 对于投资方取得该项目的营业利润,应视同股息、红利进行相关的税务处理。

(二)以土地使用权投资开发项目的情形

企业以换取开发产品为目的,将土地使用权投资其他企业房地产开发项目的,企业所得税按以下规定进行处理:

企业应在首次取得开发产品时,将其分解为转让土地使用权和购入开发产品两项经济业务进行企业所得税处理,并按应从该项目取得的开发产品(包括首次取得的和以后应取得的)的市场公允价值计算确认土地使用权转让所得或损失。

(三)以非货币交易方式取得土地使用权的情形

企业以非货币交易方式取得土地使用权的,企业所得税应按下列规定进行处理。

1. 以换取开发产品为目的

企业、单位以换取开发产品为目的,将土地使用权投资其他企业的,按下列规定进行处理:

(1) 换取的开发产品如果为该项土地开发、建造的,接受投资的企业在接受土地使用权时暂不确认其成本,待首次分出开发产品时,再按应分出开发产品(包括首次分出的和以后应分出的)的市场公允价值和土地使用权转移过程中应支付的相关税费计算确认该项土地使用权的成本。如果涉及补价,土地使用权的取得成本还应加上应支付的补价款或减除应收到的补价款。

(2) 换取的开发产品如果为其他土地开发、建造的,接受投资的企业在投资交易发生时,按应付出开发产品市场公允价值和土地使用权转移过程中应支付的相关税费计算确认该项土地使用权的成本。如果涉及补价,土地使用权的取得成本还应加上应支付的补价款或减除应收到的补价款。

2. 以股权的形式将土地使用权投资其他企业

企业、单位以股权的形式,将土地使用权投资其他企业的,接受投资的企业应在投资交易发生时,按该项土地使用权的市场公允价值和土地使用权转移过程中应支付的相关税费计算确认该项土地使用权的取得成本。如果涉及补价,土地使用权的取得成本还应加上应支付的补价款或减除应收到的补价款。

四、合作建房的土地增值税处理

根据《土地增值税暂行条例》及其实施细则、《财政部、国家税务总局关于土地增值税一些具体问题规定的通知》(财税字〔1995〕48号)、《土地增值税清算管理规程》(国税发〔2009〕91号文件发布)等法规,合作建房中的土地增值税政策要点如下。

1. 以房地产进行投资、联营的情形

一般情况下(参与方为非房地产开发企业),对于以房地产进行投资、联营的,投资、联营的一方以土地（房地产）作价入股进行投资或作为联营条件，将房地产转让到所投资、联营的企业中时，暂免征收土地增值税。对投资、联营企业将上述房地产再转让的，应征收土地增值税。

但对于以土地（房地产）作价入股进行投资或联营的交易，凡所投资、联营的企业有从事房地产开发的，或者房地产开发企业以其建造的商品房进行投资和联营的，均应按规定征收土地增值税。

2. 一方出地一方出资的情形

对于一方出地、一方出资金，双方合作建房，建成后按比例分房自用的，暂免征收土地增值税；建成后转让的，应征收土地增值税。

五、合作建房中特殊情况的房产税处理

企业在合作建房中，甲方出土地，乙方出资金，双方合作建房，房屋建成后，由乙方先使用一定年限，然后连房带地全部归甲方所有。对此种情形，在征收房产税时要区分以下两种情况：

一是产权明确归甲方所有的，房产税由甲方按照乙方的投资额在协议期间分年度从租缴纳；二是产权未明确的，在协议期间由乙方按规定缴纳房产税。

六、合作建房的税务检查

（一）归集检查所需的资料

1. 合作建房的合同（协议）、立项批复

合同（协议）、立项批复是确定合作建房不同情形的重要资料，也是计算相关税款的基础数据，一般在检查初期就要获取这些资料。

2. 相关凭证和明细账

相关会计处理的凭证和明细账，是梳理合作建房实际业务发生的重要凭据和数

据资料，也是相关涉税计算的基本数据。

3. 产权转移书据

合作建房业务涉及的各种产权转移书据，不仅关系到印花税的计算，更是计算增值税的重要依据。

（二）检查要点

合作建房涉及的税收政策和会计处理业务相对复杂，只有在理清实际业务的基础上才能对照政策发现问题。

1. 梳理政策

对于合作建房，通常各地税务机关在进行税收征管时，会根据不同业务的特征制定征管措施，因此在检查此类业务时，要对相关文件进行充分梳理，以便对照核查。

2. 审核无形资产和不动产的变化

由于在合作建房中，各个参与方角色及无形资产和不动产权属变化复杂，因此，检查人员在检查时要通过合同等资料，确定参与各方的角色和之间的关系，其中最重要的是涉及无形资产和不动产的变化情况，即产权转移、实际使用等变化情况，通过这些变化确认相关税种的纳税人、计税依据，这是处理及核查合作建房涉税业务的关键。同时，合同、产权转移书据等也是确定增值税（营改增前为营业税）的重要数据资料。

3. 审核会计处理方式

核对企业对合作建房的会计处理和涉税处理情况，尽量详细梳理会计流程，待取得完整的会计处理流程后，再通过比对政策规定，判断企业的处理是否存在问题。

合作建房涉税业务涉及的面很多，为便于理解，可以参考本书第七章的综合案例。

七、合作建房涉税处理案例分析

1. 基本情况

2004年初，A县溪湾镇政府根据县政府要求，要求所属王村村委会向县发改局提交建设A县废旧物资交易市场的请示，2004年7月4日A县发改局下达了关于A县废旧物资交易市场建设项目的批复，但批复对象为溪湾镇政府，资金来源为王村村委会自筹。为建设该市场，王村村委会于2006年7月投资成立了A县废旧物资交易有限公司，并通过该公司与B工贸有限公司进行合作。

A县废旧物资交易有限公司（以下简称甲方）和B工贸有限公司（以下简称乙方）就共同投资建设该项目于2006年12月9日达成合作协议书，其内容为：

（1）甲方出地、乙方出资。甲方办妥土地由集体用地转为商业用地手续，并承担土地出让费1 280万元。

（2）受益分成。商品房出售的总收入扣除乙方投入的成本后，剩余部分双方按1：1的比例分成。

（3）乙方向甲方先行支付500万元（至2009年底实付598万元）。

本案例涉及的建设用地是溪湾镇王村的集体用地，2007年3月14日由王村村委会支付土地出让费1 280万元变更为商业用地，A县国土局与B工贸有限公司签了土地出让合同，并将《土地使用证》办理给B工贸有限公司，面积为20 036平方米。

2007年8月，A县发改局向溪湾镇人民政府下达了A县废旧物资交易市场建设开工计划，注明市场占地面积20 036平方米，建筑面积16 350平方米，该市场包括4幢综合楼和经营区两部分，由A县废旧物资交易有限公司和B工贸有限公司投资建设。其中4幢综合楼由B工贸有限公司筹建，经营区（为4幢标准厂房）由A县废旧物资交易有限公司自行建造。

2009年12月，甲、乙双方对总土地使用证（面积为20 036平方米）进行了分割，甲方取得土地面积为10 253.8平方米，乙方取得土地面积为8 297.8平方米，剩余面积被县太安路拓宽改造占用。（注：4幢综合楼于2007年8月动工，A县废旧物资交易市场经营区部分于2008年9月开始建造，土地使用权的分割时间是2009年12

月。4幢综合楼是用于出售的商品房,如过早分割土地会影响容积率,因此待所有批文办好后才进行分割。)

B工贸有限公司于2009年12月将分割后实际拥有的土地8 297.8平方米按评估价7 053 130元计入开发成本,单位成本为850元/平方米。

2. 案情分析

(1) 关于合作建房的判定。建设A县废旧物资交易市场的请示是由王村村委会向A县发改局提交的,但2004年7月4日A县发改局批复的对象为溪湾镇政府,资金来源又为王村村委会自筹;市场开工建设前向A县发改局提交开工建设申请的是A县废旧物资交易有限公司和B工贸有限公司,但A县发改局考虑到规范废旧物资交易秩序是政府职能,于是在2007年8月将建设开工计划下达给了溪湾镇人民政府。虽批复对象均为溪湾镇人民政府,A县发改局却认为该项目应为甲方和乙方共同立项,据此我们判定属于甲乙双方一方出地一方出资的合作建房。

但是,甲方认为,其以取得的土地使用权的一部分作为投资,占有乙方50%的股份,乙方股东为佟友亮、王军、王树生、宋大力四人,不能认定此项业务属于一方出地一方出资的合作建房。

(2) 关于土地权属与转移的判定。对土地权属与土地权属转移问题,从A县国土局咨询及取得的有关票据看,该块土地原是溪湾镇王村村委的集体用地,由王村村委支付土地出让金1 280万元变更为商业用地,但王村村委会或A县废旧物资交易有限公司均无开发资质,A县国土局根据政府规定,必须将A县土地登记到在A县成立的开发公司名下,并且只要求双方提供合作建房协议即可。于是A县国土局直接与B工贸有限公司签订了土地出让合同,而这一环节的正常程序是:先由王村村委取得土地使用证,然后双方办理土地变更登记。

双方合作协议虽然约定由"A县废旧物资交易有限公司出地、B工贸有限公司出资",实质上应该是王村(A县废旧物资交易有限公司)先取得土地后变更给B工贸有限公司(甲乙双方均认可王村先取得土地后分割给B工贸有限公司,并且在分割协议中约定B工贸有限公司取得的土地使用证不作为土地权属的凭据),但由于政府的原因,A县国土局直接与B工贸有限公司签订土地出让合同,因此在法律上土地使用权归于B工贸有限公司。

由此产生的问题是：到底是 A 县废旧物资交易有限公司将土地分割给 B 工贸有限公司，还是 B 工贸有限公司将土地分割给 A 县废旧物资交易有限公司？也即，是 A 县废旧物资交易有限公司将土地转让给 B 工贸有限公司，还是 B 工贸有限公司将土地转让给 A 县废旧物资交易有限公司？

认定的结果不同将直接影响谁是转让土地使用权营业税纳税人的确认。对此，在案件的处理过程中形成了两种意见：

一种意见认为，应该是甲方将土地转让给乙方。理由：一是土地出让金由王村（A 县废旧物资交易有限公司）缴纳，虽然土地出让合同是 A 县国土局直接与 B 工贸有限公司签订的，但这是县政府干预的结果，也不符合正常程序，本来土地出让合同应该由 A 县国土局与王村（A 县废旧物资交易有限公司）签订，土地权属方应该是王村（A 县废旧物资交易有限公司）；二是王村先取得土地后分割给 B 工贸有限公司，而且双方在分割协议中约定 B 工贸有限公司取得的土地使用证不作为土地权属的凭据，并根据约定进行了土地分割；三是双方合作协议约定"由 A 县废旧物资交易有限公司出地、B 工贸有限公司出资"，并且在协议签订后先行支付 500 万元（实际已支付 598 万元），如果认定是 B 工贸有限公司将土地转让给 A 县废旧物资交易有限公司，就会形成 B 工贸有限公司卖土地给 A 县废旧物资交易有限公司，还要向 A 县废旧物资交易有限公司支付 598 万元的结果。因此，应认定为甲方将土地转让给乙方。

另一种意见认为，应该是乙方将土地转让给甲方。理由：一是土地出让金虽然由王村（A 县废旧物资交易有限公司）缴纳，但土地出让合同是 A 县国土局与 B 工贸有限公司签订的，土地使用证给了 B 工贸有限公司，依照法律规定，土地权属的确认应以土地使用证上的使用人为准，土地权属方应该是 B 工贸有限公司；二是 2009 年 12 月甲、乙双方在土地分割过程中，虽然王村（A 县废旧物资交易有限公司）未支付价款，但其在集体土地转为商业用地时所支付的 1 280 万元土地出让金，实质是为取得分割到的 10 253.8 平方米土地以及综合楼开发收益分成而进行的投入。因此，应认定为乙方将土地转让给甲方。

由于两种意见出现分歧，A 县地税局组织相关人员专门就此案进行了研究，最后做出了确认，认定为乙方将土地转让给甲方，B 工贸有限公司为土地使用权转让的营业税纳税义务人。

理由如下：

一是土地权属的判定应按法律形式来确认。土地出让金虽然由王村（A县废旧物资交易有限公司）缴纳，但土地出让合同是A县国土局与B工贸有限公司签订的，依照法律规定，土地权属的确认应以土地使用证上的使用人为准，因此土地权属方应该是B工贸有限公司。

二是营业税纳税人的判定应按法律形式来确认。虽然土地使用证原本应先办到王村（A县废旧物资交易有限公司）名下，然后王村（A县废旧物资交易有限公司）再分割给B工贸有限公司，分割协议中也约定了B工贸有限公司取得的土地使用证不作为土地权属的凭据，实际土地权属方应该是王村（A县废旧物资交易有限公司）。但与企业所得税遵循实质重于形式的判定原则不同，营业税应按照法律形式判定纳税人，因此应认定B工贸有限公司将土地转让给A县废旧物资交易有限公司，B工贸有限公司是土地使用权转让的营业税纳税义务人。

三是应按照评估价格来确认土地使用权转让的营业额。虽然王村（A县废旧物资交易有限公司）在集体土地转为商业用地时支付的1 280万元土地出让金是为取得所分割到的土地以及综合楼开发收益分成而进行的投入，但在确认具体土地使用权转让额时难以划分。B工贸有限公司于2009年12月对取得的8 297.8平方米土地进行了评估，并且评估价格与当时的市场价格相符（单位成本为850元/平方米），因此应按照评估价格来确认土地使用权转让营业额，据以计征营业税。

第二节 代建工程的税务处理

房地产开发企业的代建工程一般是指拥有土地使用权而没有房地产开发资质的企业，为开发房地产（或建房）委托有房地产开发资质的企业完成的工程。

一、仅收取代建手续费的代建行为

（一）代建行为要件

代建工程的业务特点主要体现在"代建"行为上，即受托方仅负责对项目开发的组织、管理、销售等全部或部分业务，而项目的立项名义、各类权属及收益等均属于委托方。其重要业务特点包括：①以委托方名义立项；②土地使用权归委托方，其间也不发生土地使用权或产权转移；③建筑物（房屋）的权属归委托方；④建设资金由委托方支付，受托方不垫付建设资金；⑤受托方与委托方事先订有委托代建合同；⑥建筑施工企业将建筑业发票开具给委托方；⑦委托方收取代建手续费或管理费。

（二）代建行为涉税处理

1. 营业税（营改增前）

根据营业税相关规定，符合上述代建工程业务要件的行为，对房地产开发企业（受托方）以收取的代建手续费（或管理费）为营业收入，按"服务业——代理业"税目征收营业税。

2. 增值税（营改增后）

根据增值税相关规定，符合上述代建工程业务要件的行为，对房地产开发企业

(受托方)以收取的代建手续费(或管理费)为销售额,按"商务辅助服务——经纪代理服务"税目征收增值税。经纪代理服务,以取得的全部价款和价外费用,扣除向委托方收取并代为支付的政府性基金或者行政事业性收费后的余额为销售额,因此,向委托方收取的政府性基金或者行政事业性收费,不得开具增值税专用发票。

二、其他类型的代建行为

(一)房地产开发企业取得土地使用权并办理施工手续的情形

1. 业务内容

房地产开发企业(受托方)取得土地使用权并办理施工手续后,根据其他单位(委托方)的要求进行施工,并按施工进度向委托方预收房款,工程完工后,受托方替委托方办理产权转移等手续。

2. 涉税处理

(1)营业税(营改增前)。受托方的上述行为属于销售不动产,应按"销售不动产"税目征收营业税,如果受托方自备施工力量修建该房屋,还应对受托方的自建行为按"建筑业"税目征收营业税。营业额为向委托方收取的全部价款和其他各项收入。

(2)增值税(营改增后)。受托方的上述行为属于销售不动产,应按"销售不动产——建筑物"税目征收增值税,如果受托方自备施工力量修建该房屋,还应对受托方的自建行为按"建筑服务——工程服务"税目征收增值税。销售额为向委托方收取的全部价款和其他各项收入。

(二)房地产开发企业以自己的名义办理工程项目立项的情形

1. 业务内容

房地产开发企业(受托方)受托代建不动产,但以自己的名义办理工程项目立项。

2. 涉税处理

（1）营业税（营改增前）。受托方的上述行为属于销售不动产，应按"销售不动产"税目征收营业税。不动产建成后将不动产交给委托方的，不论与委托方如何结算，其营业额均为不动产的建设成本及向委托方收取的其他各项收入。

（2）增值税（营改增后）。受托方的上述行为属于销售不动产，应按"销售不动产——建筑物"税目征收增值税。不动产建成后将不动产交给委托方的，不论与委托方如何结算，其销售额均为不动产的建设成本及向委托方收取的其他各项收入。

（三）房地产开发公司承办国家机关、企事业单位统建房的情形

1. 业务内容

房地产开发公司承办国家机关、企事业单位的统建房，一般不垫付资金，按照相关要求开发项目。

2. 涉税处理

（1）营业税（营改增前）。如果委托建房的单位能提供土地使用权证书和有关部门的建设项目批准书以及基建计划，且房屋开发公司（即受托方）不垫付资金，并同时符合"其他代理服务"的条件，则对受托方实际取得的手续费收入按"服务业"税目计征营业税。否则，对受托方承办建设的各种房屋，均应全额按"销售不动产"税目计征营业税。

（2）增值税（营改增后）。如果委托建房的单位能提供土地使用权证书和有关部门的建设项目批准书以及基建计划，且房屋开发公司（即受托方）不垫付资金，并同时符合"其他代理服务"的条件，则对受托方实际取得的手续费收入按"商务辅助服务——经纪代理服务"税目征收增值税。否则，对受托方承办建设的各种房屋，均应全额按"销售不动产——建筑物"税目征收增值税。

三、代建工程的企业所得税处理

根据《企业所得税法》及其实施条例、《房地产开发经营业务企业所得税处理办

法》等相关法规,代建工程的企业所得税政策要点如下。

1. 收入实现的确认

开发企业代建工程和提供劳务不超过 12 个月的,可按合同约定的价款结算日或在合同完工之日确认收入的实现;持续时间超过 12 个月的,可采用完工百分比法按季确认收入的实现。完工百分比法即是根据合同完工进度同比例确认收入和费用。完工进度可按累计实际发生的合同成本占合同预计总成本的比例、已经完成的合同工作量占合同预计总工作量的比例、测量已完成合同工作量等数值确定。

2. 节省的材料、下脚料等的处理

开发企业在代建工程、提供劳务过程中节省的材料、下脚料、报废工程或产品的残料等,如果按合同规定留归开发企业所有,应于实际取得时按市场公平成交价确认收入的实现。

3. 工程尾款、质量保证金等的处理

企业应付施工单位的工程尾款、质量保证金,超过合同或协议规定支付时间三年以上尚未付出的,应作为收入处理,以后实际支付时可在税前列支。

四、代建工程涉税问题检查

(一) 代建性质确定不当

1. 主要问题

在实际开发业务中,有的房地产开发企业以土地使用权拥有者的名义报建,所需资金由开发方代垫,项目完成后,开发方提供一定量的房屋。实际上是开发企业以转让部分商品房为代价,换取了部分土地使用权,而土地使用权权属方以转让土地使用权为代价换取了部分房屋所有权,对开发企业而言实质是销售不动产行为。

2. 检查方式

在检查时,检查人员要核对立项资料、土地使用权证及相关的合同、协议等,其中特别要关注是否有土地使用权、开发产品权属转移的行为。通过核对这些资料,比对前述代建业务的七个特点,判断业务的性质。

(二)销售额确定不当

1. 主要问题

(1)少计收入。根据计税销售额(营业额)的政策规定,销售额是指纳税人发生应税行为取得的全部价款和价外费用。代建项目的资金一般由委托方先期支付给受托方,项目完成后要对差额进行处理,其中大于工程(项目)实际结算金额的部分,或者抵充代建手续费(管理费),或者退回委托方。一些代建工程项目在结算时,双方会通过补充协议或以各种理由(例如项目奖励、损失补偿等),将部分差额留在房地产开发公司(受托方),这部分项目结余款,如果符合确定销售收入的条件,要计入销售额。

(2)确定收入的时间不正确。代建工程的手续费(管理费)一般是在代建工程合同中明确的,包括手续费(管理费)计算方式、金额以及确定时间,对于跨年度工程项目,一般规定按月、季度或年度计算和结算手续费(管理费)。一些代建工程项目由于委托方资金拖欠支付,造成受托方没有及时结转销售额。

2. 检查方法

(1)归集相关资料。在检查中,检查人员要归集代建工程的合同、补充合同,确定合同协议规定的项目结算方式、手续费(管理费)计算和结算方式以及奖励政策等各种情况,对于合同约定内容与实际不符的,要理清楚差异。

(2)摸清实际操作情况。在归集相关资料的基础上,检查人员还要通过"在建工程"、"销售收入"及"应交税费"等科目明细账,核对实际操作过程中结转销售收入的时点和金额,以及各种合同约定价格以外获取的利益。

在归集相关资料及摸清实际操作情况的基础上,针对审核中的差异部分,依据政策规定计算增值税、企业所得税等，明确存在的问题。

（3）检查个人奖励。在代建项目建设中，委托方出于种种原因，有时会单独拨付资金奖励受托方人员。检查人员可以通过对"应交税费——应交个人所得税"等科目的核查，确定奖励资金的来源，如果奖励资金是在合同之外单独支付的，则应计入计税销售额。

（4）审核成本的真实性。很多代建项目的手续费（管理费）是以成本（工程量）为计算基础的，因此还可以按照房地产开发企业成本检查方式，对成本的真实性进行检查。

第三节 视同销售行为的税务处理

视同销售行为的税务处理主要是对不动产或者土地使用权权属的一些特殊转移行为所进行的税务处理。

一、视同销售行为的营业税规定

营改增前,对不动产或者土地使用权转移征收营业税,根据《营业税暂行条例》及其实施细则等的规定,视同销售行为的营业税政策要点如下:

(一)视同销售的行为

1. 无偿赠送

单位或者个人将不动产或者土地使用权无偿赠送其他单位或者个人;单位或者个人自己新建建筑物后销售,其所发生的自建行为。这两种行为均视同发生应税行为,按规定缴纳营业税。

2. 用于职工福利等

房地产开发企业将开发产品用于职工福利、奖励、对外投资、分配给股东或投资人、抵偿债务、换取其他单位和个人的非货币性资产等行为,根据企业所得税有关规定均属于视同销售行为,但营业税的规定略有不同,除对外投资,共担风险的以外,上述其他行为均应在发生所有权转移时视同销售房地产,按规定缴纳营业税等。

（二）视同销售行为的营业税计税营业额的确定

视同发生应税行为而无营业额的，按下列顺序确定其营业额：
(1) 按纳税人最近时期发生同类应税行为的平均价格核定；
(2) 按其他纳税人最近时期发生同类应税行为的平均价格核定；
(3) 按下列公式核定：

$$营业额 = \frac{营业成本或者工程成本}{} \times (1 + 成本利润率) \div (1 - 营业税税率)$$

公式中的成本利润率，由省、自治区、直辖市税务机关确定。

二、视同销售行为的增值税规定

根据《营业税改征增值税试点实施办法》（财税〔2016〕36号文件附件1）等法规，视同销售行为的增值税政策要点如下：

（一）视同销售的行为

1. 无偿赠送

单位或者个人向其他单位或者个人无偿转让无形资产或者不动产，但用于公益事业或者以社会公众为对象的除外。

纳税人发生上述视同销售行为的，应缴纳增值税，其纳税义务发生时间为服务、无形资产转让完成的当天或者不动产权属变更的当天。

2. 用于职工福利等

房地产开发企业将开发产品用于职工福利、奖励、对外投资、分配给股东或投资人、抵偿债务、换取其他单位和个人的非货币性资产等，因为发生了所有权转移，所以应视同销售房地产项目，计算相应增值税，其纳税义务发生时间为开发产品权属变更的当天。

(二) 视同销售行为的增值税计税销售额的确定

发生视同销售行为而无销售额的,主管税务机关有权按照下列顺序确定销售额:

(1) 按照纳税人最近时期销售同类服务、无形资产或者不动产的平均价格确定。

(2) 按照其他纳税人最近时期销售同类服务、无形资产或者不动产的平均价格确定。

(3) 按照组成计税价格确定。组成计税价格的公式为:

$$组成计税价格 = 成本 \times (1 + 成本利润率)$$

成本利润率由国家税务总局确定。

三、视同销售行为的土地增值税规定

根据《土地增值税暂行条例》及其实施细则、《土地增值税清算管理规程》等法规,视同销售行为的土地增值税政策要点如下:

1. 换取非货币性资产

房地产开发企业将开发产品用于职工福利、奖励、对外投资、分配给股东或投资人、抵偿债务、换取其他单位和个人的非货币性资产等,发生所有权转移时应视同销售房地产。

营改增前,其收入按下列方法和顺序确认:

(1) 按本企业在同一地区、同一年度销售的同类房地产的平均价格确定。

(2) 由主管税务机关参照当地当年、同类房地产的市场价格或评估价值确定。

营改增后,根据《国家税务总局关于营改增后土地增值税若干征管规定的公告》(国家税务总局公告2016年第70号)第二条的规定,纳税人将开发产品用于职工福利、奖励、对外投资、分配给股东或投资人、抵偿债务、换取其他单位和个人的非货币性资产等,发生所有权转移时应视同销售房地产,其收入应按照《国家税务总局关于房地产开发企业土地增值税清算管理有关问题的通知》(国税发〔2006〕187号)第三条规定执行。纳税人安置回迁户,其拆迁安置用房应税收入和扣除项目的确认,应按照《国家税务总局关于土地增值税清算有关问题的通知》(国税函〔2010〕220号)第六条规定执行。

2. 转为企业自用或用于出租

房地产开发企业将开发的部分房地产转为企业自用或用于出租等商业用途时,如果产权未发生转移,不征收土地增值税,在税款清算时不列收入,不扣除相应的成本和费用。

四、视同销售行为的企业所得税规定

1. 视同销售的行为

《中华人民共和国企业所得税法实施条例》第二十五条规定,企业发生非货币性资产交换,以及将货物、财产、劳务用于捐赠、偿债、赞助、集资、广告、样品、职工福利或者利润分配等用途的,应当视同销售货物、转让财产或者提供劳务,但国务院财政、税务主管部门另有规定的除外。

2. 房地产开发企业视同销售行为的价值确定

根据《房地产开发经营业务企业所得税处理办法》(国税发〔2009〕31号文件发布)第七条的规定,房地产开发企业将开发产品用于捐赠、赞助、职工福利、奖励、对外投资、分配给股东或投资人、抵偿债务、换取其他企事业单位和个人的非货币性资产等行为,应视同销售,于开发产品所有权或使用权转移,或于实际取得利益权利时确认收入(或利润)的实现。确认收入(或利润)的方法和顺序为:
(1) 按本企业近期或本年度最近月份同类开发产品市场销售价格确定;
(2) 由主管税务机关参照当地同类开发产品市场公允价值确定;
(3) 按开发产品的成本利润率确定。开发产品的成本利润率不得低于15%,具体比例由主管税务机关确定。

五、无偿赠送商品房的综合税务处理案例分析

税收法规将无偿赠送财产行为分解为正常销售和捐赠两种行为,如果捐赠财产

的行为符合公益救济性捐赠企业所得税税前扣除的规定，可以按照规定的标准予以税前扣除。

例如，营改增前，某房地产开发公司将一套正常售价为 240 万元的商品房无偿捐赠给某机构或个人，商品房成本为 180 万元，则该公司对此无偿捐赠的商品房，首先应视同销售缴纳营业税（城市维护建设税、教育费附加等略）12 万元（240×5%），然后根据《企业所得税法》的规定确认视同销售应确认的应纳税所得额 48 万元（240－180－12），最后，确定该笔捐赠支出是否符合《企业所得税法》规定的公益救济性捐赠范围和标准，以判断是否需要调增应税所得额。

同样的事项如果发生在营改增后，则该公司对此无偿捐赠的商品房，首先应视同销售缴纳增值税（城市维护建设税、教育费附加等略）。适用简易计税方法计税的，应缴纳增值税 11.43 万元（240/1.05×5%）；适用一般计税方法计税的（2019 年 4 月 1 日以后），应缴纳增值税 19.82 万元（240/1.09×9%）。

然后，根据《企业所得税法》的规定确定视同销售应确认的应纳税所得额 60 万元（240－180）。最后，确定该笔捐赠支出是否符合《企业所得税法》规定的公益救济性捐赠范围和标准，以判断是否需要调增应税所得额。需要注意的是，增值税是价外税，不可税前扣除。

六、视同销售行为的税务检查

（一）检查所需的资料

1. 销售资料

主要是销售窗口表、测绘表以及房产管理部门提供的房屋销售合同鉴证信息、房屋过户情况等。这些资料在检查初期就应该拿到。

2. 会计资料

主要是"开发成本""固定资产"明细账及相关会计处理凭证。

(二) 检查方法

1. 核对销售情况

主要是对销售窗口表空号、测绘表房号等进行核对,确定没有销售的房屋去向,然后从"开发成本""固定资产"等科目查看具体结转数据等。

2. 核对房产管理部门信息

在核对空号的基础上,核查相关合同以及房产管理部门提供的房屋销售合同鉴证信息、房屋过户情况等,还可以进行实地查看,以确定空号房屋的状态。

3. 梳理业务

由于视同销售业务在会计处理中与常规不同,且涉及的税收政策也相对复杂,因此,检查人员在检查中搞清楚业务脉络是关键。在检查时,如果遇到视同销售的业务,首先要仔细梳理相关会计处理流程,把科目的走向搞清楚;其次把企业已经进行的涉税处理情况摸清楚,有的企业因种种原因可能没有进行相关涉税处理;最后比对政策,看企业对视同销售的处理是否正确,或者通过比对政策,提出正确的处理意见。

第四节

房地产开发企业特殊促销业务的税务处理

一、销售（营销）商品房赠送物品的处理

（一）销售商品房赠送物品的业务形式

"买房赠送物品"及日常营销赠送礼品是房地产开发企业在商品房销售促销中常用的手段，赠送的物品有汽车、家电及家具等，一般均在销售广告、售（预）房合同中有明确记载。这些赠品的价值实质上已包含在购房者（客户）支付的购房款中，只是在合同和发票中未单独标明赠品的价格并将其从售房款中分离出来而已。而日常营销赠送礼品，一般情况下均是针对潜在的客户，无直接对应购房的明确对象。

（二）销售商品房赠送物品的税务处理

根据相关政策解释，其涉税处理如下：

1. 营改增前

根据《营业税暂行条例》及其实施细则、《增值税暂行条例》及其实施细则等规定，一项销售行为如果既涉及货物又涉及非增值税应税劳务，为混合销售行为。除政策规定的特定行为外，从事货物的生产、批发或者零售的企业、企业性单位和个体工商户的混合销售行为，视为销售货物，应当缴纳增值税；其他单位和个人的混合销售行为，视为销售非增值税应税劳务，不缴纳增值税。因此，房地产开发企业在商品房销售促销中，采用赠送汽车、家电及家具等促销形式应视为销售非增值税

应税劳务。

2. 营改增后

（1）随销售房屋赠送物品。根据《营业税改征增值税试点实施办法》的相关规定，房地产开发企业销售商品房赠送汽车、家电及家具等行为，属于兼营行为。也就是说，销售房屋附赠物品业务应该拆分成两部分：一是销售不动产，税率11%（现为9%）；二是销售货物，税率17%（现为13%）。在实际操作中，有的企业在销售合同（或补充协议）中分别记载了房屋和赠品的价值，有的企业在销售合同中则没有区分，进行增值税处理时要注意。

（2）营销赠送物品。营销赠送物品主要是指在整个售房活动中，在推广、看房、签约以及节假日等活动中赠送的一些价值不大的物品，例如月饼、油以及小电器等。这些赠送和售房约定赠送不一样，赠送的对象既可以是购房者，也可以是潜在的购房者，是纯粹的无偿赠送。根据增值税相关规定，赠送礼品应视同销售，即按销售货物（税率13%）计算缴纳增值税。

营销赠送物品的检查，主要是进项税额的处理，这类物品在使用上容易混入自用（福利性质）物品，因此，要根据《营业税改征增值税试点实施办法》第二十七条的规定，核对进项税额的处理。

（三）销售商品房赠送物品的税务检查

销售商品房赠送物品的检查主要是对赠送物品的形式、内容及处理方式，主要检查点有：

1. 物品与房屋的对应审核

审核赠送的物品是否与销售的商品房对应，可以查阅销售合同等资料确定，属于因业务关联等赠送的礼品不得混入赠送物品业务，对误入的部分要按规定进行企业所得税和个人所得税处理。

2. 营销赠送礼品的计税处理检查

营改增前，对赠送物品的检查的相关处理比较简单。在检查时，主要核对营业税的计税依据是否包括赠送汽车、家电及家具等促销物品的价值,检查方法就是核对计算"营业收入""库存商品"等科目数据。

营改增后,无偿赠送要按销售处理,进项、销项税额要按规定计算和处理。在检查时,由于随销售房屋赠送物品的业务比较复杂,既涉及同一个业务的拆分,又涉及进项税额的处理,因此,首先要摸清楚赠送物品的合同约定、会计处理,然后再比对不同税率的计算,看是否存在销售货物降低税率的问题。

对赠送物品的检查,主要是进项税额的处理,这类物品在使用上容易混入自用(福利性质)物品,因此,要根据《营业税改征增值税试点实施办法》第二十七条的规定,核对进项税额的处理。

此外,营销中的一些礼品支出虽然属于销售费用,但要按规定的节点结转,在"买赠"实现时才能计入期间费用,因此要关注企业是否存在大额促销商品费用(成本)直接计入销售费用的情况,这会影响企业所得税计算。

(四)销售商品房赠送物品的会计核算及税务处理案例分析

甲房地产开发公司为一般纳税人,项目适用一般计税方法。在2017年春节营销活动中赠送给看房客户价值80元的小型电暖器,取得增值税专用发票上注明价格为68.38元,增值税额为11.62元。5月份新楼盘正式开盘,向当天签约的每位购房者(每套房屋)赠送价值8万元的中央空调一台,取得增值税专用发票上注明价格为6.84万元,增值税额为1.16万元。乙购买一套房屋,签约价值183万元。合同最终约定房屋售价175万元,中央空调价值8万元。房屋成本130万元,对应的土地价款40万元。甲公司涉税及会计处理如下(单位:万元):

1. 看房赠送小型电暖器

(1)购进小型电暖器时:

借:库存商品　　　　　　　　　　　　　　　　　　68.38
　　应交税费——应交增值税(进项税额)　　　　　11.62
　　贷:银行存款　　　　　　　　　　　　　　　　　　80

(2)赠送小型电暖器时:

借：销售费用　　　　　　　　　　　　　　　　　　　　　　80
　　贷：库存商品　　　　　　　　　　　　　　　　　　　　68.38
　　　　应交税费——应交增值税（销项税额）　　　　　　　11.62

2. 购房赠送中央空调

(1) 购进中央空调时（为简化数据按照单台计算）：

借：库存商品　　　　　　　　　　　　　　　　　　　　　6.84
　　应交税费——应交增值税（进项税额）　　　　　　　　1.16
　　贷：银行存款　　　　　　　　　　　　　　　　　　　　　8

(2) 赠送中央空调时：

借：银行存款　　　　　　　　　　　　　　　　　　　　　　8
　　贷：主营业务收入　　　　　　　　　　　　　　　　　6.84
　　　　应交税费——应交增值税（销项税额）　　　　　　1.16

(3) 结转中央空调成本时：

借：主营业务成本　　　　　　　　　　　　　　　　　　6.84
　　贷：库存商品　　　　　　　　　　　　　　　　　　　6.84

3. 销售房屋

(1) 销售房屋时：

出售商品房增值税销项税额 = (175 − 40) ÷ (1 + 11%) × 11% = 13.38(万元)

借：银行存款　　　　　　　　　　　　　　　　　　　　　175
　　主营业务收入　　　　　　　　　　　　　　　　　　161.62
　　应交税费——应交增值税（销项税额）　　　　　　　13.38

(2) 结转成本时：

借：主营业务成本　　　　　　　　　　　　　　　　　　　130
　　贷：开发产品　　　　　　　　　　　　　　　　　　　　130

【提示1】自2018年5月1日起至2019年4月1日，纳税人发生增值税应税销售行为，原适用11%税率的，税率调整为10%。自2019年4月1日起，原适用10%税率的，税率调整为9%。本书后续内容中政策及公式涉及税率的，一般以最后一次公布税率为准。

【提示2】上述案例非稽查案件，仅是为了说明相关业务而提供的参考。

二、售后回租（经营性）的处理

售后回租是房地产开发企业采取的一种特殊销售方式，是指房地产开发企业在销售商品房时，同时与购房者签订该房的租赁合同。在租赁合同中，开发商承诺在购房后若干年中给予购房者固定租金，购房者所购房屋由开发商在一定期限内承租或者代为出租给其他公司或个人用于商业经营。

（一）会计准则关于售后回租性质认定的规定

根据会计准则，承租人和出租人要根据租赁分类原则，将售后租回交易认定为融资租赁或经营租赁。

售后租回交易认定为融资租赁的，售价与资产账面价值之间的差额应当予以递延，并按照该项租赁资产的折旧进度进行分摊，作为折旧费用的调整。

售后租回交易认定为经营租赁的，售价与资产账面价值之间的差额应当予以递延，并在租赁期内按照与确认租金费用相一致的方法进行分摊，作为租金费用的调整。但是，如果有确凿证据表明售后租回交易是按照公允价值达成的，则售价与资产账面价值之间的差额应当计入当期损益。

【提示】融资性售后回租政策。

根据《国家税务总局关于融资性售后回租业务中承租方出售资产行为有关税收问题的公告》（国家税务总局公告2010年第13号）的规定，融资性售后回租业务是指承租方以融资为目的将资产出售给经批准从事融资租赁业务的企业后，又将该项资产从该融资租赁企业租回的行为。融资性售后回租业务中承租方出售资产时，资产所有权以及与资产所有权有关的全部报酬和风险并未完全转移。

> 对于增值税和营业税的处理。根据现行增值税和营业税有关规定,融资性售后回租业务中承租方出售资产的行为,不属于增值税和营业税征收范围,不征收增值税和营业税。
>
> 对于企业所得税的处理。根据现行企业所得税法及有关收入确定规定,融资性售后回租业务中,承租人出售资产的行为,不确认为销售收入,对融资性租赁的资产,仍按承租人出售前原账面价值作为计税基础计提折旧。租赁期间,承租人支付的属于融资利息的部分,作为企业财务费用在税前扣除。
>
> 根据《营业税改征增值税试点实施办法》所附《销售服务、无形资产、不动产注释》的规定,融资性售后回租不按照租赁服务税目缴纳增值税,而是按照"金融服务——贷款服务"税目缴纳增值税。
>
> 根据《营业税改征增值税试点有关事项的规定》(财税〔2016〕36号文件附件2)的规定,经人民银行、银监会[1]或者商务部批准从事融资租赁业务的试点纳税人,提供融资性售后回租服务,以取得的全部价款和价外费用(不含本金),扣除对外支付的借款利息(包括外汇借款和人民币借款利息)、发行债券利息后的余额作为销售额。

(二)售后回租(经营性)涉及的增值税(营业税)政策

1. 经营租赁性质的售后回租

房地产开发公司销售不动产,采取优惠方式要求购房者无偿或低价将不动产交给开发公司使用若干年。这一经营方式名义上是开发商让利给购房者,实质上是优先取得了购房者的不动产的使用权,即其他经济利益。

2. 营改增前的规定

根据《营业税暂行条例》及其实施细则的规定,以及《国家税务总局关于房地产开发企业从事"购房回租"等经营活动征收营业税问题的批复》(国税函〔1999〕

---

[1] 现为银保监会。

144号)的解释,对房地产开发企业按"销售不动产"税目征收营业税。如果房地产开发企业将房屋再出租,则按"租赁——房屋租赁"税目征收营业税。

3. 营改增后的规定

根据《营业税改征增值税试点实施办法》的规定,在此业务中,房地产开发企业在销售商品房时,按照"销售不动——建筑物"税目缴纳增值税。如果售后租回再出租,则按"租赁服务——经营租赁服务"税目缴纳增值税。

(三) 售后回租(经营性)涉及的企业所得税政策

1. 收入的确认

根据国家税务总局公告2010年第13号的规定,融资性售后回租业务中,承租人出售资产的行为,不确认销售收入,对融资性租赁的资产,仍按承租人出售前原账面价值作为计税基础计提折旧。

2. 融资利息支出的处理

租赁期间,承租人支付的属于融资利息的部分,作为企业财务费用在税前扣除。

(四) 售后回租(经营性)涉及个人所得税的处理

1. 业务实质

《国家税务总局关于个人与房地产开发企业签订有条件优惠价格协议购买商品房征收个人所得税问题的批复》(国税函〔2008〕576号)明确,房地产开发企业与商品房购买者个人签订协议规定,房地产开发企业按优惠价格出售其开发的商店给购买者个人,但购买者个人在一定期限内必须将购买的商店无偿提供给房地产开发企业对外出租使用。其实质是购买者个人以所购商店交由房地产开发企业出租而取得的房屋租赁收入支付了部分购房价款。

2. 征税规定

根据个人所得税法的有关规定，对上述情形的购买者个人少支出的购房价款，应视同个人财产租赁所得，按照"财产租赁所得"项目征收个人所得税。每次财产租赁所得的收入额，按照少支出的购房价款和协议规定的租赁月份数平均计算确定。

（五）售后回租（经营性）的税务检查

售后回租业务的会计处理及涉税处理均比较复杂，因此，税务检查的要点是理清业务脉络，对比相关政策，以发现存在的问题。

1. 判断业务性质

首先要判断业务性质（经营性、融资性），这可以通过对相关合同、协议等涉税资料的查阅来做到，要把业务的实质内容掌握清楚。

2. 核查会计处理方式

在判断业务性质的基础上，查阅相关记账凭证及原始凭证、明细账等，将售后回租业务涉及的会计处理流程全部理清，并与合同、协议等内容比对，以进一步确定业务的性质和实质性业务数据。

3. 通过政策比对明确问题

在明确业务性质和会计处理方式、数据之后，将企业售后回租业务的涉税处理与相关税收政策进行对比，根据比对结果明确问题并进行税务处理。需要注意的是，由于各地税务机关对于售后回租业务增值税（营改增前为营业税）处理均有一定的解释和政策把握尺度，对售后回租的相关认定和处理也不尽相同，因此最终处理还要结合各地政策规定的具体情况。

4. 核查销售价格

对于房地产开发企业为促销开展的售后回租业务中，销售商品房的价格低于正常价格的情形，其计税销售额要按相关政策予以调整。在核查时，检查人员可以通过查阅销控表、销售合同、凭证等资料,对价格进行比对,以确定价格是否低于正常价格。对于在售后回租促销中销售给个人的房屋,还要根据政策对个人所得税问题进行处理。

(六)售后回租(经营性)业务中承租方(房地产开发企业)会计及增值税处理案例分析

甲房地产开发企业为增值税一般纳税人,2017年9月1日,甲公司与乙公司签订一份商铺销售合同,约定售价为2 000万元。同时约定售后回租该商铺,年租金为190万元,假定该商铺成本1 400万元,支付的土地价款500万元,甲公司转租后年租金收入为210万元,租金按年支付。不考虑其他税种,甲公司会计处理如下(单位:万元):

(1)销售房屋时:

$$出售商品房增值税销项税额 = (2\,000 - 500) \div (1 + 11\%) \times 11\% = 148.65(万元)$$

借:银行存款	2 000
贷:主营业务收入	1 851.35
应交税费——应交增值税(销项税额)	148.65

(2)结转成本时:

借:主营业务成本	1 400
贷:开发产品	1 400

(3)支付租金时:

借:其他业务支出	171.17
应交税费——应交增值税(进项税额)	18.83
贷:银行存款	190

(4)出租房屋收到租金时:

借:银行存款	210
贷:其他业务收入	189.19
应交税费——应交增值税(销项税额)	20.81

> **【提示1】**实务中，房地产公司通常会把售后租回期间的租金总额直接在销售的房价中抵冲，按抵冲后的房价销售给企业或个人，随后约定回租期内无租使用该房屋。销售发票亦按冲抵后的金额开具，以减少交易环节的诸多税收计税基数（依据），在无偿使用过程中，亦不要求业主提供租金发票。这样处理对房地产开发公司和业主而言均有较大的涉税风险。正确的处理方式是：按市场价格计征增值税、企业所得税、印花税、契税以及土地增值税。房产的市场价格与实际低价销售的价格之间的差额作为免租期内的租金金额，约定由业主将租金发票开具给房地产开发公司。房地产开发公司对外出租时，再按规定给承租方开具发票缴纳相关税收。
>
> 上述售后回租行为，无形中增加了诸多环节的税收，税收成本比较高。实务中，如果房地产开发公司租回房屋继续对外出租，可以考虑由房地产公司作为中介代理方，以收取代理费的方式连接业主及下游承租方，代理费可以按比例收取，亦可以按高于约定租金的提成收取。这样一来，能使上述案例中的所有人的收益不变，同时可以少交一道租赁环节的税收。
>
> **【提示2】**上述案例非稽查案件，仅是为了说明相关业务而提供的参考。

三、售后回购的处理

售后回购也是房地产开发企业开展的一种特殊形式的销售业务，是指房地产开发企业在销售商品的同时，与购房者签订回购合同或在购房合同中增加回购条款，并按照合同条款（如回购价格等内容），将售出的商品房重新买回的交易方式。因为销售方通过售后回购协议对已销售商品仍具有控制管理权，所以售后回购不符合收入确认条件，在本质上，售后回购属于融资活动。

（一）会计准则关于认定售后回购性质的规定

售后回购，是指销售商品的同时，销售方同意日后再将同意或类似的商品购回的销售方式。在这种方式下，销售方应根据合同或协议的条款判断企业是否已将商品所有权上的主要风险和报酬转移给购货方，以确定是否应确认销售商品收入。关于售后回购的性质一般按以下标准确定：如果销售合同或协议规定销售日后商品购回时是按照当时的公允价值回购的，则可合理判断为售后回购业务的销售行为已将商品所有权上的主要风险和报酬转移，并符合收入的确认条件，企业应在销售时确认收入，在日后按公允价值回购时按购进商品处理。如果销售合同或协议规定以后是按固定价格或原价加合理报酬回购的，则可判断该项销售的商品所有权上的主要风险和报酬未转移，应确认是一种融资行为，会计上在收到款项时确认为一项负债，并于每期期末计提利息。

在大多数情况下，回购价格固定或为原售价加合理回报，售后回购属于融资交易，企业不应确认收入。对于回购价大于原售价的差额，企业应在回购期间按期计提利息费用，计入财务费用。

对于售后回购业务，如果判断该销售行为属于融资性质，在税收上可以不确认计税收入，取得的款项则确认为负债。因此，对于售后回购业务的处理，税收上与会计上基本一致。

(二) 售后回购涉及的税收政策

1. 营业税（营改增前）

国税函〔1999〕144号文件明确，房地产开发公司采用"购房回租"等形式，进行促销经营活动（即与购房者签订《商品房买卖合同》，将商品房卖给购房者；同时，根据合同约定的期限，在一定时期后，又将该商品房购回），根据《营业税暂行条例》及其实施细则的规定，对房地产开发公司和购房者均应按"销售不动产"税目征收营业税。

根据上述规定，在售后回购业务中，对房地产开发企业（售房方）在销售环节应按照"销售不动产"税目征收营业税等相关税收，在回购环节应按照正常房产购入进行相关涉税处理；而对购房方，在销售环节应按照正常房产购入进行相关涉税处理，在回购环节应按照"销售不动产"税目征收营业税等相关税收。

2. 增值税（营改增后）

根据《营业税改征增值税试点实施办法》等相关增值税政策规定，在售后回购业务中，对房地产开发企业（售房方）在销售环节应按照"销售不动产——建筑物"税目征收增值税等相关税收，在回购环节应按照正常房产购入进行相关涉税处理；而对购房方，在销售环节应按照正常房产购入进行相关涉税处理，在回购环节应按照"销售不动产——建筑物"税目征收增值税等相关税收。

3. 企业所得税

根据《国家税务总局关于确认企业所得税收入若干问题的通知》（国税函〔2008〕875号）的解释，采用售后回购方式销售商品的，销售的商品按售价确认收入，回购的商品作为购进商品处理。有证据表明不符合销售收入确认条件的，如以销售商品方式进行融资，收到的款项应确认为负债，回购价格大于原售价的，其差额应在回购期间确认为利息费用。

（三）售后回购的税务检查

售后回购业务税务检查的要点和售后回租一样，首先要理清业务脉络，然后对比相关政策判断该项业务的性质与实质。

1. 理清业务的会计处理流程

主要是理清相关业务和会计处理方式，通过相关合同、协议等掌握交易内容，同时把该业务涉及的会计处理方式和流程全部整理出来，主要是会计分录和相关数据。

2. 通过合同（协议）确定业务的性质

在理清相关业务和会计处理方式的前提下，对该项售后回购业务的性质做出合理的判断。判断的关键点有二：一是对销售的商品房是否存在控制；二是回购方式和价格。对明显不属于融资性质的售后回购业务，如合同或协议上明确按当时的市场价格回购的，应判断为销售实现，对照企业的会计处理，看其是否及时将收到的款项记入"主营业务收入"科目，对应计未计收入的，应进行相应的税务处理。

(四)售后回购的会计核算及税务处理案例分析

甲房地产开发公司为增值税一般纳税人,2017年4月1日向乙公司销售一套商品房,销售价格为800万元(开出的增值税发票上注明的销售价款为740.54万元,增值税额为59.46万元),成本为450万元,支付土地出让金等200万元。协议约定:甲公司应于12月30日将所售商品房购回,回购价为850万元(不含增值税额)。甲公司增值税及会计处理如下(单位:万元):

(1)销售商品房时。

$$出售商品房增值税销项税额 = (800-200) \div (1+11\%) \times 11\% = 59.46(万元)$$

借:银行存款　　　　　　　　　　　　　　　　　800
　贷:其他应付款　　　　　　　　　　　　　　　740.54
　　　应交税费——应交增值税(销项税额)　　　59.46
借:发出商品——回购房屋　　　　　　　　　　　450
　贷:开发产品　　　　　　　　　　　　　　　　450

(2)回购时。回购价大于原售价的差额,应在回购期间按期计提利息费用,计入当期财务费用。由于回购期间为8个月,假设采用实际利率用直线法计提利息费用,则:

$$每月计提利息费用 = (850-800) \div 8 = 6.25(万元)$$

借:财务费用　　　　　　　　　　　　　　　　　6.25
　贷:其他应付款　　　　　　　　　　　　　　　6.25

……(连续计提7个月)

(3)12月30日回购商品时。

$$应交增值税 = 850 \div (1+11\%) \times 11\% = 84.23(万元)$$

借:财务费用　　　　　　　　　　　　　　　　　6.25
　贷:其他应付款　　　　　　　　　　　　　　　6.25
借:开发产品　　　　　　　　　　　　　　　　　450

贷：发出商品　　　　　　　　　　　　　　　　　　　　　450
　　借：其他应付款　　　　　　　　　　　　　　　　　　　　　740.54
　　　　应交税费——应交增值税（进项税额）　　　　　　　　　84.23
　　　贷：银行存款　　　　　　　　　　　　　　　　　　　　　824.77
　　借：其他应付款　　　　　　　　　　　　　　　　　　　　　50
　　　贷：银行存款　　　　　　　　　　　　　　　　　　　　　50

【提示】上述案例非稽查案件，仅是为了说明相关业务而提供的参考。

第五节 地下建筑涉税问题处理

一、土地出让金的涉税处理

土地出让金的计算与容积率密切相关，这里的容积率指的是建筑容积率，是建筑物总面积与宗地总面积之比，其中的建筑总面积是指地上面积，称为计容积率面积。对于一般住宅小区的开发，在房地产开发企业签订的《国有土地使用权出让合同》中，国土管理部门对所出让国有土地范围内的建筑物，明确了最高的规划建筑容积率。如果房地产企业在后期提高容积率，则要按规定签订补充合同并补缴增加的土地出让金。在实务中，土地出让金涉及增值税、土地增值税和企业所得税的扣除问题。

1. 增值税政策规定

根据增值税相关政策，纳税人销售自行开发的房地产项目，当期允许扣除的土地价款计算如下：

$$当期允许扣除的土地价款 = \left(\frac{当期销售房地产项目建筑面积}{房地产项目可供销售建筑面积}\right) \times 支付的土地价款$$

式中，当期销售房地产项目建筑面积，是指当期进行纳税申报的增值税销售额对应的建筑面积；房地产项目可供销售建筑面积，是指房地产项目可以出售的总建筑面积，不包括销售房地产项目时未单独作价结算的配套公共设施的建筑面积。

这里的"当期销售房地产项目建筑面积""房地产项目可供销售建筑面积"，是指计容积率地上建筑面积，不包括地下车位建筑面积。

2. 土地增值税政策规定

取得土地使用权所支付的金额（土地出让金）是土地增值税计算增值额的扣除项目之一。地下建筑［如车库（位）］如何分摊扣除土地出让金，目前各地的具体处理方式大致分为以下两种（不限于）：

（1）根据土地增值税以纳税人房地产成本最基本的核算项目或核算对象为单位的计算原则，以及土地增值税关于扣除项目的处理原则，房地产开发企业建造的地下车库（位）属于项目的配套设施，如果其归属于可售建筑面积并可以确权，则应当分摊土地成本（土地出让金）。目前很多地方对地下车库（位）等建筑物予以确权，在土地增值税政策上，规定土地成本在能够办理权属登记手续的建筑物及其附着物之间进行分摊。

（2）以土地出让金计算原理为基础，因为土地出让金是由地上建筑物相关面积计算承担的成本，因此只能在地上建筑物中分摊扣除。

3. 企业所得税政策规定

取得土地使用权所支付的金额（土地出让金）是房地产开发企业重要的成本项目，对于地下车库（位）等地下建筑如何分摊扣除土地出让金，目前各地的处理方式主要有以下两种（不限于）：

（1）根据企业所得税收入与成本的配比原则，以及房地产开发经营业务企业所得税关于成本对象的确定原则，地下车库（位）等地下建筑物是地上建筑物的附属设施，是同一个建筑项目的核算对象，所以应共同分担土地出让金成本。

（2）从土地出让金计算原理出发，由于在计算中土地出让金以地上建筑物的相关面积为计算基础，因此只能在地上建筑物中归集和分摊土地出让金。

以上是从一般住宅类型房地产项目角度对土地出让金涉及税收问题的分析。对于独立开发建造的经营性质的地下车库（位）等地下建筑物及半地下建筑物等，则应根据实际情况按照正常核算程序进行扣除和分摊。

4. 涉税审计检查

土地使用权成本在地下建筑中的分摊计算，涉及增值税、土地增值税和企业所得税。在检查时要注意三点：一是地下建筑物的面积，包括可售面积和不可售面积；二是计算分摊的公式；三是当地税务机关的具体规定。如果当地税务机关没有列明具体的规定，则企业在处理时使用的方法一经选定，不能随意变更。

二、地下车库（位）的土地增值税处理

地下车库（位）等地下建筑的土地增值税处理比较复杂。由于各地对人防设施、地下建筑确权等的处理有一定的差异，因此各地的具体规定不同，综合起来主要有以下四种（不限于）不同情形。

（一）利用地下人防设施作为车库（位）

关于利用地下人防设施作为车库（位）等的使用分两种情况进行处理：一是对已有相关移交规定的地级市，若房地产开发企业将建成后的人防设施按规定移交给人防部门，可以按照《国家税务总局关于房地产开发企业土地增值税清算管理有关问题的通知》（国税发〔2006〕187号）的规定扣除相关的成本、费用；二是对无法按规定将建成的人防设施移交给人防部门或者无相关移交规定的地级市，因地下人防设施最终由房地产开发企业使用和取得收益，既不属于转让行为，也不符合无偿移交给政府、公用事业单位用于非营业性社会公共事业的规定，因此不能扣除相关成本和费用。

（二）作为公共配套设施使用的地下车库（位）

按规定作为公共配套设施使用的车库（位）是不得转让的，若建成后移交给物业公司管理，其收入已包含在业主房价中（即配套的地下室建筑面积已分摊到所在项目的业主所购房屋的建筑面积中），则准予扣除相关的成本、费用。若房地产开发企业建成后未移交给物业管理，而是以自身名义出租给业主使用，则无论租赁期为多少年，均不确认相关收入，也不扣除相关成本、费用。

在实务中，上述问题比较复杂，其鉴别处理方式可以按以下两种（不限于）情形分别确定。

1. 供业主无偿使用的情形

房地产开发企业在进行房地产开发时，建设物业管理用房、变电站、热力站、托儿所、幼儿园、公共厕所、无法确权的人防工程和地下车库等公共设施，这些公共设施属于全体业主所有，业主可无偿使用该类资产，其对应的成本可在土地增值税清算中予以扣除。

2. 获得租金收入的情形

在实务中，房地产开发企业往往继续控制此类公共配套设施，如对人防工程、地下车库等采取出租方式从中获取租金收入。对此类情况，如果该公共配套设施在房地产开发企业固定资产账上无记录，又不能提供将产权转移给全体业主的证明，就可初步断定房地产开发企业已将此项公共配套设施的成本计入了开发产品的成本，即虚增了成本扣除项目。在土地增值税清算时，应将这些公共配套设施的成本作为自持物业从开发产品成本中剔除。若成本无法准确区分，可按该部分公共配套设施的面积占总面积的比例来划分扣除成本。

（三）两证齐全、可有偿转让的地下车库（位）

此类地下建筑物（车库）包括地上单独建造的车库和部分地下车库（位），一般单独核算的，不包括在业主房价中。在土地增值税清算时，按已转让部分正常确认收入，并扣除相应的成本、费用。

（四）不属于公共配套设施且无法办理产权证的地下车库（位）

对于许可建设但不属于公共配套设施且无法办理产权证（销售、预售许可证）的地下建筑，房地产开发企业一般通过与业主签订转让永久使用权、无固定期限或与房屋同期限让渡使用权等形式的转让协议，一次性收取固定年限使用费，其实质并未发生所有权的转移。土地增值税只对转让的房地产征收，不转让的不征税，因此其收入不属于土地增值税征收范围，相应的成本也不予扣除。

上述四类情形都是在规划设计许可范围内的，对于对未经许可建设的地下车库等建筑物，在计算土地增值税时，不作为扣除项目。

三、地下人防设施的涉税处理

地下人防设施的成本原则上可以在土地增值税税前扣除，但是对于超过规划（审批）面积的部分，一般情况下不予扣除。目前各地在具体处理时，采取的一般政策是：实际测绘成果表记载的实测人防设施面积超过经验收合格的人防设施面积的部分，对应的成本不予在土地增值税税前扣除，因为该部分属于超经审批范围建设的人防设施，所以其成本不能作为人防设施按公共配套在土地增值税税前扣除。

上述问题在处理时，情况比较复杂，具体以当地税务机关解释为准。

第六节 拆迁还房问题的处理

拆迁还房主要是指房地产开发企业以产权调换以及产权调换和作价补偿相结合方式开发小区,以往多发生在旧城改造项目中,现在这种形式的房地产开发项目基本上是在城乡接合部(城市边缘),并配合当地的城市化进程立项开发。为使业务清晰,本节以案例形式对相关业务进行介绍。

一、拆迁还房的主要形式

一般形式是房地产开发企业以自己名义立项,在不承担土地出让价款的土地上开发回迁安置房,并向原居民无偿转让回迁安置房所有权。

例如,某房地产开发公司参与当地政府城乡环境整治项目,在项目运作中,该公司负责住宅项目开发建设,对拆迁居民安置的处理是原地拆迁还房,即原居民(或村民)的原有房屋交给该公司,该公司原地建好房屋后再无偿安置原居民(或村民),原则是原面积补偿,超出原面积部分按照每平方米3 500~4 200元的市场价计算。其他数据:安置(原面积补偿部分)建筑面积371 357.96平方米,其对应成本为908 840 638.04元。

由上例可以看出,拆迁还房实际上是一种产权调换交易,房地产开发企业与被拆迁户进行房屋产权调换时,其实质是以不动产所有权为表现形式的经济利益的交换。被拆迁户将原有不动产(旧房屋)产权转移给了房地产开发企业,房地产开发企业将所拥有的不动产(新房屋)所有权转移给了被拆迁户,并获得了相应的经济利益。

二、营业税处理

营改增前,根据《营业税暂行条例》等相关规定,这种产权调换交易行为要按

"销售不动产"税目征收营业税。关于计税依据,上例中,超面积补偿部分是按照市场价格确定,支付的补偿价款就是营业税计税依据,但是关于原面积部分如何确定营业税计税依据,在不同的时间段有不同的政策解释。

1. 早期的规定

《国家税务总局关于外商投资企业从事城市住宅小区建设征收营业税问题的批复》(国税函发〔1995〕549号)规定:"对外商投资企业从事城市住宅小区建设,应当按照有关规定,就其取得的营业额计征营业税;对偿还面积与拆迁建筑面积相等的部分,由当地税务机关按同类住宅房屋的成本价核定计征营业税。"《江苏省地方税务局关于拆迁安置有关营业税问题的批复》(苏地税函〔2000〕309号)明确:根据《营业税暂行条例》以及国税函发〔1995〕549号文件精神,纳税人在房地产开发过程中给予拆迁户补偿或安置的房屋,不论以何种方式结算价款,以及拆迁人取得的房屋作何用途,均应属于营业税的征税范围,应按"销售不动产"税目缴纳营业税。

早期,对此类行为营业税计税依据的核定方法为"对外商投资企业从事城市住宅小区建设,应当按照有关规定,就其取得的营业额计征营业税;对偿还面积与拆迁建筑面积相等的部分,由当地税务机关按同类住宅房屋的成本价核定计征营业税"。

根据上述政策解释,上例中,营业税计税依据(原面积补偿)为908 840 638.04元。

应缴营业税=908 840 638.04×5%=45 442 031.90(元)

2. 国家税务总局公告2014年第2号的规定

根据《国家税务总局关于纳税人开发回迁安置用房有关营业税问题的公告》(国家税务总局公告2014年第2号)的规定,纳税人以自己名义立项,在该纳税人不承担土地出让价款的土地上开发回迁安置房,并向原居民无偿转让回迁安置房所有权的行为,按照《中华人民共和国营业税暂行条例实施细则》第五条之规定,视同销售不动产征收营业税,其计税营业额按该细则第二十条第一款第(三)项的规定予以核定,但不包括回迁安置房所处地块的土地使用权价款。

核定公式为:

$$营业额 = \frac{营业成本或者工程成本}{} \times (1+成本利润率) \div (1-营业税税率)$$

根据该公式，上例中，假定当地公布的成本利润率为 10%，营业税计税依据（原面积补偿）为：营业税计税依据＝908 840 638.04×(1＋10%)÷(1－5%)＝1 052 341 791.41（元）。

$$应缴营业税 = 1\,052\,341\,791.41 \times 5\%$$
$$= 52\,617\,089.57(元)$$

三、增值税处理

营改增后，根据营改增相关政策规定，由于发生了不动产产权转移行为，因此，对回迁安置房产的行为应按照"销售不动产——建筑物"税目征收增值税。其增值税计税销售额，应按照《营业税改征增值税试点实施办法》第四十四条的相关规定核定。核定的顺序如下：

（1）按照纳税人最近时期销售同类服务、无形资产或者不动产的平均价格确定。

（2）按照其他纳税人最近时期销售同类服务、无形资产或者不动产的平均价格确定。

（3）按照组成计税价格确定。组成计税价格的公式为：

$$组成计税价格 = 成本 \times (1 + 成本利润率)$$

成本利润率由国家税务总局确定。

根据增值税相关政策，上例中，假定"纳税人最近时期销售同类服务、无形资产或者不动产的平均价格"为 3 800 元，不存在土地价款扣除问题。

因此，增值税计税销售额（原面积补偿）为：

$$销售额(含税) = 371\,357.96 \times 3\,800 = 1\,411\,160\,248.00(元)$$
$$增值税计税销售额 = 1\,411\,160\,248.00 \div (1+11\%)$$
$$= 1\,271\,315\,538.73(元)$$

> 【提示】此处因需要同时介绍营业税与增值税处理，故采用了较早的增值税税率。

四、土地增值税处理

根据《国家税务总局关于土地增值税清算有关问题的通知》(国税函〔2010〕220号)第六条的规定,房地产开发企业用建造的本项目房地产安置回迁户的,安置用房视同销售处理,按《国家税务总局关于房地产开发企业土地增值税清算管理有关问题的通知》(国税发〔2006〕187号)第三条第(一)款规定确认收入,同时将此确认为房地产开发项目的拆迁补偿费。房地产开发企业支付给回迁户的补差价款,计入拆迁补偿费;回迁户支付给房地产开发企业的补差价款,应抵减本项目拆迁补偿费。

根据《国家税务总局关于营改增后土地增值税若干征管规定的公告》(国家税务总局公告2016年第70号)第二条的规定,纳税人安置回迁户,其拆迁安置用房应税收入和扣除项目的确认,应按照国税函〔2010〕220号文件第六条规定执行。

根据上述政策规定,房地产开发企业将开发产品用于换取其他单位和个人的非货币性资产等,发生所有权转移时应视同销售房地产,其收入按下列方法和顺序确认:

(1) 按本企业在同一地区、同一年度销售的同类房地产的平均价格确定;

(2) 由主管税务机关参照当地当年、同类房地产的市场价格或评估价值确定。

如果涉及收付补价,按以下公式计算的金额确认为计入开发成本的拆迁补偿费作为扣除项目金额:

收取补价的:

计入开发成本的拆迁补偿费=视同销售收入金额-收取的补价

支付补价的:

计入开发成本的拆迁补偿费=视同销售收入金额+收取的补价

收入等相关计算同增值税。

五、企业所得税处理

《国家税务总局关于房地产开发企业以房屋抵顶地价计算缴纳企业所得税问题的

批复》(国税函〔2002〕172号)规定:"根据《中华人民共和国企业所得税暂行条例》及《关于企业所得税几个具体问题的通知》(财税字〔1996〕79号)文件的有关规定精神,房地产开发企业以房屋抵顶地价款赔偿给原住户的,在计算缴纳企业所得税时,对赔偿的房屋应视同对外销售,销售收入按其公允价值或参照同期同类房屋的市场价格确定。"

根据《房地产开发经营业务企业所得税处理办法》第七条的规定,企业将开发产品用于换取其他企事业单位和个人的非货币性资产等行为,应视同销售,于开发产品所有权或使用权转移,或实际取得利益权利时确认收入(或利润)的实现。确认收入(或利润)的方法和顺序为:

(1) 按本企业近期或本年度最近月份同类开发产品市场销售价格确定;

(2) 由主管税务机关参照当地同类开发产品市场公允价值确定;

(3) 按开发产品的成本利润率确定。开发产品的成本利润率不得低于15%,具体比例由主管税务机关确定。

根据上述政策,上例中,假定开发产品的市场销售价格为3800元/平方米,则:

$$销售额(含税)=371\,357.96\times3\,800=1\,411\,160\,248.00(元)$$

$$不含税计税销售额=1\,411\,160\,248.00\div(1+11\%)$$

$$=1\,271\,315\,538.73(元)$$

【提示】房地产开发企业在处理这类项目时,一般都有按市场价格销售的同期同类开发产品,因此可以直接按市场销售价格确定。如果确实无法按照市场销售价格或市场公允价值确定,可以按照开发产品的成本利润率确定,但是由于不同税种(甚至不同地区)成本利润率不同,特别是营改增后,要将含税价格换算为不含税价格,因此就需要确定一个统一的成本利润率。根据目前的营改增政策,从计算逻辑及简化的角度出发,应按照增值税确定的成本利润率计算核定的销售额。

六、拆迁还房涉税审计检查

拆迁还房会计处理业务及涉税业务均比较复杂,而且很多项目涉及老城或城乡接合部改造升级，牵扯的面比较广，但是对于税收检查而言，只要抓住拆迁还房业务流程，就能将问题查清楚。

1. 审核业务流程

尽管拆迁还房业务比较复杂，但是只要搞清楚业务流程，就可以对照政策判断是否有问题。搞清楚业务流程有两个要点：一是业务实质，通过审核相关批文、合同等将企业发生的拆迁还房业务理清楚；二是会计处理，在理清业务资料的同时，把相关会计处理流程清理出来，通过会计科目的走向，判断会计处理的合理性。

2. 进行政策比对计算

在理清业务流程的基础上，对取得的数据，按照各税种政策规定，重新计算相关税款，再比对企业已经进行的涉税处理，通过比对确定存在的问题。

第七节
发票检查中发票违规行为涉及的相关处理

发票是在购销商品、提供或者接受服务以及从事其他经营活动过程中,开具、收取的收付款凭证,也是税款计算的重要依据。为防止少数不法分子虚开增值税专用发票,税务主管部门对增值税专用发票的开具、入账规定了相应的政策。但是在日常业务中因种种原因,一些企业还是取得了虚开的增值税专用发票。

本书前述内容中,已经对相关发票检查进行了介绍,本节集中介绍发票违规行为涉及的处理政策,以备检查时参考。

一、取得虚开增值税专用发票的增值税处理

(一)具有主观故意性质的处理

具有主观故意性质取得虚开增值税专用发票的税务处理原则如下:

1. 利用他人虚开的发票偷税的处理

根据《国家税务总局关于纳税人取得虚开的增值税专用发票处理问题的通知》(国税发〔1997〕134号)第一条的规定,受票方利用他人虚开的专用发票,向税务机关申报抵扣税款进行偷税的,应当依照《税收征收管理法》及有关规定追缴税款,处以偷税数额50%以上5倍以下的罚款;进项税金大于销项税金的,还应当调减其留抵的进项税额。利用虚开的专用发票骗取出口退税的,应当依法追缴税款,处以骗税数额1倍以上5倍以下的罚款。

2. 从第三方等取得发票偷税的处理

根据国税发〔1997〕134号文件第二条的规定,在货物交易中,购货方从销售

方取得第三方开具的专用发票,或者从销货地以外的地区取得专用发票,向税务机关申报抵扣税款或者申请出口退税的,应当按偷税、骗取出口退税处理,依照《税收征收管理法》及有关规定追缴税款,处以不缴或者少缴的税款50%以上5倍以下的罚款或处骗取税款1倍以上5倍以下的罚款。

3. 未申报抵扣税款的处理

根据国税发〔1997〕134号文件第三条的规定,纳税人以该文件第一条、第二条所列的方式取得专用发票未申报抵扣税款,或者未申请出口退税的,应当依照《中华人民共和国发票管理办法》有关规定处理。

《中华人民共和国发票管理办法》(以下简称《发票管理办法》)第三十七条规定:"违反本办法第二十二条第二款的规定虚开发票的,由税务机关没收违法所得;虚开金额在1万元以下的,可以并处5万元以下的罚款;虚开金额超过1万元的,并处5万元以上50万元以下的罚款;构成犯罪的,依法追究刑事责任。"

4. 构成犯罪的处理

根据国税发〔1997〕134号文件第四条的规定,"利用虚开的专用发票进行偷税、骗税,构成犯罪的,税务机关依法进行追缴税款等行政处理,并移送司法机关追究刑事责任"。

5. 其他认定为偷税或者骗取出口退税的处理

《国家税务总局关于〈国家税务总局关于纳税人取得虚开的增值税专用发票处理问题的通知〉的补充通知》(国税发〔2000〕182号)规定,有下列情形之一的,无论购货方(受票方)与销售方是否进行了实际的交易,增值税专用发票所注明的数量、金额与实际交易是否相符,购货方向税务机关申请抵扣进项税款或者出口退税的,对其均应按偷税或者骗取出口退税处理:

(1)票面信息不符。购货方取得的增值税专用发票所注明的销售方名称、印章与其进行实际交易的销售方不符的,即国税发〔1997〕134号文件第二条规定的"购货方从销售方取得第三方开具的专用发票"的情况。

(2)从销货地以外的地区取得专用发票。购货方取得的增值税专用发票为销售方所在省（自治区、直辖市和计划单列市）以外地区的，即国税发〔1997〕134号文件第二条规定的"从销货地以外的地区取得专用发票"的情况。

（3）购货方明知发票有问题。其他有证据表明购货方明知取得的增殖税专用发票系销售方以非法手段获得的，即国税发〔1997〕134号文件第一条规定的"受票方利用他人虚开的专用发票，向税务机关申报抵扣税款进行偷税"的情况。

（二）具有非主观故意性质的处理

《国家税务总局关于纳税人善意取得虚开的增值税专用发票处理问题的通知》（国税发〔2000〕187号）规定，在购货方（受票方）不知道取得的增值税专用发票是销售方虚开的情况下，即纳税人善意取得虚开的增值税专用发票，对购货方的处理要区分以下三种情况：

1. 购货方与销售方存在真实的交易

根据国税发〔2000〕187号文件的规定，在购货方（受票方）不知道取得的增值税专用发票是销售方虚开（即纳税人善意取得虚开的增值税专用发票）的情况下，对购货方的处理为：购货方与销售方存在真实的交易，销售方使用的是其所在省（自治区、直辖市和计划单列市）的专用发票，专用发票注明的销售方名称、印章、货物数量、金额及税额等全部内容与实际相符，且没有证据表明购货方知道销售方提供的专用发票是以非法手段获得的，对购货方不以偷税或者骗取出口退税论处。但应按有关规定不予抵扣进项税款或者不予出口退税；购货方已经抵扣的进项税款或者取得的出口退税，应依法追缴。

2. 购货方能够重新从销售方取得合法有效票据

根据国税发〔2000〕187号文件的规定，在购货方（受票方）不知道取得的增值税专用发票是销售方虚开（即纳税人善意取得虚开的增值税专用发票）的情况下，对购货方的处理为：购货方能够重新从销售方取得防伪税控系统开出的合法、有效专用发票的，或者取得手工开出的合法、有效专用发票且取得了销售方所在地税务机关已经或者正在依法对销售方虚开专用发票行为进行查处证明的，购货方所在地税务机关应依法准予抵扣进项税款或者出口退税。

3. 进项税款得到抵扣前知道发票是销售方以非法手段获得的

根据国税发〔2000〕187 号文件的规定，在购货方（受票方）不知道取得的增值税专用发票是销售方虚开（即纳税人善意取得虚开的增值税专用发票）的情况下，如有证据表明购货方在进项税款得到抵扣、或者获得出口退税前知道该专用发票是销售方以非法手段获得的，对购货方应按国税发〔1997〕134 号和国税发〔2000〕182 号文件的规定处理。

二、取得虚开的增值税专用发票的企业所得税税前扣除

发票是在购销商品、提供或者接受服务以及从事其他经营活动中，开具、收取的收付款凭证。根据《发票管理办法》第二十一条的规定，不符合规定的发票，不得作为财务报销凭证，任何单位和个人有权拒收。

《企业所得税税前扣除凭证管理办法》（国家税务总局公告 2018 年第 28 号发布）第十二条规定："企业取得私自印制、伪造、变造、作废、开票方非法取得、虚开、填写不规范等不符合规定的发票，以及取得不符合国家法律、法规等相关规定的其他外部凭证，不得作为税前扣除凭证。"

根据上述政策规定，无论什么情况，只要是未按规定取得的发票以及填写不规范的发票，均属于非法票据，不得作为财务报销凭证，也就是不能作为企业所得税税前扣除的凭证。但是相关业务如果是真实发生的，则可以按以下原则处理：

（一）不具有主观故意性质的处理

1. 能够重新从销售方取得合法、有效专用发票的处理

根据《发票管理办法》第二十一条及《企业所得税税前扣除凭证管理办法》第十二条等相关规定，税前扣除必须是合法有效且填写正确的发票，因此虚开的增值税发票及其他各项票据，无论是在什么情况下取得的，都不能作为企业所得税税前扣除的凭据，除善意取得虚开的增值税专用发票外，其他行为均要依据法律法规给

予严厉处罚。

《企业所得税法》第八条规定："企业实际发生的与取得收入有关的、合理的支出，包括成本、费用、税金、损失和其他支出，准予在计算应纳税所得额时扣除。"

《企业所得税税前扣除凭证管理办法》第十三条规定："企业应当取得而未取得发票、其他外部凭证或者取得不合规发票、不合规其他外部凭证的，若支出真实且已实际发生，应当在当年度汇算清缴期结束前，要求对方补开、换开发票、其他外部凭证。补开、换开后的发票、其他外部凭证符合规定的，可以作为税前扣除凭证。"

根据上述政策规定，对纳税人取得虚开的增值税发票及其他各项票据，有证据表明业务（购货）是真实合法的，且购货方能够重新从销售方取得按规定流程系统开出的合法、有效专用发票的，则可以在企业所得税税前扣除。

【提示】纳税人取得虚开的增值税专用发票，除具有善意情节外，其他行为均要先接受税务机关依据法律法规给予的处罚，之后再根据政策规定按要求取得发票在税前列支。

2. 无法重新从销售方取得合法、有效专用发票的处理

根据《企业所得税法》第八条及《企业所得税税前扣除凭证管理办法》第十三条等相关规定，对纳税人取得虚开的增值税发票及其他各项票据，有证据表明业务（购货）是真实合法的，且购货方能够重新从销售方（对方）取得按规定流程系统开出的合法、有效增值税发票及其他各项票据的，则可以在企业所得税税前扣除。

对于因种种原因已经无法取得发票的，根据《企业所得税税前扣除凭证管理办法》第十四条规定，"企业在补开、换开发票、其他外部凭证过程中，因对方注销、撤销、依法被吊销营业执照、被税务机关认定为非正常户等特殊原因无法补开、换开发票、其他外部凭证的，可凭以下资料证实支出真实性后，其支出允许税前扣除：

（一）无法补开、换开发票、其他外部凭证原因的证明资料（包括工商注销、机构撤销、列入非正常经营户、破产公告等证明资料）；

（二）相关业务活动的合同或者协议；

（三）采用非现金方式支付的付款凭证；

(四)货物运输的证明资料;

(五)货物入库、出库内部凭证;

(六)企业会计核算记录以及其他资料。

前款第一项至第三项为必备资料"。

根据上述政策规定,对方如果不属于上述特殊状态,而是处于正常营业状态,则必须取得规定的发票。

(二) 具有主观故意性质的处理

1. 能够重新从销售方取得合法、有效专用发票的处理

根据企业所得税相关政策原则,税前扣除必须有合法有效的票据,因此购货方利用(取得)他人虚开的专用发票、从第三方开具、从销货地以外的地区取得专用发票,都不能作为企业所得税税前扣除的凭据。

根据增值税政策规定,购货方利用(取得)他人虚开的专用发票、从第三方开具、从销货地以外的地区取得专用发票以及在进项税款得到抵扣前知道该专用发票是销售方以非法手段获得的,均具有主观上的故意,要按照相关法律法规给予处罚。

对于企业所得税,根据《企业所得税法》第八条及《企业所得税税前扣除凭证管理办法》第十三条等相关规定,如果购货方能够从真实的销售方取得合法有效票据的,且真实的销售方已经进行了税务处理,则其发生的成本可以在企业所得税税前扣除。

2. 无法重新从销售方取得合法、有效专用发票的处理

根据企业所得税相关政策原则,税前扣除必须有合法有效的票据,因此购货方利用(取得)他人虚开的专用发票、从第三方开具、从销货地以外的地区取得专用发票,都不能作为企业所得税税前扣除的凭据。

在上述行为接受税务机关给予的行政处罚后,根据《企业所得税法》第八条及《企业所得税税前扣除凭证管理办法》第十三条的规定,如果可以重新取得发票,可以作为企业所得税税前扣除的凭据,对于因种种原因已经无法取得发票的,根据上述管理办法第十四条的规定,"企业在补开、换开发票、其他外部凭证过程中,因对

方注销、撤销、依法被吊销营业执照、被税务机关认定为非正常户等特殊原因无法补开、换开发票、其他外部凭证的，可凭以下资料证实支出真实性后，其支出允许税前扣除：

（一）无法补开、换开发票、其他外部凭证原因的证明资料（包括工商注销、机构撤销、列入非正常经营户、破产公告等证明资料）；

（二）相关业务活动的合同或者协议；

（三）采用非现金方式支付的付款凭证；

（四）货物运输的证明资料；

（五）货物入库、出库内部凭证；

（六）企业会计核算记录以及其他资料。

前款第一项至第三项为必备资料"。

根据上述政策规定，对方如果不属于上述特殊状态，而是处于正常营业状态，则必须取得规定的发票。

（三）其他情形的处理

1. 企业在汇算清缴期结束后，仍然有应当取得而未取得发票的处理

《企业所得税税前扣除凭证管理办法》第六条规定："企业应在当年度企业所得税法规定的汇算清缴期结束前取得税前扣除凭证"；第十五条规定："汇算清缴期结束后，税务机关发现企业应当取得而未取得发票、其他外部凭证或者取得不合规发票、不合规其他外部凭证并且告知企业的，企业应当自被告知之日起60日内补开、换开符合规定的发票、其他外部凭证。其中，因对方特殊原因无法补开、换开发票、其他外部凭证的，企业应当按照本办法第十四条的规定，自被告知之日起60日内提供可以证实其支出真实性的相关资料"；第十六条规定："企业在规定的期限未能补开、换开符合规定的发票、其他外部凭证，并且未能按照本办法第十四条的规定提供相关资料证实其支出真实性的，相应支出不得在发生年度税前扣除"。

根据上述政策规定，如果企业在汇算清缴期结束后，仍然有应当取得而未取得发票、其他外部凭证或者取得不合规发票、不合规其他外部凭证情形的，要按照规定取得发票，否则不论业务是否真实，相应支出均不得在发生年度税前扣除。

2. 企业以前年度应当取得而未取得发票的处理

《企业所得税税前扣除凭证管理办法》第十七条规定："除发生本办法第十五条规定的情形外，企业以前年度应当取得而未取得发票、其他外部凭证，且相应支出在该年度没有税前扣除的，在以后年度取得符合规定的发票、其他外部凭证或者按照本办法第十四条的规定提供可以证实其支出真实性的相关资料，相应支出可以追补至该支出发生年度税前扣除，但追补年限不得超过五年。"

根据上述政策规定，在追补年限内进行处理时，还要按规定调整相应年度企业所得税应纳税所得额。

PRACTICAL STRATEGIES OF
Real Estate Enterprises'
TAX INSPECTION

第五章
房地产开发企业土地增值税清算检查要点

土地增值税是对转让国有土地使用权、地上的建筑物及其附着物（以下简称转让房地产）并取得收入的单位和个人征收的一种税。土地增值税的清算是土地增值税征管中最繁杂的工作环节，本章不是单纯讲解土地增值税的清算业务，而是以清算成果为依据，基于土地增值税清算业务，对所有涉及税种的检查进行介绍。为保证叙述的完整性和逻辑性，先简要介绍土地增值税检查方式和内容，然后按照土地增值税清算申报表税款计算顺序，讲解相关税种检查内容，在介绍土地增值税清算过程的基础上讲解相关政策和税务检查要点。这种方式既可以帮助企业在土地增值税项目清算中对项目运作过程进行回顾自查，消除税收风险，同时也给税务检查人员提供一种利用土地增值税项目清算成果，对所有涉税问题进行检查的简便方法。考虑到营改增前后，营业税和增值税的处理方式不同，因此在涉及流转税问题时，以增值税为主，将营业税和增值税的不同处理方式同时列举，以备在处理营改增前后清算项目业务时参考。

第一节 土地增值税清算检查风险模型

由于土地增值税的检查大多数是在中介机构完成清算的基础上进行的，因此这类检查有较好的基础，其检查的专业方法主要是：首先收集土地增值税清算资料，包括申报表及其附表以及清算数据；然后建立风险模型，评估每项成本、费用的合理性和合法性，并结合检查人员的经验进行分析、判断，找出其中的疑点问题；再对照实物、账册和原始凭证对疑点问题进行各个击破，最终完成土地增值税的清算检查。

由于企业会计报表中的收入与相应的成本、费用是由项目收入及成本费用构成的，而且相关部门之间形成了一定程度的数据共享，这些都为我们建立土地增值税风险模型提供了可能。

例如，对项目土地增值税税负率（项目土地增值税税负率＝项目应纳土地增值税额÷项目转让房地产收入总额×100%），可以将同一区域同类别的房地产项目土地增值税的平均税负率与纳税人申报的土地增值税税负率进行对比，从而发现疑点，同时进行关联分析，对疑点的风险程度进行识别。

又如，对项目单位面积开发成本/费用（项目单位面积开发成本/费用＝项目开发成本/费用÷项目可售面积），可以将同一区域同类别的房产项目的单位面积的成本或费用进行比较，判断是否存在多列、虚列成本、费用而少申报应税所得额等疑点，同时进行关联分析，对疑点的风险程度进行识别。

将风险模型引入检查过程，可以极大地提高检查的效率，快速发现疑点和涉税风险，保证检查的力度和深度。

第二节 土地增值税预征、核定征收政策及检查

一、土地增值税预征

土地增值税的预征不是土地增值税清算的直接内容，而是房地产开发企业在房屋销售过程中，按转让收入（含预收款）和预征率计算的税款，在对某项目进行土地增值税清算时，其已经预征入库的税款要计入已缴税款加以处理。

（一）土地增值税预征政策

1. 适用的房地产开发企业业务

对于一般的商品房开发业务，房地产开发企业土地增值税征收采取先预征再清算的方式，对旧房转让和一次性销售行为，不适用预征而采取一次性征收办法。

2. 预征税款计算公式

（1）营改增前。土地增值税预征税款＝该项目的转让收入（含预收款）×预征率。

（2）营改增后。营改增后，纳税人转让房地产的土地增值税应税收入不含增值税。适用增值税一般计税方法的纳税人，其转让房地产的土地增值税应税收入不含增值税销项税额；适用简易计税方法的纳税人，其转让房地产的土地增值税应税收入不含增值税应纳税额。

为简化土地增值税预征税款计算，房地产开发企业采取预收款方式销售自行开发的房地产项目的，可按照以下方法计算土地增值税预征计征依据：

土地增值税预征的计征依据＝预收款－应预缴增值税税款

土地增值税预征税款＝土地增值税预征的计征依据×预征率

3. 未按预征规定期限预缴税款的处理

对未按预征规定期限预缴税款的，应根据《税收征收管理法》及其实施细则的有关规定，从限定的缴纳税款期限届满的次日起，加收滞纳金。

（二）部分地区的预征率

土地增值税的预征率一般由各地税务机关根据当地具体情况，在国家税务总局规定的幅度内确定。

例如福建省规定，土地增值税预征率的确定分为两种情形：

一是基本预征率。"除保障性住房实行零预征率外，各地不同类型房地产预征率如下：

（1）普通住房2%；

（2）非普通住房，福州市4%，其他设区市3%；

（3）非住房，福州市6%，其他设区市5%。其中非住房中的工业厂房2%。

房地产开发企业应当对适用不同预征率的不同类型房地产销售收入分别核算并申报预缴；对未分别核算预缴的，从高适用预征率预征土地增值税"。

二是单项预征率。"对测算的土地增值税税负率明显偏高的房地产开发项目，可以实行单项预征率，即：在房地产预售环节，依据房地产开发项目取得成本、销售价格、预计的开发成本及开发费用等情况，测算应纳土地增值税税额（考虑普通住房免税因素后），以测算的应纳税额除以预计的转让收入，计算出该项目土地增值税税负率水平；若测算的税负率水平，明显高于以预征率测算的预征税额计算出的项目整体预征率水平的，可以实行单项预征率预征。单项预征率按照对该项目测算的土地增值税税负率水平合理确定，并依据税负变化情况适时调整"。

再来看江苏省的规定。预计增值率大于100%且小于或等于200%的房地产开发项目，预征率为5%；预计增值率大于200%的房地产开发项目，预征率为8%。

公共租赁住房、廉租住房、经济适用房、城市和国有工矿棚区改造安置住房等保障性住房，仍暂不预征。

除上述规定的情形外，南京市、苏州市市区（含工业园区）普通住宅、非普通住宅、其他类型房产的预征率分别为：2%、3%、4%；其他地区普通住宅、非普通住宅、其他类型房产的预征率均为2%。

（三）预征税款审计检查要点

在检查土地增值税预征税款时，关键点是检查商品房的类别，看预征率适用情况。营改增前，土地增值税预征的计税范围和依据基本上和营业税同口径，营改增后的变化就是计税依据不含预征的增值税。因此，凡是有隐瞒预收账款等行为而少缴增值税的，均会同时存在少缴纳土地增值税预征税款的问题，其审计检查涉及的资料及要点与营业税、增值税检查基本相同。

二、土地增值税核定征收

土地增值税核定征收是指由于纳税人存在的种种情况，无法进行土地增值税清算，而采取的一种征收方式。

（一）土地增值税核定征收政策

《土地增值税清算管理规程》（国税发〔2009〕91号文件发布）第三十四条规定，在土地增值税清算中符合以下条件之一的，可实行核定征收。

（1）依照法律、行政法规的规定应当设置但未设置账簿的；

（2）擅自销毁账簿或者拒不提供纳税资料的；

（3）虽设置账簿，但账目混乱或者成本资料、收入凭证、费用凭证残缺不全，难以确定转让收入或扣除项目金额的；

（4）符合土地增值税清算条件，企业未按照规定的期限办理清算手续，经税务机关责令限期清算，逾期仍不清算的；

（5）申报的计税依据明显偏低，又无正当理由的。

(二)部分地区的核定征收率

土地增值税的核定征收率一般由各地税务机关根据各地的具体情况,在国家税务总局规定的幅度下制定。

例如天津市规定,普通标准住宅的核定征收率为6%;非普通标准住宅和其他类型房地产的核定征收率为8%;无法准确区分不同房地产类型的,核定征收率为8%。

又如武汉市规定,土地增值税核定征收率,按普通住房、非普通住房及其他类型房地产三种划分。江岸、江汉、硚口、汉阳、武昌、青山、洪山区及东湖新技术开发区、武汉经济技术开发区、东湖生态旅游风景区按普通住房、非普通住房及其他类型房地产三种划分,分别为5%、7%、9%;东西湖、汉南、蔡甸、新洲、黄陂、江夏区按普通住房、非普通住房及其他类型房地产三种划分,分别为5%、6%、8%;单纯土地使用权转让为10%。

(三)核定征收审计检查相关要点

1. 审核核定征收率

土地增值税核定征收的检查主要是看确定的核定征收率是否正确,同时在日常管理和税务检查中,发现纳税人存在《土地增值税清算管理规程》第三十四条规定的情形的,按规定的程序进行核定征收处理。

各地税务机关对违反核定政策规定的,从征管角度均有规范要求。例如,江苏省税务局规定:税务机关在日常征管和稽查中,发现已清算项目存在不符合核定征收条件或纳税人申报不实等情形的,应重新进行清算并依法补征税款。构成偷税的,按《税收征收管理法》的有关规定处理。

2. 审核不得核定征收情形

根据土地增值税政策规定,核定征收要依据一定的条件,对政策规定不得核定征收的，要改为按实清算。在检查中，除对照政策审核是否符合条件以外，对单纯土地使用权转让、转让旧房等行为是否可以核定征收以及核定征收率为多少，各地掌握的尺度有一定差异，检查时要注意当地税务机关的具体征管规定。

例如重庆市规定，凡纳税人转让土地使用权的行为、股权交易和投资行为、单位转让旧房行为，一律不适用核定征收方式征收税款。

又如江苏省规定，实行核定征收方式进行清算的房地产项目，主管税务机关应根据其房地产单位售价、单位土地成本、当地建设工程造价管理部门公布的单位平均造价等指标测算其增值率，确定核定征收率，报省辖市税务机关备案。同一期清算项目中包含的普通标准住宅、普通住宅、非普通住宅或其他类型房地产，应当分别测算增值率，并分别确定核定征收率。同一幢楼内的普通住宅、非普通住宅和商业用房，可合并测算增值率，确定核定征收率。

第三节 土地增值税清算项目的确定

确定清算项目是纳税人进行土地增值税清算工作的第一个环节。对于根据政策符合清算条件的项目，纳税人应在规定的时间内到主管税务机关办理清算手续。

一、确定清算项目需要归集的资料

确定土地增值税清算项目的重要依据是项目规划、最小核算单位、销售进度等，因此在清算工作及税务检查中需要归集的资料有：项目批文、用地规划设计书、建筑规划设计书、规划许可证、施工许可证、销售窗口表、销控表、竣工验收表、房屋测绘表及"开发成本"账户及其明细账户的数据等。

二、确定清算项目涉及的政策

（一）清算时点

1. 符合条件的

对于符合条件应进行土地增值税清算的项目，纳税人应当在满足条件之日起 90 日内到主管税务机关办理清算手续。

2. 符合一定条件的

对于符合一定条件税务机关可要求纳税人进行土地增值税清算的项目，一般情况下由主管税务机关确定是否进行清算；对于确定需要进行清算的项目，由主管税务机关下达清算通知书，纳税人应当在收到清算通知书之日起 90 日内办理清算手续。

3. 拒不清算的处理

应进行土地增值税清算的纳税人或经主管税务机关确定需要进行清算的纳税人，在上述规定的期限内拒不清算或不提供清算资料的，主管税务机关可依据《税收征收管理法》有关规定处理。

（二）清算条件

1. 应进行土地增值税清算的条件

纳税人符合下列条件之一的，应进行土地增值税的清算：
（1）房地产开发项目全部竣工、完成销售的；
（2）整体转让未竣工决算房地产开发项目的；
（3）直接转让土地使用权的。

2. 可要求进行土地增值税清算的条件

纳税人符合以下条件之一的，主管税务机关可要求纳税人进行土地增值税清算。
（1）已竣工验收的房地产开发项目，已转让的房地产建筑面积占整个项目可售建筑面积的比例在85％以上，或该比例虽未超过85％，但剩余的可售建筑面积已经出租或自用的；
（2）取得销售（预售）许可证满三年仍未销售完毕的；
（3）纳税人申请注销税务登记但未办理土地增值税清算手续的；
（4）省（自治区、直辖市、计划单列市）税务机关规定的其他情况。

（三）清算（核算）单位的确定

1. 以最基本的核算项目或核算对象为单位

土地增值税以纳税人房地产成本核算的最基本的核算项目或核算对象为单位计算。同一开发项目中包含多种类型房地产的，按以下类别作为核算对象，分别计算收入、扣除项目金额、增值额、增值率,缴纳土地增值税。

(1) 普通标准住宅;

(2) 其他类型住宅(含普通住宅和非普通住宅);

(3) 非住宅类房产。

2. 以审批、备案的项目为单位

土地增值税以国家有关部门审批、备案的项目为单位进行清算,对于国家有关部门批准的分期开发的项目,以分期项目为单位进行清算。对国家有关部门批准的开发项目或分期项目开发周期较长,纳税人自行分期开发,其收入、成本、费用按规定分别归集的,主管税务机关可将自行分期项目确定为清算单位。

三、税务检查要点

确定清算项目环节的税务审计检查不涉及对土地增值税的实质性检查,主要是核对清算时点及清算单位的确定是否正确。

1. 清算已经完毕或正在清算的项目

对于土地增值税清算已经完毕或正在清算的项目,主要核对其是否按规定的清算单位(对象)进行清算,因为不同时期的清算单位会涉及商品房、建材等价格波动,清算出不一样的最终税款。具体可以根据规定的政策去对照项目批文、建筑规划设计书、规划许可证、施工许可证及"开发成本"账户中明细账户的设置等,以确定正确的清算单位(对象)。

2. 未进行土地增值税清算的项目

对于未进行土地增值税清算的项目,则根据销售窗口表、销控表、竣工验收表、房屋测绘表等资料,核清其销售已竣工验收的房地产开发项目的具体情况,并要求企业按政策规定的清算条件和时点进行处理。

第四节

土地增值税清算应归集的资料

纳税人在确定清算项目后,就要归集齐全所有相关资料,为进入实质性工作打好基础。土地增值税清算业务复杂烦琐,其中涉及的各种批文、许可证书、规划设计以及各类财务数据资料等多达几十项,这些资料不仅是业务发生的直接证明,也是涉税行为判断的直接依据,更是会计核算、涉税计算的直接基础数据。一般在项目清算中,这些资料都是基本清算资料,在开展正式清算业务前应准备齐全并登记造册,检查人员可以充分运用这些资料进行检查。

一、土地增值税清算需要归集的资料

(一)应归集的资料

根据政策规定以及清算工作的需要,纳税人在进行清算工作时,需要归集完整的反映项目运作的各种资料。

1. 各类许可证、权证、批文

来自有关管理部门的资料如下:
(1) 开发项目立项批复;
(2) 规划申请、报告及图纸,建设用地规划许可证,建设工程规划许可证;
(3) 国有土地使用权出让合同、土地使用权证;
(4) 建筑工程施工许可证;
(5) 建设工程施工图设计文件审查批准书;
(6) 商品房销售(预售)许可证;

（7）工程概况及备案意见；

（8）房屋竣工验收表；

（9）房屋分户（室）面积测绘表。

2. 在项目运作中产生的资料表格

纳税人在项目运作中产生的资料如下：

（1）能够按清算项目支付贷款利息的有关证明及借款合同、银行贷款利息结算通知单；

（2）各类（种）建筑工程合同；

（3）项目竣工决算报表、结算单；

（4）项目的预算、概算书；

（5）房屋销售窗口表、销控表；

（6）与转让房地产的收入、成本和费用有关的证明资料；

（7）统计项目总建筑面积、按业态或清算对象统计可售面积、已售面积、未售面积、自持物业面积、公共配套面积。

（8）与转让房地产有关的完税凭证及清算项目预缴土地增值税的完税凭证；

（9）财务会计报表；

（10）企业所得税汇算清缴报告及预转毛利情况表。

（二）相关资料中的涉税问题判断

取得这些资料后，有些税收问题（疑点）可以直接根据资料判断出来。

1. 印花税问题

根据国有土地出让或转让、设计、勘察、测绘等各类合同及印花税缴纳统计表，直接核对相关印花税贴花及申报缴纳情况。

2. 城镇土地使用税问题

根据国有土地出让或转让合同、房屋销售窗口表、销控表等，直接核对每期城镇土地使用税缴纳情况。

3. 企业所得税问题

企业所得税问题的判断比较复杂，可以从成本分摊、业态划分等角度去分析疑点，并在随后的清算资料数据检查中逐步落实。

二、土地增值税清算中产生的资料

（一）清算中整理原始凭证资料后产生的表格

整理，实质上就是在土地增值税清算工作中，对收入、成本扣除项目等的清理鉴别工作，最终计算出符合规定的收入额和扣除数额。整理后产生的表格绝大部分是清算申报表的附件资料（申报明细表），是根据"开发成本"清理表整理的。这些资料是清算工作中对各项清算指标分析判断进而做出处理结果的汇总，只有清算工作完成后才能产生，是清算业务的重要成果，也是税务审计检查的重要依据资料。

"开发成本"清理表（一般是电子文档）是在对涉及"开发成本"科目的每笔业务进行重新清理后产生的。重新清理，就是将"开发成本"科目记录的每笔业务，重新按增值额扣除项目分类进行归集，在整理中对每笔业务的原始凭证进行查阅甄别，将不符合规定的剔除或单列表格。整理后会产生多个重要表格：

（1）取得土地使用权所支付的金额明细表。附相关证明资料：国有土地使用权出让合同（转让协议）、支付地价款的取得的发票或财政专用收据、完税凭证、付款凭证（如转让支票、汇款单等）。

（2）土地征用及拆迁补偿费明细表。附相关证明资料：拆迁补偿合同（协议）、被拆迁单位开具的发票或由被拆迁人签字确认的相关单据。

（3）前期工程费明细表。附相关证明资料：合同及凭证、代收费用的财政收据。

（4）建安工程费明细表。附相关证明资料：合同及凭证、代收费用的财政收据。

（5）基础设施费明细表。附相关证明资料：合同及凭证、代收费用的财政收据。

（6）公共配套设施费明细表。附相关证明资料：合同及凭证、代收费用的财政收据。

（7）开发间接费明细表。附相关证明资料：合同及凭证、代收费用的财政收据。

（8）利息支出明细表。附相关证明资料：银行贷款利息结算通知单及借款合同。

（9）与转让房地产有关税金缴纳情况明细表。附相关证明资料：与转让房地产有关的完税凭证、清算项目预缴土地增值税的完税凭证。

（10）各类代收费用明细表。附相关证明资料：复印凭证及原始凭证。

（11）大额成本费用支出表。附相关证明资料：复印凭证及原始凭证。

（12）没有收到正式发票的工程成本明细表。附相关证明资料：复印凭证及原始凭证。

（13）房地产转让收入明细表。附相关证明资料：房屋分户（室）面积对照表、商品房购销合同统计表、当期财务会计报表及销售发票、其他销售房地产的有关证明资料。

（二）清算中分析计算后制作的表格

在土地增值税清算工作中，会有一些过渡性表格或成果性表格，在税收检查中可以要求企业提供，如企业无法提供则要重新计算制作。这类表格包括：

（1）各类资产（物业）表。如未销售部分以及公共配套设施、人防、自用等部分明细统计表。

（2）成本分摊表。即分期开发的项目，土地成本在各期之间的分摊计算表。

（3）公共配套成本分摊表。如公共配套成本的分摊计算表，在各期之间的分摊计算表，在已销和未销商品房之间的分摊计算表。

（4）期间费用分摊表。即其他公共成本（期间费用，如利息）的计算分摊表。

（5）成本计算单。包括总成本计算表、转固定资产项目成本计算表、各分期开发项目计算表等。

（三）其他资料

已经清算完毕的项目还有如下资料：

（1）《土地增值税清算税款鉴证报告》；

(2) 土地增值税纳税清算申报表、申报明细表及相应的证明资料；

(3) 主管税务管理机关出具的清算逻辑审核报告。

（四）相关资料中的涉税问题判断

对清算工作中产生的资料，可以根据其反馈的信息，直接对涉及的相关税种进行一些问题的判断。

1. 银行借款印花税问题

根据银行借款利息表相关数据计算相应的印花税，核对银行借款印花税完税情况。

2. 项目特殊情况

根据收入统计表中确认的各种类型，分析涉及增值税（营改增前为营业税）、企业所得税的项目特殊情况，如价格明显偏低、视同销售等。

3. 不得税前列支票据

根据清算中已经列出的不符合规定票据、未收到票据等数据（表格）情况，判断分析企业所得税涉税情况，对于不得税前列支的部分，应进行企业所得税处理。

4. 成本费用调整

对于在清算中已经确定不得在企业所得税税前列支的内容，明确是否调整相应成本，对于已经结转固定资产成本（包括投资性房地产）并开始提取折旧的，如果涉及调整，则要改变固定资产的入账价值，调整相应年度企业所得税。

5. 成本费用分摊

一般房地产开发企业在进行日常成本计算和土地增值税清算时，都要依据企业所得税和土地增值税的规定，对相关成本费用进行分期、分项目的分配（分摊）计算并制作计算表。在检查时，可以对照企业的分摊计算表和相关规划内容等进行判断,对分摊计算表中的数据,主要是分析分子、分母数据的汇集以及性质。

以上内容是土地增值税清算的基础,也是开展税务检查进行查前准备的重要部分。只有掌握翔实的清算资料,才能保证土地增值税及各项税种检查的完整和顺利进行。

三、分期、分项计算资料的应用

分期、分项计算是指房地产开发企业由于多个项目同时进行或一个项目分拆进行,所产生的一些成本费用要在不同项目、不同期间进行分配(分摊),同时,在已销售房屋和未销房屋之间也涉及成本费用的分配(分摊)。在审计检查的整个过程中,特别是土地成本、建筑成本检查中,要注意以下要点:

1. 归集资料

一般房地产开发企业在进行日常成本计算和土地增值税清算时,都要依据企业所得税和土地增值税的规定,对相关成本费用进行分期、分项目的分配(分摊)计算并制作计算表。在检查时,凡是遇到需要分期、分项计算的分配(分摊)数据的,均应先取得企业已经有的分摊计算表。虽然企业所得税和土地增值税在一些处理上略有不同,但可以互相印证。

2. 核对数据

就是根据已经取得的计算资料,摸清成本费用的计算公式和计算数据。最主要的就是分配(分摊)和被分配(分摊)数据,需要重点核对这些数据的准确性。

由于在清算中,所有涉及分配(分摊)问题的数据,最后都要用分配(分摊)公式重新计算,因此只要公式符合政策规定,对有变化的数据重新计算,就可以确定正确的数据。

第五节　转让房地产收入总额的确定及检查

转让房地产收入总额是土地增值税清算申报表的第一项指标，是实质性清算工作的重要内容，收入的准确性直接关系到清算的准确性。

一、土地增值税清算涉及的房地产转让数据和资料

1. 转让房地产收入总额

转让房地产收入总额是指在土地增值税清算中按政策规定应确认的各项收入。为确认收入，房地产开发企业要归集的资料有：不同销售形式的合同、销售窗口表、各类销售合同或协议、财务会计报表及其他销售房地产的有关证明资料，经过统计确认后，要制作房地产转让收入明细表。

2. 附件资料

对于已经清算完毕的项目，应该有作为申报表附件的《房地产转让收入明细表》，并附有完整的相关证明资料。包括：①房屋分户（室）面积对照表；②商品房购销合同统计表；③当期财务会计报表；④其他销售房地产的有关证明资料。

二、需要查看的科目

在土地增值税清算和检查中，确认土地增值税收入需要查看的主要科目有："预收账款""产成品""营业收入"及各类往来科目。

三、转让房地产收入涉及的政策

(一) 收入的范围

1. 转让收入

包括转让国有土地使用权、地上的建筑物及其附着物取得的收入。这里的转让是指以出售或者其他方式有偿转让房地产的行为。不包括以继承、赠与方式无偿转让房地产的行为。

2. 各种附属物收入

伴随着土地使用权的转让,地上的建筑物(建于土地上的一切建筑物,包括地上地下的各种附属设施)、附着物(附着于土地上的不能移动,一经移动即遭损坏的物品)也一并转让。如果对各附属建筑物、附着物单独计价,也应当将所得并入收入。

具体的建筑物和附着物包括地上和地下的各种建筑、附属设施,以及附着于土地上的各种花、草、树木等。其中建筑包括厂房、仓库、商店、医院、学校、住宅、地下室、游泳池、围墙、烟囱等;附属设施是指与建筑不可分割的设施,如电梯、中央空调、暖气和各种管道、线路等。

(二) 转让房地产收入的形式

房地产开发企业转让房地产收入,是指转让房地产取得的全部价款及有关的经济利益,包括货币收入、实物收入和其他收入等。

(三) 土地增值税应税收入的确认

1. 营改增前

营改增前,在土地增值税清算时,已全额开具商品房销售发票的,按照发票所载金额确认收入；未开具发票或未全额开具发票的，以交易双方签订的销售合同所载的售房金额及其他收益确认收入。销售合同所载商品房面积与有关部门实际测量面积不一致，在清算前已发生补、退房款的，应在计算土地增值税时予以调整。

2. 营改增后

营改增后，房地产开发企业在进行房地产开发项目土地增值税清算时，土地增值税应税收入按以下公式确定：

$$\text{土地增值税应税收入} = \text{营改增前转让房地产取得的收入} + \text{营改增后转让房地产取得的不含增值税收入}$$

（四）非直接销售和自用房地产的收入确定

房地产开发企业将开发产品用于职工福利、奖励、对外投资、分配给股东或投资人、抵偿债务、换取其他单位和个人的非货币性资产等，发生所有权转移时应视同销售房地产，其收入按下列方法和顺序确认：

（1）同类价格核定。按本企业在同一地区、同一年度销售的同类房地产的平均价格确定；

（2）市场价格或评估价值确定。由主管税务机关参照当地当年、同类房地产的市场价格或评估价值确定。

1. 安置回迁户

（1）用本项目房地产安置。房地产开发企业用建造的本项目房地产安置回迁户的，安置用房视同销售处理，按《国家税务总局关于房地产开发企业土地增值税清算管理有关问题的通知》（国税发〔2006〕187号）第三条第（一）款规定确认收入，同时将此确认为房地产开发项目的拆迁补偿费。房地产开发企业支付给回迁户的补差价款，计入拆迁补偿费；回迁户支付给房地产开发企业的补差价款，应抵减该项目的拆迁补偿费。

（2）异地安置。房地产开发企业采取异地安置方式，异地安置的房屋属于自行开发建造的，房屋价值按国税发〔2006〕187号文件第三条第（一）款的规定计算，计入该项目的拆迁补偿费;异地安置的房屋属于购入的,以实际支付的购房支出计入拆迁补偿费。

(3) 货币安置。采取货币安置方式拆迁的,房地产开发企业凭合法有效凭据计入拆迁补偿费。

2. 转为企业自用或用于出租

房地产开发企业将开发的部分房地产转为企业自用或用于出租等商业用途时,如果产权未发生转移,不征收土地增值税,在税款清算时不列收入,不扣除相应的成本和费用。

(五) 隐瞒、虚报转让价格及价格明显偏低的处理

1. 隐瞒、虚报转让价格

隐瞒、虚报房地产转让价格,是指纳税人不报或有意低报转让土地使用权、地上建筑物及其附着物价款的行为。发生此类情形的,应由评估机构参照同类房地产的市场交易价格进行评估,根据评估价格确定转让房地产的收入。同时根据当地税务机关对相关企业所得税、增值税(营改增前为营业税)的规定,确定其相应的计税收入。

2. 转让价格明显低于同期同类价格

对转让价格明显低于同期同类价格的,可以参考《江苏省地方税务局关于土地增值税有关业务问题的公告》(苏地税规〔2012〕001号)的相关规定处理(详见本书第260页)。

(六) 以地换房收入的确定

纳税人之间以土地换房屋(不含合作建房)的,应对转让房屋和转让土地的双方分别征收土地增值税,其计征依据为房屋交易价(或评估价)。营改增后,发生以地换房行为,对交易双方均要征收增值税,其中一方适用"销售不动产——建筑物"

税目,另一方适用"销售无形资产——土地使用权"税目。

(七) 转让房地产的有关经济利益的确认

1. 违约金、赔偿金等的处理

纳税人因转让房地产收取的违约金、滞纳金、赔偿金、分期付款(延期付款)利息以及其他各种性质的经济收益,应当确认为房地产转让收入。

2. 房地产未能转让收取的违约金的处理

因房地产购买方违约,导致房地产未能转让,转让方收取的该项违约金不作为与转让房地产有关的经济利益,不确认为房地产转让收入,应为企业的营业外收入。

(八) 售后返租收入的确认

单位和个人转让房地产,同时要求购房者将所购房地产无偿或低价给转让方或者转让方的关联方使用一段时间,其实质是转让方获取与转让房地产有关的经济利益。对以此方式转让房地产的行为,应将转让房地产的全部价款及有关的经济收益确认为转让收入,依法计征土地增值税。如果转让房地产价款以外的有关经济利益无法确认,应判断其转让价格是否明显偏低。对转让价格明显偏低且无正当理由的,应采用评估或其他合理的方法确定其转让收入,依法计征土地增值税。

四、税务审计检查要点

(一) 核对正常销售数据

1. 核对销售数据

在商品房销售时,会计核算上对于尚未结转销售收入的部分,应记入"预收账款"科目,在按政策规定确认收入时,应转入"主营业务收入"科目。在审核收入情况时,除注意异常数据外,应结合销售发票存根、销售合同及合同登记簿(含房管部门网上备案登记资料)、商品房销售(预售)许可证、房屋测绘面积表、销售窗口表及其他有关资料,尤其要重点审核销售明细表、房地产销售面积与项目可售面积的数据关联性。

2. 核对面积变动发生的收入

对销售合同、销售窗口表等所载商品房面积与有关部门实际测量面积不一致,而发生补、退房款的收入,要对其调整情况进行仔细检查,核对相关原始资料。

(二)核对特殊销售情况

1. 审核会计科目

核对特殊销售情况,要审核的科目有"预收账款""应付账款""其他应付款""应收账款""其他应收款""营业外支出""固定资产清理""资本公积""待处理财产损溢"等。

2. 检查问题点

通过对其中大额、异常数据、文字摘要等内容的深入查阅,确认是否存在将开发产品用于职工福利、奖励、对外投资、分配给股东或投资人、抵偿债务、换取其他单位和个人的非货币性资产等情况。如果发生这些情况,不仅要核查土地增值税处理情况,还要延伸核查增值税、企业所得税及个人所得税的处理情况。

在清算资料中,一般有大额票据清单审核资料,可以结合这个成果,在清算审核的基础上根据具体情况扩大审核范围。对于已经确定(因票据合规问题)不得扣除的成本、费用,还要根据企业所得税对入账票据的相关规定,延伸核对企业所得税的处理。

(三) 核对价格明显偏低情况

1. 核查资料

主要是核对销售窗口表、价格主管部门批复等,对于价格明显偏低的,要仔细核对购买方的身份以及真实业务内容。

2. 核查内容

确认同时期的销售价格是否存在明显不合理的情况,对销售价格明显偏低的,是否按规定进行相应的涉税处理,包括增值税(营改增前为营业税)、土地增值税、企业所得税及个人所得税等。

目前部分地区对价格明显偏低有具体的量化指标,如江苏省规定的是10%。《江苏省地方税务局关于土地增值税有关业务问题的公告》(苏地税规〔2012〕001号)第三条第三款规定,对纳税人申报的房地产转让价格低于同期同类房地产平均销售价格10%的,税务机关可委托房地产评估机构对其评估。纳税人申报的房地产转让价格低于房地产评估机构评定的交易价,又无正当理由的,应按照房地产评估机构评定的价格确认转让收入。

对以下情形的房地产转让价格,即使明显偏低,也可视为有正当理由:
(1)法院判定或裁定的转让价格;
(2)以公开拍卖方式转让房地产的价格;
(3)政府价格主管部门确定的转让价格;
(4)经主管税务机关认定的其他合理情形。

(四) 核对出租收入

1. 核查资料和科目

通过查看"主营业务收入""其他业务收入"科目,以及查看房屋测绘面积、销售窗口表等资料,确定房地产开发企业是否准确区分了房产出售和出租的收入,其中出租收入是否按规定申报缴纳增值税（营改增前为营业税）、房产税等。

2. 审核出租商铺的处理

房地产开发企业对外出租商铺等开发产品取得的收入，不计入土地增值税清算收入总额，相应的成本也不能扣除。检查的重点是该商铺单位成本的计算是否准确。可以直接结合企业正常的单位成本计算表，核对计算的准确性。

（五）审核装修部分收入

对于装修部分的收入，首先要根据签订销售合同中列示的装修金额，分析出属于硬装收入还是软装收入。如果属于硬装收入却未计入土地增值税应税收入，则应调增补计；如果属于软装收入而计入了土地增值税应税收入，则应调减剔除。如果销售合同中未载明硬装或软装，审计人员也无法明确区分，则不做调整，一律计入土地增值税应税收入。

目前各地对装修的处理意见不尽一致。以江苏省为例，《江苏省地方税务局关于土地增值税若干问题的公告》（苏地税规〔2015〕8号）第五条规定，关于装修支出问题：房地产开发企业销售已装修的房屋，对以建筑物或构筑物为载体，移动后会引起性质、形状改变或者功能受损的装修支出，可作为开发成本予以扣除。对可移动的物品（如可移动的家用电器、家具、日用品、装饰用品等），不计收入，也不允许扣除相关成本费用。

（六）核对特殊销售方式情况

1. 确定销售形式

房地产的销售形式主要有预售方式、一次性全额收款、分期收款、银行按揭方式、采取委托方式销售（又分为支付手续费方式、视同买断方式、基价并实行超基价双方分成方式、包销方式）等。检查时应根据具体情况确定。

2. 确认实现收入的时间

不同的销售形式，确认收入的时间也不尽相同，因此，在审核过程中应当根据不同的销售形式，基于归集的相关资料，结合房地产开发企业销售合同，确认其实现收入的时间。

如果房地产开发企业有多种销售方式，则在清算基础资料中会有各种销售形式的数据清单，可以根据这些不同销售形式的清单，直接对照政策核对。

如果发现存在"没有及时"确认收入的情形，不仅要进行土地增值税处理，还要进行相应的增值税（营改增前为营业税）、企业所得税处理。

（七）核查其他各类业务

1. 各类收入项目的检查

（1）预售收入。检查企业按照项目设立的"预售收入备查簿"的相关内容，注意项目合同签订日期、交付使用日期、预售款确认收入日期、收入金额和成本费用的处理情况。

（2）销售退回、折扣与折让业务。确认销售退回、销售折扣与折让业务是否真实，内容是否完整，相关手续是否符合规定，折扣与折让的计算和会计处理是否正确。重点检查给予关联方的销售折扣与折让是否合理，是否有利用销售折扣和折让转利于关联方等情况。在检查土地增值税处理情况的基础上，进一步核对企业在增值税（营改增前为营业税）、企业所得税方面的处理。

（3）按揭款收入结转。核查按揭款收入是否申报收入，是否有挂在往来账（如"其他应付款"科目）上不作销售收入申报纳税的情况。同样，在检查土地增值税处理情况的基础上，核查其他涉及税种的处理。

（4）采用"还本"方式销售商品房。核查纳税人采用"还本"方式销售商品房和以房产补偿给拆迁户时，是否按规定申报收入，特别要注意涉及的增值税（营改增前为营业税）处理是否正确。

（5）价外费用的处理。核查纳税人在销售不动产过程中收取的价外费用，如天然气初装费、有线电视初装费等收益，是否按规定申报纳税。在检查土地增值税处理情况的同时，核查增值税（营改增前为营业税）处理是否正确。

（6）抵债转让的处理。核查将房地产抵债转让给其他单位和个人或被法院拍卖的房产，是否按规定申报收入。

2. 各类项目处理的检查

（1）转让在建项目。检查纳税人转让在建项目是否按规定处理，一般转让在建项目要在当年进行土地增值税清算。

（2）房地产或土地作价入股投资。核查房地产开发企业以房地产或土地作价入股投资或联营从事房地产开发，或者以其建造的商品房投资或联营从事房地产开发，是否按规定进行处理。

（八）实地查验

1. 关注少计漏计事项

检查人员可以通过实地查验的形式，对感觉有异常的房屋深入调查，特别是正常房屋的加盖、过桥以及地下建筑等，以确认有无少计、漏计事项。

2. 关注视同销售事项

确认有无将开发产品用于职工福利、奖励、对外投资、分配给股东或投资人、抵偿债务、换取其他单位和个人的非货币性资产等情况。主要方法是按销控表中的空房号到现场核对是否已经使用，如果已经使用，则追踪相关会计处理情况。

（九）检查关联交易

1. 检查内容

在检查收入和扣除项目时，应重点关注关联交易是否按照公允价值和经营常规开展。

2. 检查方式

在检查时，检查人员具体可以关注企业大额应付款余额（内容），仔细查阅相关交易的合同等资料，检查交易行为是否真实，会计处理是否符合税收政策。

第六节 取得土地使用权支付金额的检查

取得土地使用权支付金额是指纳税人为取得土地使用权支付的地价款和按国家统一规定交纳的有关费用之和。它可以有三种形式：

（1）以出让方式取得土地使用权的，为支付的土地出让金；

（2）以行政划拨方式取得土地使用权的，为转让土地使用权时按规定补缴的出让金；

（3）以转让方式取得土地使用权的，为支付的地价款。

取得土地使用权支付金额是土地增值税清算申报表中"扣除项目金额"的第一项，这项内容并不复杂，但涉及的资料对随后的清算工作和税务检查工作都非常重要。

一、取得土地使用权支付金额涉及的资料

取得土地使用权支付金额的主要内容是国土部门收取的出让金，还有申报缴纳的契税和印花税。在进行土地增值税清算时，这一环节需要归集的资料主要有：土地使用权出让（或转让）合同、支付款项的票据、完税证以及土地使用权证等。如果清算项目涉及分期开发，由于需要合理分摊，则其资料还涉及开发项目立项批复，规划申请、报告及图纸，建设用地规划许可证，建设工程规划许可证等。

对于已经清算完毕的项目，还有作为申报表附件的《取得土地使用权所支付的金额明细表》及完整的相关证明资料，具体包括：①国有土地使用权出让合同、转让协议等，具体包括；②支付地价款的取得的发票或财政专用收据；③契税凭证；④付款凭证，如转让支票、汇款单。

二、政策规定

1. 国有土地的概念

国有土地,是指按国家法律规定属于国家所有的土地。按照我国相关法律的规定,国有土地归国家所有,可以转让的只是国有土地的使用权。对于非国有土地,只有被收为国有土地之后才可以转让。

2. 土地成本的分摊

纳税人成片受让土地使用权后,分期分批开发、转让房地产的,其扣除项目的金额,可按转让土地使用权的面积占总面积的比例计算分摊,或按建筑面积计算分摊,也可按税务机关确认的其他方式计算分摊。

根据土地增值税立法精神,《中华人民共和国土地增值税暂行条例实施细则》第九条所称"总面积"是指可转让土地使用权的土地总面积。在土地开发中,道路、绿化等公共设施用地是不能转让的,按该细则第七条的规定,这些不能有偿转让的公共配套设施的费用是计算增值额的扣除项目。因此,在计算转让土地的增值额时,按实际转让土地的面积占可转让土地总面积的比例来计算分摊,即:可转让土地面积为开发土地总面积减除不能转让的公共设施用地面积后的剩余面积。

三、税务审计检查要点

(一)需要查看的科目

在土地增值税清算和检查中,取得土地使用权支付金额审查涉及的主要科目有"开发成本"相关明细科目及"应交税费""银行存款"等。

（二）取得土地使用权支付金额真实性的审查

1. 检查涉及的科目

企业支付取得土地使用权价款及缴纳的有关费用应记入"开发成本——土地征用及拆迁补偿费"科目。

2. 检查方式

一般在清算资料中有《取得土地使用权所支付的金额明细表》及票据清单，可以结合这些资料并查看原始凭证，对照政策进行核对，特别是支付款凭证是否是国土部门开具（盖章）。

（三）取得土地使用权支付金额分摊准确性的审查

1. 检查内容

企业成片受让土地使用权后（同一宗土地有多个开发项目）分期分批开发、转让房地产的，以及建有公共配套设施的，应结合房地产开发企业提供的土地使用权证、经规划部门检查同意的规划图等资料，审查是否按照政策规定的方式进行分摊等。

2. 审核分配（分摊）的计算

清算的项目如果涉及分项目、分期间的，应按政策规定（特别是当地税务机关规定的方法）以合理合法的方法进行分摊。检查人员如果对企业的分摊方法有疑问，应重新分摊计算，并将重新分摊计算结果与企业原计算结果对照，找出差异原因。重点查看企业分摊的方法与口径是否合规合法。

（四）取得土地使用权支付金额核算正确性的审查

1. 实际支出的判断

企业确认取得土地使用权支付的金额，必须以实际发生为前提。在检查时要逐笔核对支付的原始凭证，一般企业提供的清算资料中有详细的支付清单（复印件），注意审核原始凭证中的银行单据等，以确定其是否实际支付。

2. 预提尚未实际支付的审核

对预提的土地使用权成本，可以结合"开发成本——土地征用及拆迁补偿费""预提费用"和相关往来账等科目的检查，判定企业在核算过程中是否存在预提尚未实际支付的土地出让金的行为。

营改增后，房地产开发企业销售自行开发的项目，在计算计税销售额时，根据政策规定的情形，要扣除相应的土地价款，因此，凡是在检查中发现土地使用权成本问题的，还要继续核对增值税的计算处理。

（五）票据和收款单位的确认

1. 票据的种类

房地产开发企业获取土地使用权的支出，应以实际支付和合法票据为前提，由于管理上的原因，以往取得土地使用权的原始凭证有多种，具体有：缴纳土地出让金的凭据、支付地价款的发票、土地管理部门开具的土地出让专用收据、财政局开具的契税票据等，此外还有国有土地出让合同和银行转账记录等。检查这些票据时都要查看原始记录，发现疑问的要深入查核原始凭证。

2. 合法有效的票据

目前能进行确认的合法有效的票据有：转让土地的，税务局监制的发票；出让土地的，土地出让专用收据。此外，对于军队转让土地的行为，凡是有国家税务总局文件明确规定的，按相关文件执行，否则必须开具税务部门监制的发票。

（六）其他检查要点

1. 支付金额包含费用

主要是审查支付金额是否含关联方的费用，如果有关联方费用，不得在土地增值税计算时扣除,还要根据企业所得税等规定进行建议处理;审查金额是否含期间费用,主要是检查有无将期间费用记入取得土地使用权支付金额的情形。

2. 其他问题

主要是核查有无预提的支付金额、有无预提的取得土地使用权支付金额。此外,对于支付金额存在异常的,可以比较相同地段、相同期间、相同档次项目,以便做出判断。

第七节

房地产开发成本的清算检查

房地产开发成本是指开发土地和新建房及配套设施的成本，是土地增值税清算申报表中最重要的扣除项目。该项目包括六个小项目，即：①土地征用及拆迁补偿费；②前期工程费；③建筑安装工程费；④基础设施费；⑤公共配套设施费；⑥开发间接费。在清算工作中，纳税人要按政策规定清理所有涉及的账目以确认完整正确的金额，这是工作量最大、最烦琐、涉及政策最多的环节，也是税务检查最重要的环节。

一、房地产开发成本相关资料的归集

在土地增值税清算中，房地产开发成本确认环节不仅涉及各成本项目的归集，还涉及公共配套成本的分摊，因此涉及的资料也最多，基本资料包括：

1. 清算中应准备和产生的资料

（1）规划申请、报告及图纸，建设用地规划许可证，建设工程规划许可证；

（2）建筑工程施工许可证；

（3）建设工程施工图设计文件审查批准书；

（4）商品房销售（预售）许可证；

（5）工程概况及备案意见；

（6）房屋竣工验收表；

（7）房屋分户（室）面积测绘表；

（8）各类（种）建筑工程合同；

（9）项目竣工决算报表、结算单；

（10）项目的预算、概算书；

（11）房屋销售窗口表、销控表；

（12）与转让房地产的收入、成本和费用有关的证明资料；

（13）与转让房地产有关的完税凭证及清算项目预缴土地增值税的完税凭证；

（14）财务会计报表；

（15）企业所得税汇算清缴报告及预转毛利情况表。

2. 申报表附列的资料

对于已经清算完毕的项目，其作为申报表附件的资料有：

（1）土地征用及拆迁补偿费明细表。附相关证明资料：①拆迁补偿合同、协议；②被拆迁单位开具的发票或由被拆迁人签字确认的相关单据。

（2）前期工程费明细表。附相关证明资料：①合同及凭证；②代收费用的财政收据。

（3）建安工程费明细表。附相关证明资料：①合同及凭证；②代收费用的财政收据。

（4）基础设施费明细表。附相关证明资料：①合同及凭证；②代收费用的财政收据。

（5）公共配套设施费明细表。附相关证明资料：①合同及凭证；②代收费用的财政收据。

（6）开发间接费明细表。附相关证明资料：①合同及凭证；②代收费用的财政收据。

（7）与转让房地产有关税金缴纳情况明细表。附相关证明资料：①与转让房地产有关的完税凭证；②清算项目预缴土地增值税的完税凭证。

（8）各类代收费用明细表。附相关证明资料：复印凭证及原始凭证。

（9）大额成本费用支出表。附相关证明资料：复印凭证及原始凭证。

（10）没有收到正式发票的工程成本明细表。附相关证明资料：复印凭证及原始凭证。

除上述资料表格外，还可以要求纳税人提供"开发成本"清理表（一般是电子文档），如果纳税人无法提供，则其扣除成本比较可疑，需要重点审核。

二、政策规定

（一）关于开发成本的基本政策要求

1. 发票备注栏需注明建筑服务发生地

营改增后，土地增值税纳税人接受建筑安装服务取得的增值税发票，应按照《国家税务总局关于全面推开营业税改征增值税试点有关税收征收管理事项的公告》（国家税务总局公告 2016 年第 23 号）相关规定，在发票的备注栏注明建筑服务发生地县（市、区）名称及项目名称。企业接受的相关发票，各栏目要填写清楚，否则根据土地增值税对票据的相关要求，有可能被列为不符合规定的票据而不得计入土地增值税扣除项目金额。

2. 应取得未取得合法凭据的不得扣除

在计算土地增值税扣除项目金额时，其实际发生的支出应当取得但未取得合法凭据的不得扣除。

3. 必须是实际发生的才能扣除

扣除项目金额中所归集的各项成本和费用，必须是实际发生的，对于预提的各类成本费用，或者票据未到的成本费用，一般情况下不得扣除。

4. 应分别归集

对于不同核算对象，扣除项目金额应当准确地在各扣除项目中分别归集，不得混淆。

5. 必须是直接发生或应当分摊的才能扣除

扣除项目金额中所归集的各项成本和费用必须是在清算项目开发中直接发生或应当分摊的。

6. 合理分摊共同成本费用

纳税人分期开发项目或者同时开发多个项目，或者同一项目中建造不同类型房地产的，应按照受益对象，采用合理的分配方法，分摊共同的成本费用。

7. 相同事项处理一致

对同一类事项，应当采取相同的会计政策或处理方法。会计核算与税务处理规定不一致的，以税务处理规定为准。

（二）票据取得的规范性要求

根据收款方的性质、支付款项的内容，确定收到票据是否规范，主要依据以下的原则：

1. 通常是税务部门监制的发票

对方单位是经营性企业（如建筑公司、设计院、运输队、材料供货商、监理公司）的，必须提供税务部门监制的发票。

2. 可以是行政事业性收据

对方单位是行政机关（如房产局、土地局、规划局、公安局等）或者政府行业管理机构（如质监站、防疫站、测绘队、消防局、市容管理等）的，符合规定的可以是行政事业性收据，并非一定为税务部门监制的发票。以上部门若提供的是应税行为，则需提供发票，房地产开发企业可以相应计入成本费用；以上部门若提供的是非应税行为的政府性收费，则提供行政事业性收据，房地产开发企业应将该部分支出列入"开发费用"或"期间费用"。

（三）凭证或资料不符合要求或不实的核定处理

房地产开发企业办理土地增值税清算所附的前期工程费、建筑安装工程费、基础设施费、开发间接费的凭证或资料不符合清算要求或不实的，税务机关可以核定，例如有的省市规定，参照当地建设工程造价管理部门公布的建安造价定额资料，结合房屋结构、用途、区位等因素，核定上述四项开发成本的单位面积金额标准，并据以计算扣除。具体核定方法由各地税务机关确定。

（四）征地及拆迁补偿费用的处理

对征地及拆迁补偿费用，一般情况下，可以根据实质重于形式的原则处理。只要有证明该项费用发生的书面凭据（合同协议、收据），具备对方单位或个人签章要件，就应予以认可。其他各类形式的白条和收据不能作为确认支出及扣除项目的凭证。

（五）地下建筑物成本的处理

地下建筑物可作为物业管理用房、储藏室和车库等。从计算土地增值税的角度看，地下建筑物可划分为以下三类：

（1）未经许可建筑的地下建筑。对未经许可建筑的地下建筑，一般情况下属于违建，应作为自持成本，不作为扣除项目金额。

（2）作为公共配套设施（包括人防设施）的地下建筑。对符合建设条件和要求，经验收合格的作为公共配套设施（包括人防设施）的地下建筑，其成本按规定予以扣除。

（3）可售地下建筑。对于可售地下建筑，除了只归集于地上建筑的成本（如地上建筑特定的装修、设施成本等）外，其他成本一律在地上建筑面积和地下建筑面积之间平均分配。

（六）配套设施成本的处理

房地产开发企业开发建造的与清算项目配套的居委会和派出所用房、会所、停车场（库）、物业管理场所、变电站、热力站、水厂、文体场馆、学校、幼儿园、托儿所、医院、邮电通讯等公共设施，其成本按以下原则处理：

1. 产权属于全体业主的

建成后产权属于全体业主所有的，其承担的成本、费用可以扣除。

2. 无偿移交给政府的

建成后无偿移交给政府、公用事业单位用于非营利性社会公共事业的，其承担的成本、费用可以扣除。

3. 有偿转让的

建成后有偿转让的，一般情况下，应计算收入，并准予扣除对应的成本、费用。

（七）装修费用的处理

1. 不可移动部分的装修费用处理

房地产开发企业销售已装修的房屋，对以建筑物或构筑物为载体，移动后会引起性质、形状改变或者功能受损的装修支出，可作为开发成本予以扣除。

2. 可移动物品的费用处理

对可移动的物品（如可移动的家用电器、家具、日用品、装饰用品等），不计收入，也不允许扣除相关成本费用。

【提示】对于装修费用的具体处理，各地规定有一定差异，具体以当地税务机关解释为准。

（八）政府性基金和行政事业性收费（代收费）的处理

1. 政府要求代收的各项费用的处理

对于县级及县级以上人民政府要求房地产开发企业在售房时代收的各项费用，

如果代收费用是计入房价中向购买方一并收取的，可作为转让房地产所取得的收入计税；如果代收费用未计入房价中，而是在房价之外单独收取的，可以不作为转让房地产的收入。对于代收费用作为转让收入计税的，在计算扣除项目金额时，可予以扣除，但不允许作为加计20％扣除的基数；对于代收费用未作为转让房地产的收入计税的，在计算增值额时不允许扣除代收费用。

2. 支付费用和基金的处理

企业建造房屋建筑物时支付的费用和基金，按其是否与开发建造活动相关的原则进行划分。凡与开发活动直接相关，且可直接计入或分配计入开发对象的，允许计入开发成本；反之，则应计入开发费用。对企业非建造房屋建筑物时特有的费用和基金，应计入开发费用。

3. 不得加计扣除的处理

市政公用基础设施配套费、人防工程异地建设费不得加计扣除，也不作为房地产开发费用扣除的计算基数。

4. 计入开发成本的费用、基金的处理

允许计入开发成本的费用、基金，如果是在开发项目竣工验收之后发生的，则也应计入开发费用。

（九）因违规被罚款的处理

房地产开发企业在"开发成本""开发间接费用"等科目中列支的因违规建设被建设主管部门所处的行政性罚款，不允许计入扣除项目。

（十）不可混淆资本化及费用化科目

部分房地产开发企业在"开发间接费用"科目中列支已建未售房屋的物业看护费、产权交易费和售楼处的水电、办公费等费用，实际上按照规定，上述各项费用支出应在"销售费用"科目归集，应记入期间费用科目，而不是在"开发成本——开发间接费用"科目中列支。

（十一）未支付的质量保证金的处理

房地产开发企业在工程竣工验收后，根据合同约定，扣留建筑安装施工企业一定比例的工程款，作为开发项目的质量保证金。在计算土地增值税时，建筑安装施工企业就质量保证金对房地产开发企业开具发票的，按发票所载金额予以扣除，营改增后对含税的收入要换算为不含税收入，并进行相应增值税处理；未开具发票的，扣留的质保金（属于未实际支付款项）不得计算扣除。

> 【提示】对于扣留的质保金的具体处理，各地规定有一定差异，具体以当地税务机关解释为准。

（十二）预提费用的处理

在土地增值税项目清算中，房地产开发企业的预提费用，除另有规定外，不得扣除，这一点和企业所得税政策规定不同，在检查时可以互相对应核对。

（十三）为施工方代付费用的处理

1. 社保统筹费用等费用的处理

各地对社保统筹等费用的处理均有相应的规定。例如，南京市要求房地产开发企业先行为施工方职工代付社保统筹费用，待项目完工后再由施工企业将这部分费用支付给房地产开发企业，因此这部分代付的费用是不允许作为扣除项目（开发成本）扣除的。在清算实务中，不少房地产开发企业将这部分先行代付以后收回的费用在"开发间接费用"科目中列支，而不是通过往来科目进行核算，检查人员在检查中应注意将这部分费用调出。

2. 临时水电费等费用的处理

在房地产开发过程中施工方发生的临时水电费（俗称"临水、临电"）通常是由房地产开发企业先行代垫，再向施工企业收取（与为施工企业代付统筹费用的操作类似），这部分代付的费用应作为往来款项（一般通过"其他应收款"科目）进行核算，检查人员在清算检查中，应关注房地产开发企业是否在"开发成本"或"开发间接费用"科目中列支了这些代垫费用，如果列支了应将其调出，不允许作为扣除项目（开发成本）扣除。

（十四）行政性罚款的处理

房地产开发企业在"开发成本""开发间接费用"等科目中列支的因违规建设被建设主管部门所处的行政性罚款，包括其他各项行政性罚款，不允许计入扣除项目，应予扣减。

（十五）共同成本的处理

对属于多个房地产项目、同一项目不同清算期等各种情形的共同成本费用，一般情况下，应按清算项目可售建筑面积占多个项目可售总建筑面积的比例或其他合理的方法，计算确定清算项目的扣除金额。

> 【提示】对于共同成本费用的分摊，各地对不同情形的处理均有详细的规定，具体以当地税务机关解释为准。

（十六）已售完工产品与未售完工产品之间的分摊

注意检查当期准予扣除的已销开发产品的计税成本，是否按当期已实现销售的可售面积和可售面积单位工程成本确认。可售面积单位计税成本和已销开发产品的计税成本按下列公式计算确定：

可售面积单位成本＝成本对象可售部分成本÷总可售面积

$$\begin{matrix}已售开发产品的\\ 计税成本\end{matrix} = \begin{matrix}已实现销售的\\ 可售面积\end{matrix} \times \begin{matrix}可售面积单位\\ 计税成本\end{matrix}$$

对于一些纳税人预提的"开发成本""公共配套设施费"等，要注意在项目结算后，成本部分是否没有结转完毕以及结转的科目是否正确，是否有成本多提的情况存在。

（十七）扣除项目涉及的增值税进项税额的处理

《财政部 国家税务总局关于营改增后契税 房产税 土地增值税 个人所得税计税依据问题的通知》（财税〔2016〕43号）第三条明确，《土地增值税暂行条例》等规定的土地增值税扣除项目涉及的增值税进项税额，允许在销项税额中计算抵扣的，不计入扣除项目，不允许在销项税额中计算抵扣的，可以计入扣除项目。

（十八）土地增值税不得扣除项目的企业所得税处理

在土地增值税清算中，会有大量不得扣除项目在清算中显示，其中有些是土地增值税特殊政策造成的，有些则是票据因素造成的。这些不得扣除的项目与企业所得税不完全相同，但也有一些项目与企业所得税相关。

1. 关于票据的规定

土地增值税清算中，因不符合票据要求而不得扣除的项目，在企业所得税处理时要加以区分。

（1）应取得而未取得票据的，企业所得税原则上也不得税前扣除；

（2）无法取得发票的，要有相应的证明材料（如合同等）配合才能税前扣除；

（3）无真实业务（虚开）的发票不能税前扣除。

2. 分摊（分配）的计算与应用

土地增值税清算中，有许多成本费用需要在不同的成本对象中分摊（分配），这个清算成果可以用于核对企业所得税的相关计算。凡是分摊原理符合配比原则或企业所得税相关文件的，其分摊（分配）的数据可以直接（或参考）引用到企业所得税相关计算中。除因时间性差异已经自动弥补纠正的以外，剩余的未销售商品房、已经结转固定资产或投资性房地产的产成品等，均涉及重新计算价值的问题。即对于减少的成本费用，要减少相应的折旧和剩余商品房销售时结转的成本。

三、检查方法及要点

（一）检查涉及的科目

房地产开发企业核算房地产开发成本，要按不同项目、指标、类别等设置二级明细科目，因此在土地增值税清算和检查中，主要审查开发成本的各个明细科目。因涉及公共成本的分摊，所以对与销售窗口表等密切关联的"预收账款"等科目也需要关注。

（二）房地产扣除项目检查的基本方法

1. 核对发票票面和取得方式

按照政策规定，核对入账发票的票面和票据的取得方式。由于在项目清算报告中有票据比对成果，因此在检查时，检查人员可以结合这个清单，对低于这个清单规定金额的票据进行抽查，以确定是否存在问题。

2. 检查与扣除项目核算相关的逻辑控制

检查人员可以先初步判断与扣除项目核算相关的内部控制是否存在、有效且一贯遵守。如果发现有控制上的漏洞，则要针对具体情况查看清算报告中的相关描述。

3. 编制扣除项目明细表

获取或编制扣除项目明细表，并与明细账、总账及有关申报表核对是否一致。

4. 核查开发资料

检查人员可以通过检查相关合同、协议和项目预（概）算资料，并了解其执行情况，对项目进行过程中发生的特殊情况，要查看在清算报告中是否披露，进而对照检查相关成本、费用支出项目，看其是否存在问题。

5. 检查各项扣除的记录及归集

检查人员可以通过查阅清算资料中的扣除项目记录、归集清单，检查扣除项目的记录、归集是否正确，是否取得合法、有效的凭证，对金额较大或有疑问的，要仔细追踪审核会计及税务处理是否正确，确认扣除项目的金额是否准确。

6. 实地调查

检查人员可以通过实地查看、询问调查和核实，确定是否存在超规划建筑面积等，以剔除不属于清算项目所发生的开发成本和费用。同时，追踪核查其超规划建筑面积成本的最终去向，看其企业所得税处理是否正确。

7. 检查各扣除项目的分配或分摊

检查各扣除项目分配或分摊的顺序和标准是否符合规定，并确认扣除项目的具体金额。具体有以下要点：

（1）扣除项目能够直接认定的，检查是否取得合法、有效的凭证；

（2）扣除项目不能够直接认定的，检查当期扣除项目分配标准和口径是否一致，是否按照规定合理分摊；

（3）检查并确认房地产开发土地面积、建筑面积和可售面积，是否与权属证、房产证、预售证、房屋测绘所测量数据、销售记录、销售合同、有关主管部门的文件等载明的面积数据相一致，并确定各项扣除项目分摊所使用的分配标准。

如果性质相同的面积所获取的各项证据发生冲突或不能相互印证，检查人员应当按照合法、合理以及外部证据比内部证据更可靠的原则，确认适当的面积。

检查并确认扣除项目的具体金额时，应当考虑总成本、单位成本、可售面积、累计已售面积、累计已售分摊成本、未售分摊成本（存货）等因素。

8. 核查非正常成本

扣除项目一般是指房地产开发中正常发生的成本费用，在开发过程中，有时会遇到自然灾害（塌方、水灾、风灾等），因加固抗灾等产生额外成本。此外，遇到一些特殊情况还会应当地政府、群众要求等参与，因此产生一些额外成本。从企业所得税角度，可以根据不同性质按规定处理，但是从土地增值税角度，一般情况下，这些成本费用项目不得扣除，具体按当地税务机关的相关规定执行。

（三）房地产扣除项目检查的具体方法

1. 检查成本归集的规范性

（1）企业的明细核算。对于开发成本中的各明细项目的划分方式，可以直接参考企业的明细核算，如果企业明细核算不规范或根本没有明细核算，应根据土地增值税相关法规进行归集分类。

（2）核对票据上的费用性质。在划分各项目费用时，要对房地产开发的过程、阶段有较为清晰的了解，根据票据上的费用性质进行分类。

（3）关注易混淆的科目。要特别关注"开发成本""开发间接费用"科目以及"管理费用"等科目，因为有时企业会计对成本或费用把握不准，会把应该记入"管理费用"科目的费用记入"开发间接费用"科目，从而导致多计加计扣除。

2. 检查成本费用的可比性

（1）前期工程费。对于前期工程费，主要根据合同约定的内容、是否已取得合法票据及对应的款项是否实际支付来确认。同时，检查人员还应计算出前期工程费占全部开发成本的比例，并将该比例与同类工程的比例进行比较，若发现有疑问（疑点）或严重偏差的，则应进一步核实。

（2）房屋建筑安装工程费。对于房屋建筑安装工程费，根据施工合同的约定、公司与施工单位的工程结算单中相关事项的约定、已审工程决算进行检查，如果已取得发票计入开发成本，在检查中可以直接确认；如果未取得发票但已计入开发成本或者只在预付账款中反映了公司实际支付的工程款，在检查中可通过职业判断确认，判断时注意施工合同的类型，是否为总价包死合同、施工用水电费是否为公司代付等事项。如果工程决算尚未审计，则要注意公司以往类似工程的核减情况，特别是与未审决算为同一施工单位施工的类似工程的核减情况。同时，检查人员还应计算出建筑安装工程费占全部开发成本的比例，并将该比例与同类工程的比例进行比较，若发现有严重偏差（或疑点），则应进一步核实。

（3）基础设施费和非营利性的公共配套设施费。对于基础设施费和非营利性的公共配套设施费，检查方法同上，注意不可预提未建设施的费用。检查人员还应计算出基础设施费占全部开发成本的比例，并将该比例与同类工程的比例进行比较，若发现有严重偏差（或疑点），则应进一步核实。

（4）开发间接费。对于开发间接费，主要检查其实际发生情况，允许有部分自制凭证，如发放工资、计提福利费、领用的劳保用品、计提的折旧等。对于房地产开发企业借款产生的利息支出，主要检查是否列入"开发间接费用"科目核算，如已记入该科目，应将其剔除并记入"房地产开发费用——利息支出"科目。检查人员还应计算出开发间接费占全部开发成本的比例，并将该比例与同类工程的比例进行比较，若发现有严重偏差（或疑点），则应进一步核实。

（5）不能准确划分的费用。前期工程费、基础设施费和非营利性的公共配套设施费等不能准确划分的，应按各个成本对象（含未完工）占地面积、建筑面积等计算分配。检查人员可以通过抽查大额支出内容，来判断是否存在这类问题。

3. 审查拆迁补偿费

主要审查拆迁补偿费是否实际发生，尤其是支付给个人的拆迁补偿款、拆迁（回迁）合同和签收花名册或签收凭证是否一一对应。由于支付给个人的拆迁补偿款不涉及发票等规范性票据，因此在核对时要从时间、签字笔迹、金额等方面进行逻辑判断，有疑问的就需要追踪核查其真实性。

4. 检查公共配套设施费

（1）界定是否准确。检查公共配套设施的界定是否准确，公共配套设施费是否真实发生，有无预提的公共配套设施费情况。

（2）是否混入其他费用。检查是否将房地产开发费用计入公共配套设施费。

(3) 分摊方式的合理性。检查多个（或分期）项目共同发生的公共配套设施费是否按项目合理分摊。一是计算公式是否适用正确；二是分子、分母数据来源是否准确。

5. 检查建筑安装工程费

检查人员在审核建筑安装工程费时，可以重点关注以下内容：

(1) 发生的费用与各项报告的一致性。检查发生的费用是否与决算报告、审计报告、工程结算报告、工程施工合同记载的内容相符。

(2) 自购建材费用是否重复计算扣除项目。检查房地产开发企业自购建筑材料时，自购建材费用是否重复计算扣除项目。

(3) 验证建筑安装工程费支出是否存在异常。参照当地当期同类开发项目单位平均建安成本或当地建设部门公布的单位定额成本，验证建筑安装工程费支出是否存在异常。

(4) 有无虚列成本费用情况。对于房地产开发企业采用自营方式自行施工建设的，还应当关注有无虚列、多列施工人工费、材料费、机械使用费等情况。

6. 检查建安发票的真实性

对于在工程中出现的大额建安票据、材料票据，审计检查人员除核对"开发成本""工程物资"等科目外，还应当查看相关合同，确认合同工程造价，关注合同中明确的建筑工程款、材料费及单位用量等，同时也要查验票据的真伪及开票方与领票方是否一致。在清算实务中，有些房地产开发企业从施工企业取得的建筑安装业发票（特别是配套工程的建安发票）存在开票混乱、代开混开情况较多的问题，这主要是因为前期工程费、基础设施费及公共配套设施费中，桩基工程、土石方工程、绿化工程等配套工程由不同的建设方承担，而这些小工程的施工方很多是核算不健全的小工程队。对开发企业取得的建安发票（特别是配套工程的建安发票）应加强真实性检查，重点是金额较大的发票。检查中应重点关注以下几个方面：

(1) 已开具发票的合规性。核对已开具的发票是否符合当地税务局关于对建安发票开具的相关规定，包括开票地点、时间等的具体规定，有疑问的就需简要追踪检查。

此外，营改增后，还需要核对票面内容，看是否已在发票的备注栏注明建筑服务发生地县（市、区）名称及项目名称，否则不得计入土地增值税扣除项目金额。

（2）发票的真实性。核对开票方与购票方是否为同一主体，是否存在代开、虚开发票的情况。一般大额发票在清算基础资料中要列清单，检查人员可在大额发票清单的基础上，将金额较大的工程发票输入当地税务部门发票核查系统查询，以验证发票的领购方。

（3）款项是否已支付。看所开具发票的相应款项是否已足额支付。

对于不符合上述（1）～（3）中任何一项规定的，其取得的发票一般情况下不允许列入开发成本。

7. 检查代收费用的准确性

在清算基础资料中，会有代收费归集清单，检查人员检查时，可以在该清单的基础上，根据相关收费批文、税收文件等，核对相关收费项目。对文件列举的收费，按规定的收费标准列支；对文件未列举的费用，不能按照代收费用的有关规定处理，而应作为期间费用处理。

8. 关注甲供材成本重复列支问题（主要是营改增前）

（1）单一项目甲供材的处理。对纳税人采用甲供材方式的，应审查其是否存在重复列支成本问题，即取得的施工方开具的建筑安装业发票是否包含甲供材的材料款，如果包含了，则有可能存在重复列支问题。所以，应着重检查其与施工企业签订的建安合同对甲供材的约定，同时核对其取得的建筑安装发票金额与建筑安装合同的金额是否存在较大的差异，如果存在，则应进一步核实其"开发成本"科目中的原材料项目的金额是否与建安发票中列示的金额存在重复，如有重复列支甲供材的应予以调出。对于已完成竣工决算的，应查看房地产开发企业与建安企业之间的甲供材核对清单。

（2）滚动开发中甲供材的处理。一般而言，对于企业的甲供材，建设方需开具建安发票，以开票金额确定入账，但在实务中，企业由于存在滚动开发情况，往往只在全部项目开发完毕后，才做一个总的竣工验收（决算）报告。对于这种情况，可以采用以下几种方法划分甲供材：①根据各期的开工时间进行合理划分。

以后一期的桩基合同约定的开工时间作为甲供材提供的时间（或者以其他的合理时间确定），对于这一时间点之后发生的相关甲供材成本，根据企业开发的建筑面积进行分摊。②从材料的发出部门取得材料的领用单据，以确定各期的材料领用情况。对于各期开发的材料领用，施工工地的材料发出部门通常有严格的台账登记，可根据台账的登记数据统计当期甲供材的领用情况，以计算出该工程甲供材的实际用量。

甲供材成本重复列支问题，主要存在于营改增前的项目中。营改增后，检查的重点是从出包工程、材料购买的发票、合同及相关业务痕迹等资料数据出发，判断业务的真实性。

9. 检查销售车库成本的列支

房地产开发项目中对车库的处理分为对外销售、业主共有、开发商自留三种情况，其中对外销售的车库又分为有产权和无产权两种情况。在检查时，可以通过规划设计（要点）、测绘面积表等取得车位面积（数量）、性质等数据信息，再把不同业务处理明细全部理清列表，最后对照相关政策规定。一般在清算资料中附有不同性质车库的处理明细，检查时可以在这个明细的基础上，审核其是否有遗漏，同时结合实地检查，审核其是否有隐瞒（超规划），凡是有隐瞒的，均需延伸检查其对企业所得税申报的影响。（具体还可参考本章"第十一节 特殊事项综合处理"相关内容。）

10. 检查企业为施工方代付统筹费用的列支

这部分代付的费用是不允许作为扣除项目（开发成本）扣除的。不少企业将这部分先行代付以后收回的费用在"开发间接费用"中列支，而不是通过往来科目进行核算，检查人员在检查中应注意将这部分费用调出。如果涉及企业所得税计算，还要调整相应年度企业所得税应纳税所得额。

11. 检查开发间接费

（1）管理费用计入开发间接费问题。检查是否存在将企业行政管理部门（总部）为组织和管理生产经营活动而发生的管理费用计入开发间接费的情形。主要是从开发间接费用中抽查核对一些较大金额支出，从其支出内容上判断是否属于开发间接费性质。

（2）开发间接费的预提等。检查开发间接费是否真实发生，有无预提开发间接费的情况，取得的凭证是否合法有效。主要是抽查核对开发间接费中的较大金额支出（原始凭证），从内容逻辑上判断业务是否真实发生。

第八节 房地产开发费用的确定和检查

房地产开发费用是指与房地产开发项目有关的销售费用、管理费用、财务费用等。在清算工作和税收检查工作中，融资成本是重点。

一、房地产开发费用确认应归集的资料

在土地增值税清算中，需要归集的主要是涉及借款的各种资料，同时在清算中还会产生一些过渡性资料，如大额费用清单、融资成本清单等，在检查中需要注意收集。

对于已经清算完毕的项目，应该有作为申报表附件的《利息支出明细表》，并附相关证明资料——银行贷款利息结算通知单及借款合同等。

二、政策规定

（一）关于"三项费用"的扣除

土地增值税扣除项目中的"房地产开发费用"的扣除额与房地产开发企业期间费用中的销售费用、管理费用和财务费用列支标准有所不同。土地增值税扣除项目中的三项费用，除符合《中华人民共和国土地增值税暂行条例实施细则》规定的利息支出，可以按实际支出额扣除外，其余均按比例扣除。而房地产开发企业财务费用中的三项费用除管理费用有些按规定比例列支外，基本上是据实列支的，这是由土地增值税的特点决定的。土地增值税是在房地产转让时按转让收入减除扣除项目金额后的增值额征收的，需要按转让项目计算增值额。而根据财务会计制度的规定，房地产开发企业的三项费用是作为期间费用处理的，直接计入

当期损益，不按转让项目进行分摊。因此，土地增值税扣除项目金额不可能按实际支出数扣除。但考虑到房地产开发费用中的利息支出所占的比重较大，而且可以通过银行提供的证明掌握其实际支出情况，因此，对利息支出做了特殊规定。

（二）关于利息的扣除

1. 财务费用中的利息支出

对财务费用中的利息支出，凡能够按转让房地产项目计算分摊并提供金融机构证明的，允许据实扣除，但最高不能超过按商业银行同类同期贷款利率计算的金额。其他房地产开发费用，在"取得土地使用权所支付的金额"与"房地产开发成本"金额之和的5%以内计算扣除。

2. 不能分摊或不能提供金融机构证明的利息支出

凡不能按转让房地产项目计算分摊利息支出或不能提供金融机构证明的利息支出，在"取得土地使用权所支付的金额"与"房地产开发成本"金额之和的10%以内计算扣除。

全部使用自有资金，没有利息支出的，按照以上方法扣除。

3. 同时向金融机构和其他企业借款的利息支出

房地产开发企业既向金融机构借款，又有其他借款的，其房地产开发费用计算扣除时不能同时适用上述两种办法。

（三）关于同一项目不同类型房地产应分摊利息的扣除

1. 允许据实计算扣除的情形

同一开发项目中建设的不同类型房地产应分摊的利息支出，凡能够按不同类型房地产计算分摊并提供金融机构证明的，允许据实计算扣除，但最高不能超过按商业银行同类同期贷款利率计算的金额。

2. 利息支出以外的其他费用

利息支出以外的其他房地产开发费用,应按规定方式计算分摊的金额之和的 5% 计算扣除,其中不能按不同类型房地产分别归集的,应按照不同类型房地产的建筑面积占该项目总建筑面积比例分摊;对占地相对独立的不同类型房地产,应按该类型房地产占地面积占该项目房地产总占地面积的比例计算分摊土地成本。

3. 不能分摊或不能提供金融机构证明的利息

凡不能按转让房地产项目不同类型房地产计算分摊利息支出或不能提供金融机构证明的,房地产开发费用按上述规定计算分摊的金额之和的 10% 计算扣除。

(四) 关于土地增值税清算时已计入开发成本的利息

土地增值税清算时已经计入房地产开发成本的利息支出,应调整至财务费用中计算扣除。

1. 利息的上浮幅度

利息的上浮幅度按国家的有关规定执行,超过上浮幅度的部分不允许扣除。

2. 超过贷款期限的利息

对于超过贷款期限的利息部分和加罚的利息不允许扣除。

(五) 关于企业间拆借资金利息费用和集团统借统还资金的利息

对于房地产开发企业向别的企业拆借资金而支付的利息费用不得作为开发费用据实进行扣除,对部分房地产开发企业通过自己的集团公司采用统借统还(包括集团公司为该项目向银行进行专项贷款)方式向银行贷款产生的利息费用,即使集团公司未加收任何额外费用,也不得据实扣除,主要是因为没有金融机构的证明。

> 【提示】对集团统借统还资金的利息扣除问题,各地在处理上有详细的规定,具体以当地税务机关解释为准。

三、检查方式及要点

1. 检查涉及的科目

房地产开发费用是记载在开发成本中的,因此检查人员主要审核"开发成本"科目的明细科目,同时还应该关注正常的期间费用科目,看是否有混淆问题等。

2. 注意可能需要将利息从开发成本中调整至开发费用

土地增值税清算时已经计入房地产开发成本的利息支出,应调整至"财务费用"中计算扣除。为此检查人员要在"清算资料——利息支出清单"的基础上,按"开发成本"科目核算的项目,逐一核对原计入的利息,特别是核算项目多的,要注意是否有遗漏。

3. 检查财务费用是否取得合法有效的凭证

据实列支的财务费用是否取得合法有效的凭证是检查的重点。检查人员可以在"清算资料——财务费用支出"的基础上,逐笔核对大额财务费用支出原始凭证,抽查部分小额财务费用支出原始凭证。如需审核除据实列支的财务费用外的房地产开发费用是否按规定比例计算扣除,可以在清算资料的基础上,判断费用的真实性,同时核对计算比例。

4. 注意利息是否合理分摊

分期开发项目或者同时开发多个项目的,其取得的一般性贷款的利息支出,要按照项目合理分摊。检查的方式就是在"清算资料——利息分摊计算表"的基础上,审核分摊的基数和方法。

5. 检查闲置专项借款对外投资

利用闲置专项借款对外投资取得的收益,要冲减利息支出。检查人员在检查时可以通过核查贷款的期间、取得利息收入数据的会计处理等加以判断。

6. 注意不能提供金融机构证明的利息

房地产开发企业开发项目的利息支出不能提供金融机构证明的，检查人员在检查时，首先要做真实性判断，就是结合借款合同或协议，对照相关业务和业务开展期间进行判断是否符合逻辑；其次要按税收规定的比例计算扣除。

7. 检查能够提供金融机构证明的利息

开发项目的利息支出能够提供金融机构证明的，其检查要点包括：①检查合法有效的凭证，即检查各项利息费用是否取得合法有效的凭证。②检查是否分项目核算。如果有多个开发项目，要看利息费用是否分项目核算，是否将应记入其他项目的利息费用记入了清算项目。③核对合同条款。检查各项借款合同，判断其相应条款是否符合有关规定。④审核贷款利率。检查利息费用是否超过按商业银行同类同期贷款利率计算的金额。

8. 检查开发间接费

房地产开发企业在项目开发中的开发间接费是指直接组织、管理开发项目发生的费用，包括工资、职工福利费、折旧费、办公费、劳动保护费等。由于开发间接费允许加计扣除，一些房地产开发企业将应计入房地产开发费用的工资、销售费用等计入开发间接费，扩大加计扣除金额。

检查人员在检查中，主要是对清算资料中提供的相关开发间接费明细表进行复核，将相近的项目进行比较后，从中甄别出那些应列入房地产开发费用的支出，并进行相应的调整。同时针对清算资料中的大额支出调取原始凭证进行复核，在此基础上，对没有列入清算明细资料的开发间接费进行一定的抽查，核查支出的内容、票据，严格区分"管理费用"与"开发间接费用"，比如，企业管理人员的工资应列入管理费用。

第九节 与转让房地产有关的税金的检查

一、税金扣除相关政策

1. 营改增前政策

在土地增值税清算申报表中,"与转让房地产有关的税金"是扣除项目的第四项,是指在转让房地产时缴纳的营业税(营改增前)、城市维护建设税、印花税,因转让房地产交纳的教育费附加,也可视同税金予以扣除。在清算工作中需要逐笔统计核对并制表,在税务检查中要据此核对。

2. 营改增后政策

营改增后,上述计算土地增值税增值额的扣除项目中"与转让房地产有关的税金"不包括增值税。同时,营改增后,房地产开发企业实际缴纳的城市维护建设税、教育费附加,凡能够按清算项目准确计算的,允许据实扣除。凡不能按清算项目准确计算的,则按该清算项目预缴增值税时实际缴纳的城市维护建设税、教育费附加扣除。

其他转让房地产行为的城市维护建设税、教育费附加扣除比照上述规定执行。

3. 与转让房地产有关的税金的计算

计算公式为:

$$\text{与转让房地产有关的税金} = \text{营改增前实际缴纳的营业税、城市维护建设税、教育费附加} + \text{营改增后允许扣除的城市维护建设税、教育费附加}$$

二、其他政策规定

1. 关于计算土地增值税时扣除已缴纳的印花税

（1）房地产开发企业。《中华人民共和国土地增值税暂行条例实施细则》中规定允许扣除的印花税，是指在转让房地产时缴纳的印花税。按照《施工、房地产开发企业财务制度》的有关规定，房地产开发企业缴纳的印花税列入管理费用，已相应予以扣除。

（2）其他企业。其他土地增值税纳税义务人在计算土地增值税时允许扣除在转让时缴纳的印花税。

2. 关于地方教育附加

在计征土地增值税时，对省政府开征的地方教育附加，可比照教育费附加予以扣除。

3. 关于享受减免税金的部分能否视为已缴税金予以扣除

房地产开发企业按照税法规定在转让房地产时可以少缴或不缴营业税（营改增前）、城市维护建设税、教育费附加的，其少缴或不缴的税款不得视为已缴税金在清算时进行扣除。

三、税金统计环节涉及资料的归集

在与转让房地产有关的税金统计环节，其涉及的资料就是缴纳税金的凭证，同时在清算过程中会产生各项税金缴纳明细表。

对于已经清算完毕的项目，应该有作为申报表附件的《与转让房地产有关税金缴纳情况明细表》，并附相关证明资料：①与转让房地产有关的完税凭证；②清算项目预缴土地增值税的完税凭证。

四、检查方式及要点

1. 检查内容

在实践中,对与转让房地产有关的税金的检查看似简单,因为只要核对相关完税凭证就可以,但从全面检查的角度看,情况仍比较复杂,因为房地产开发企业在项目运作中发生的应缴税金全部在这里反映,所以要对涉及的税种进行详细核实。如借款合同等相关印花税、隐瞒营业收入少缴增值税(营改增前为营业税)等,在检查中对于少缴税款的要按照《税收征收管理法》相关规定进行处理。

2. 检查涉及的科目

与转让房地产有关的税金通过"开发成本"科目核算,涉及的主要科目是"开发成本"相关明细科目及"应交税费"等科目。

3. 检查重点

已经清算完毕的项目,其基础清算资料中有关于税金及附加的清单。要充分利用这个清单,在核对数据的基础上,重点检查不属于清算范围或者不属于转让房地产时发生的税金及附加,以及按照预售收入(不包括已经结转销售收入部分)计算并缴纳的税金及附加,不应作为清算的扣除项目。

第十节 财政部规定的其他扣除项目的检查

在土地增值税清算申报表中,"财政部规定的其他扣除项目"是最后一个扣除项目,主要内容有加计扣除等。扣除内容的清算工作和税务检查工作在前面已经完成,这一阶段主要是检查加计扣除的范围是否正确。

一、其他扣除项目涉及的资料

在项目清算过程中一般会产生加计扣除内容清单(表格),如果已经清算完毕,在加计扣除数额计算表中,还应有不可加计扣除的清单(表格)。

二、相关政策规定

对"财政部规定的其他扣除项目",政策规定,从事房地产开发的纳税人可按取得土地使用权所支付的金额、开发土地和新建房及配套设施成本(房地产开发成本)计算的金额之和,加计20%的扣除。

三、检查方式及要点

1. 检查加计扣除的情况

在实际检查过程中,应严格按照《中华人民共和国土地增值税暂行条例实施细则》的规定确定可以加计扣除的基数。检查方式主要是:在核对"清算基础资料——加计扣除"清单的基础上,对照政策规定,重点检查不予加计扣除的内容是否混入加计扣除范围。

2. 审核未开发即转让土地的行为

对取得土地（不论是生地还是熟地）使用权后，未进行任何形式的开发即转让的，审核是否按税收规定计算扣除项目金额，有无违反税收规定加计扣除的情形。

3. 审核完成"三通一平"后转让土地的行为

对于取得土地使用权后，仅进行土地开发（如"三通一平"等），不建造房屋即转让土地使用权的，审核是否按税收规定计算扣除项目金额，是否按取得土地使用权时支付的地价款和开发土地的成本之和计算加计扣除。

4. 审核未进行改良或开发即再行转让房地产的行为

对于取得房地产产权后，未进行任何实质性的改良或开发即再行转让的，审核是否按税收规定计算扣除项目金额，有无违反税收规定加计扣除的情形。

5. 审核政府要求代收的各项费用

对于县级以上人民政府要求房地产开发企业在售房时代收的各项费用，主要审核其代收费用是否计入房价并向购买方一并收取，核实有无将代收费用作为加计扣除的基数的情形。

第十一节 特殊事项综合处理

特殊事项综合处理是指在清算或检查过程中，对一些涉及面较广的问题单独进行处理或做出政策解释。

一、特殊事项处理介绍

（一）直接转让土地使用权事项

1. 未开发即转让土地的

对取得土地或房地产使用权后，未进行开发即转让的，计算其增值额时，只允许扣除取得土地使用权时支付的地价款、交纳的有关费用，以及在转让环节缴纳的税金。

2. 将土地变为熟地转让的

对取得土地使用权后投入资金，将土地变为熟地转让的，计算其增值额时，允许扣除取得土地使用权时支付的地价款、交纳的有关费用，开发土地所需成本再加计开发成本的20%以及在转让环节缴纳的税金。

（二）不同情况下的车库收入和成本处理事项

房地产开发项目中对车库的处理分为对外销售、业主共有、开发商自留三种情况，其中对外销售的车库又分为有产权和无产权两种情况。具体按以下标准来确定车库的收入和成本。

1. 有产权对外销售的车库

有产权对外销售的车库，其收入应并入房地产销售收入，相应的车库开发成本应准予扣除，并加计扣除。

2. 业主共有的车库

业主共有的车库，属于公共配套设施，相应的车库开发成本应准予扣除，并加计扣除。

3. 开发商自留的车库

开发商自留的车库，由于其产权归属于开发商自有，因此相应的开发成本不允许列支。

4. 无产权车库等配套设施

对于无产权车库等配套设施，若由房地产开发企业短期出租或物业管理公司出租，则按规定缴纳相关税收，在办理土地增值税清算时，其应分摊的土地成本、开发成本及费用可以作为扣除项目。若由房地产开发企业销售使用权或长期租赁等，目前各地在掌握上有两种意见。

（1）意见一：按销售不动产处理。

①营改增前。按"服务业——销售不动产"处理。对于房地产开发企业将人防等配套设施进行销售，不论采用销售使用权还是一次性永久租赁等形式，根据会计准则关于销售商品收入条件确认原则，其在实质上已经属于销售，则收入应计入房地产销售收入，按"销售不动产"处理。因无产权，不涉及产权转让，不属于土地增值税清算范围，其销售收入不计入土地增值税计税收入，成本费用不在清算中扣除。需要注意的是，此处成本分摊时，对于无产权物业，一般不计入、不分摊土地部分的成本。

②营改增后。《营业税改征增值税试点实施办法》（财税〔2016〕36号文件附件1）所附《销售服务、无形资产、不动产注释》明确：转让建筑物有限产权或者永久使用权的，转让在建的建筑物或者构筑物所有权的，以及在转让建筑物或者构筑物

时一并转让其所占土地的使用权的，按照"销售不动产"缴纳增值税。

因此，营改增后，应按"销售不动产"缴纳增值税。

(2) 意见二：按租赁业处理。

①营改增前。按"服务业——租赁业"处理。《国家税务总局关于营业税若干政策问题的批复》(国税函〔2005〕83号)明确：对具有明确租赁年限的房屋租赁合同，无论租赁年限为多少年，均不能将该租赁行为认定为转让不动产永久使用权，应按照"服务业——租赁业"征收营业税。所以，对于无产权的车位销售，不论是作为成本对象单独核算还是利用地下基础设施作为公共配套设施处理，除能够依法转让的情形外，都应当按照"服务业——租赁业"计算缴纳营业税，不属于"销售不动产"收入。同时，因认定为租赁关系，相关房产税、城镇土地使用税等也会涉及。在办理土地增值税清算时，分如下两种情况：

其一，如果产权归属尚不明确，而实际使用权或者处置权归房地产开发企业所有，则其销售收入应缴纳土地增值税，应分摊的土地成本、开发成本及费用可以作为扣除项目。

其二，如果产权属人防等配套设施性质，其处理在掌握上也分两种情况：一是从收入和成本配比的原则出发，其收入不缴纳土地增值税，应分摊的土地成本、开发成本及费用也不作为扣除项目；二是从法定的人防或公共配套角度出发，其收入不缴纳土地增值税，但应分摊的土地成本、开发成本及费用可以作为扣除项目。

②营改增后。《营业税改征增值税试点实施办法》所附《销售服务、无形资产、不动产注释》明确：经营租赁服务，是指在约定时间内将有形动产或者不动产转让他人使用且租赁物所有权不变更的业务活动。

因此，营改增后，应按"经营租赁服务"缴纳增值税，同时，因认定为租赁关系，相关房产税、城镇土地使用税等也会涉及。在办理土地增值税清算时，暂时仍按照原办法处理，具体要看当地税务机关出台的详细规定。

【提示】在土地增值税清算中，关于不同情况下的车库收入和成本如何处理，各地因不同的土地（包括地下空间）管理政策，其处理方式有一定的差异，具体处理以当地税务机关解释为准。

(三)样板间、售楼部等的成本处理事项

房地产开发企业的项目营销设施包括售楼部、样板间、接待中心、展台、展位等类型,根据其建设与使用的特点,一般可以分为以下四种模式。

1. 利用商品房

利用开发完成或部分完成的楼宇内的商品房装修装饰后作为项目营销设施使用,项目销售完毕作为开发产品销售以及转为企业自用或出租。如能确定日后整体出售,计入"开发成本——建筑安装工程";如果无法判断可否随主体一并出售,则记入"开发成本——开发间接费用"科目。

2. 利用开发小区外的设施

利用开发小区内楼宇之外引人注目的位置建造临时设施(如售楼部、样板间)作为项目营销设施使用,项目销售完毕即行拆除或转为企业自用或出租。其产生的费用计入销售费用。

3. 利用开发小区内的配套设施

利用开发小区内的配套设施(如会所)装修装饰后作为项目营销设施临时使用,项目销售完毕作为开发产品销售以及转为企业自用或出租,或者移交物业公司,产权归全体业主所有。设施属于非营利性且产权归全体业主的,其产生的费用记入"开发成本——公共配套设施"科目;设施属于营利性的,作为独立开发产品和成本计算单位处理;企业自用的,通过"在建工程"科目归集后转为固定资产或投资性房地产。

4. 租用设施

在开发小区之外的人口密集区租入或自建销售网点,项目销售完毕转为其他项目使用或出租、销售。租用的,其租赁费计入销售费用;自建的,其折旧费计入销售费用。

(四) 规划外的公共设施开发成本的处理事项

土地增值税清算时计入房地产开发成本的公共配套设施成本，是指有关部门对该房地产项目规划范围内的公共配套设施成本，房地产项目规划范围外的公共配套设施成本，一般情况下不应计入所清算的房地产项目的开发成本。

此外，在一些项目建设中，企业可能应当地相关部门要求而在项目规划范围外的公共区域建设绿化、儿童等设施，在实务中，这些成本如何扣除，目前各地在执行时，掌握尺度主要有两种：第一种是开发商自行建造各类景观建筑物、基础设施等发生的"红线外支出"，不得扣除；第二种是对于政府及主管部门规定的红线外公共配套设施支出可以扣除，其成本费用分摊方式应与红线内的公共配套设施分摊方式一致或采用其他合理的方式。

在具体处理上述问题时以当地税务机关解释为准。

(五) 拆迁安置土地增值税计算事项

1. 用建造的本项目房地产安置回迁户

房地产开发企业用建造的本项目房地产安置回迁户的，安置用房视同销售处理，按《国家税务总局关于房地产开发企业土地增值税清算管理有关问题的通知》（国税发〔2006〕187号）第三条规定确认收入，同时将此确认为房地产开发项目的拆迁补偿费。房地产开发企业支付给回迁户的补差价款，计入拆迁补偿费；回迁户支付给房地产开发企业的补差价款，应抵减本项目拆迁补偿费。

2. 采取异地安置方式

房地产开发企业采取异地安置方式，异地安置的房屋属于自行开发建造的，房屋价值按国税发〔2006〕187号文件第三条规定计算，计入该项目的拆迁补偿费；异地安置的房屋属于购入的，以实际支付的购房支出计入拆迁补偿费。

3. 采取货币安置方式

房地产开发企业采取货币安置方式的，凭合法有效凭据计入拆迁补偿费。

二、检查方式及要点

对土地增值税清算中上述特殊事项处理的检查,一是看相关业务处理流程(细节),二是看会计处理流程,三是看涉税处理结果。

1. 查看清算基础资料

一般在项目清算中,都会对一些特殊事项进行单独的归集和处理,例如样板间、售楼部等的成本等。检查人员在检查时,要将相关业务和对应政策比对,看会计处理和清算处理的方式方法是否与政策规定一致,同时比对以往在企业所得税上的处理方式,以确定是否存在问题。

2. 归集数据并整理

一般在清算资料中会显示单独整理的各个事项的会计数据。检查人员在检查时,可以在这个数据资料的基础上进一步核对相关科目,同时也可以和企业以往企业所得税的相关计算比对,以确定是否存在问题。

3. 审查涉及其他税种的问题

对涉及增值税(营改增前为营业税)问题的(例如无产权车库等配套设施的销售等),要核查计税依据、税目等。对于售楼处等不同情形,要回过头来重新对照企业所得税的处理,以确定处理是否正确。

第十二节 其他土地增值税问题的处理

一、旧房和建筑物清算检查

转让旧房和建筑物的土地增值税是直接进行清算的。在实践中,一些企业未按规定进行土地增值税处理,转让旧房和建筑物仅按预缴方式缴纳土地增值税,税务检查人员在检查时要注意其房屋等建筑的变化,以发现存在的问题。

(一) 旧房和建筑物清算涉及的资料

转让旧房和建筑物主要涉及的资料有以下几类:
(1) 转让购买的"旧房和建筑物"的发票;
(2) 转让购买的"旧房和建筑物"的各类产权凭证;
(3) 转让购买的"旧房和建筑物"发生的各类税金等缴纳凭证;
(4) 转让自建的"旧房和建筑物"涉及的各类产权凭证;
(5) "旧房和建筑物"的评估报告。

(二) 清算及检查涉及的科目

单位转让旧房和建筑物一般通过"固定资产清理"科目处理,因此涉及的科目主要有"固定资产清理""固定资产""折旧""其他业务收入"等。

(三）相关政策规定及解释

1. 新建房与旧房的界定

新建房是指建成后未使用的房产。凡是已使用一定时间或达到一定磨损程度的房产均属旧房，使用时间和磨损程度标准可由各省、自治区、直辖市财政厅（局）和税务机关具体规定，各地税务机关均有详细的规定。

2. 转让旧房扣除项目金额的确定

纳税人转让旧房的，应按房屋及建筑物的评估价格、取得土地使用权所支付的地价款和按国家统一规定交纳的有关费用以及在转让环节缴纳的税金作为扣除项目金额计征土地增值税。对取得土地使用权时未支付地价款或不能提供已支付的地价款凭据的，不允许扣除取得土地使用权所支付的金额。

3. 评估费用在计算增值额时的扣除规定

纳税人转让旧房及建筑物时因计算税款的需要而对房地产进行评估，其支付的评估费用允许在计算增值额时予以扣除。对《土地增值税暂行条例》第九条规定的纳税人隐瞒、虚报房地产成交价格等情形而按房地产评估价格计算征收土地增值税所发生的评估费用，不允许在计算土地增值税时予以扣除。

4. 不能取得评估价格但能提供购房发票的扣除规定

营改增前，纳税人转让旧房及建筑物，凡不能取得评估价格，但能提供购房发票的，经当地税务部门确认，对《土地增值税暂行条例》第六条第（一）、第（三）项规定的扣除项目的金额，可按发票所载金额并从购买年度起至转让年度止每年加计5%计算。对纳税人购房时缴纳的契税，凡能提供完税凭证的，准予作为"与转让房地产有关的税金"予以扣除，但不作为加计5%的基数。

计算扣除项目时"每年"的界定：按购房发票所载日期起至售房发票开具之日止，每满12个月计一年；超过一年，未满12个月但超过6个月的，可以视同为一年。

营改增后，纳税人转让旧房及建筑物，凡不能取得评估价格，但能提供购房发

票的,《土地增值税暂行条例》第六条第一、第三项规定的扣除项目的金额按照下列方法计算:

(1) 营改增前取得的营业税发票。纳税人提供的购房凭据为营改增前取得的营业税发票的,按照发票所载金额(不扣减营业税)并从购买年度起至转让年度止每年加计5%计算。

(2) 营改增后取得的增值税普通发票。纳税人提供的购房凭据为营改增后取得的增值税普通发票的,按照发票所载价税合计金额从购买年度起至转让年度止每年加计5%计算。

(3) 营改增后取得的增值税专用发票。纳税人提供的购房发票为营改增后取得的增值税专用发票的,按照发票所载不含增值税金额加上不允许抵扣的增值税进项税额之和,并从购买年度起至转让年度止每年加计5%计算。

5. 无法取得票据的处理

对于纳税人转让旧房及建筑物,既没有评估价格,又不能提供购房发票的,可以根据《税收征收管理法》第三十五条的规定,实行核定征收。

(四) 检查方式及要点

在检查时,首先要通过"固定资产清理""固定资产""折旧""其他业务收入"等科目,将相关数据查清楚。然后对照相关合同、原始权证等各种资料,理清所处理固定资产的全部情况。最后与相关政策对照计算税款。

在对土地增值税进行清算或检查的同时,还要关注处理固定资产涉及的增值税(营改增前为营业税)、企业所得税等情况,核对相关票据和会计处理,核查是否按规定申报缴纳增值税(营改增前为营业税)和结转所得。

二、清算结果和清算后问题

(一) 土地增值税税款计算

土地增值税是按照转让房地产所取得的增值额和规定的税率计算征收的,增值

额为转让房地产所取得的收入减除规定扣除项目金额后的余额,实行四级超率累进税率。计算公式为:

(1) 增值额未超过扣除项目金额50%:

土地增值税税额＝增值额×30%

(2) 增值额超过扣除项目金额50%,未超过100%:

土地增值税税额＝增值额×40%－扣除项目金额×5%

(3) 增值额超过扣除项目金额100%,未超过200%:

土地增值税税额＝增值额×50%－扣除项目金额×15%

(4) 增值额超过扣除项目金额200%:

土地增值税税额＝增值额×60%－扣除项目金额×35%

公式中的5%、15%、35%为速算扣除系数。

(二) 土地增值税清算结果的确认

土地增值税清算结束后,主管税务人员应出具清算报告,在纳税人报送的土地增值税清算申请审批表、纳税申报表及各附表上签署意见,需补交税款的出具《土地增值税清算补税通知书》,由纳税人自行办理纳税申报手续;对需清算退税的,按照有关退税流程办理退税手续。

(三) 土地增值税清算文书格式及要求

土地增值税清算检查报告主要包括以下内容:
(1) 报告名称为"关于(××项目)土地增值税的清算检查报告"。
(2) 正文内容。
①核查由来及具体工作安排。核查由来分为根据纳税人主动申请进行土地增值税清算和经税务机关的因素分析要求纳税人进行清算两种情况。同时应注明按照核

查工作的安排,于××年××月××日至××月××日对申请人的土地增值税情况进行核查。

②纳税人的基本情况。包括成立时间、注册及经营地点、财务核算制度等。

③清算项目的基本情况。包括清算项目的名称、位置,项目分期情况,取得土地的时间、面积,项目立项时间,建筑面积,项目可售面积、已销售面积及销售比例等。

④本次清算核查情况与纳税人申请情况是否一致。检查纳税人转让房产收入金额、可扣除项目金额与纳税人清算申请金额是否一致,对不一致之处需要重点列明,并详细说明每一项目的调整方式和调整金额。审查提供的各项清算资料是否真实有效。如果纳税人委托中介机构进行清算鉴证,还应反映本次核查结果与中介机构鉴证报告披露的金额是否一致。

⑤反映本次清算项目的结果。包括本次清算的增值额、应缴纳税款、已预缴土地增值税额、应补(退)土地增值税款。

(四)土地增值税清算后的政策问题

清算后涉及的政策问题主要是再转让房地产的处理。

在土地增值税清算时未转让的房地产,清算后销售或有偿转让的,纳税人应按规定进行土地增值税的纳税申报,扣除项目金额按清算时的单位建筑面积成本费用乘以销售或转让面积计算。计算公式为:

$$\frac{\text{单位建筑面积}}{\text{成本费用}} = \frac{\text{清算时的扣除}}{\text{项目总金额}} \div \frac{\text{清算的}}{\text{总建筑面积}}$$

属于多个房地产项目共同的成本费用,应按清算项目可售建筑面积占多个项目可售总建筑面积的比例或采用其他合理的方法,计算确定清算项目的扣除金额。

【提示】在土地增值税清算时未转让的房地产,清算后销售或有偿转让的,虽然是很少的尾盘销售,但有时会涉及比较复杂的土地增值税处理,各地税务管理机关从征管角度制定有相关政策,具体以当地税务机关解释为准。

(五）检查要点

1. 核实已经预缴的土地增值税

核实已经预缴的土地增值税，主要是核查在清算项目期间是否有将开发土地分割一块单纯转让土地使用权的行为，特别是采取预征土地增值税的单纯转让土地使用权行为，其预征的土地增值税不能混入其中，对于单纯转让土地使用权行为要单独清算。

2. 清算后的转让处理

对在土地增值税清算时未转让的房地产，要检查其以后的处理情况，主要是以当地税务机关具体政策为依据，审核会计处理流程和土地增值税计算方式，看是否按规定的政策处理。

3. 问题回查

通过对资料、现场的回看（实地检查），对发现的建筑物疑点要仔细核对查验。如发现违反常规、违反整体建筑形象、自用没有产权的空间等问题，要追踪核查其成本如何入账处理，企业所得税如何处理。

三、其他问题的处理

（一）涉及分期、分项成本费用的计算处理

1. 清算成果的利用

土地增值税清算结束后，在清算审计报告中，会注明所有涉及分期、分项成本费用计算的公式和表格及分摊计算数据。在检查时，检查人员可以充分利用这个清算成果进行涉税比对核查。

2. 检查内容及方式

一般房地产开发企业在进行日常成本计算和土地增值税清算时，都要依据企业所得税和土地增值税的规定，对相关成本费用进行分期、分项目进行分配（分摊）计算并制作计算表。在检查时，凡是遇到需要分期、分项计算的分配（分摊）数据的，可以对照企业已经有的分摊计算表和相关规划内容等进行判断。对于已经检查出的问题，也可以借助这些分摊计算公式或表格进行重新计算，以确定存在问题的数据。

（二）土地增值税清算涉及的企业所得税退税问题

土地增值税采取预缴制度，由于土地增值税清算可能导致多缴企业所得税，因此会产生退税问题。根据《国家税务总局关于房地产开发企业土地增值税清算涉及企业所得税退税有关问题的公告》（国家税务总局公告2016年第81号）的规定，处理方式如下：

1. 企业所得税汇算清缴出现亏损且有其他后续开发项目的

企业按规定对开发项目进行土地增值税清算后，当年企业所得税汇算清缴出现亏损且有其他后续开发项目的，该亏损应按照税法规定向以后年度结转，用以后年度所得弥补。后续开发项目，是指正在开发以及中标的项目。

2. 企业所得税汇算清缴出现亏损，且没有后续开发项目的

企业按规定对开发项目进行土地增值税清算后，当年企业所得税汇算清缴出现亏损，且没有后续开发项目的，可以按照以下方法，计算出该项目由于土地增值税原因导致的项目开发各年度多缴企业所得税税款，并申请退税：

（1）将土地增值税总额在开发各年度分摊。该项目缴纳的土地增值税总额，应按照该项目开发各年度实现的项目销售收入占整个项目销售收入总额的比例，在项目开发各年度进行分摊，具体按以下公式计算：

$$\text{各年度应分摊的土地增值税} = \text{土地增值税总额} \times \left(\text{项目年度销售收入} \div \text{整个项目销售收入总额} \right)$$

该公告所称销售收入包括视同销售房地产的收入，但不包括企业销售的增值额未超过扣除项目金额20%的普通标准住宅的销售收入。

(2) 将分摊金额和该年度企业所得税比对。该项目开发各年度应分摊的土地增值税减去该年度已经在企业所得税税前扣除的土地增值税后，余额属于当年应补充扣除的土地增值税；企业应调整当年度的应纳税所得额，并按规定计算当年度应退的企业所得税税款；当年度已缴纳的企业所得税税款不足退税的，应作为亏损向以后年度结转，并调整以后年度的应纳税所得额。

(3) 分摊调整后应纳税所得额出现正数的处理。按照上述方法进行土地增值税分摊调整后，导致相应年度应纳税所得额出现正数的，应按规定计算缴纳企业所得税。

(4) 累计退税额不得超过实际缴纳的企业所得税。企业按上述方法计算的累计退税额，不得超过其在该项目开发各年度累计实际缴纳的企业所得税；超过部分作为项目清算年度产生的亏损，向以后年度结转。

3. 申请退税的资料

企业在申请退税时，应向主管税务机关提供书面材料说明应退企业所得税税款的计算过程，包括该项目缴纳的土地增值税总额、项目销售收入总额、项目年度销售收入额、各年度应分摊的土地增值税和已经税前扣除的土地增值税、各年度的适用税率，以及是否存在后续开发项目等情况。

国家税务总局公告2016年第81号发布之前，企业凡已经对土地增值税进行清算且没有后续开发项目的，在该公告发布后仍存在尚未弥补的因土地增值税清算导致的亏损，按照该公告第二条规定的方法计算多缴企业所得税税款，并申请退税。

PRACTICAL STRATEGIES OF
Real Estate Enterprises'
TAX INSPECTION

第六章
房地产开发企业综合税务检查实战技巧

什么是税务检查？如果单从业务角度而言，就是税务检查人员依法对纳税人涉税行为进行检查，发现纳税人在涉税处理中存在的问题，进而依法处理。这里最重要的不是确定存在哪些问题、如何解决问题，而是如何发现问题、锁定证据。随着我国法制建设的不断发展，纳税人的税法遵从度日益提升，虽然极少数纳税人受利益驱使仍然会采取非法手段逃避缴税，但绝大多数纳税人存在问题的原因并非故意，一些重大涉税问题往往因业务复杂而隐藏于财务处理当中，不易被发现。本书第二至第五章介绍了三种不同角度的检查方式，对于大量中小企业来说，利用前面介绍的方法和检查要点，基本可以完成检查工作，但是对于体量较大、项目较多的房地产开发企业来说，要提高检查效率和质量，仅仅掌握一般的检查方法是不够的，需要拥有丰富的检查经验，综合运用各种查账方法和技巧，才能找准检查切入点，进而根据发现的问题和获取的证据，确认其履行纳税义务的真实性和准确性。本章在讲解房地产开发企业税务检查时，不是按照一般税务检查的方法叙述，而是根据一线税务检查人员及税务师（会计师）事务所审计人员丰富的工作经验，综合运用各种查账方式，从房地产开发企业的业务特征及涉税特点入手，获取检查对象存在的主要问题和疑点，特别是比较深层次的问题，再根据对问题和疑点的检查推进，顺利锁定证据并计算税款。从检查案件的推进流程看，本章分析的着重点不是单个的问题，而是从被查企业整体考量，紧扣查前准备、税企沟通、疑点发现以及取证落实等各个环节，模拟实战中对大体量企业的检查过程，对检查体量大以及有重大涉税问题的房地产开发企业有一定的借鉴和启示意义。

第一节 查前准备

一、查前准备的重要性

查前准备，就是税务检查人员利用信息化手段通过对被查企业资料、数据信息的收集等开展案头分析，从中发现可能的疑点问题，提出检查方向和思路，并据此制定相应的检查计划，做好检查预案。查前准备是税务检查工作正式开始的前奏。在实务中，查前准备工作往往没有得到足够的重视，很多检查人员只是根据自身的习惯或者喜好做些简单的查前分析，常常在尚未形成一定的检查思路和掌握重要检查切入点的情况下，就正式进驻被查企业开始检查，导致后续的检查工作缺乏系统性、针对性，从而影响检查质量和效率。因此，做好查前准备是顺利开展税务检查工作的重要前提。

带着方向和问题开展检查，不仅可以减少检查的随机性，避免做无用功，而且能提高检查的质量和效率。事实上，一个经验丰富的税务检查人员往往能够从普通的信息资料中迅速捕捉到涉税疑点并找准检查的切入点，在后续的检查中抽丝剥茧、顺藤摸瓜，找到其背后隐藏的重大涉税问题，这是一个优秀的税务检查人员必备的职业能力。

二、查前信息资料的归集及分析方向

税务检查对象确定后，如果是税务机关检查人员，则在查前一般需要获取并归集房地产开发企业的各类涉税信息、资料。主要内容如下：

1. 企业基本信息

借助税务部门征管系统查询被查企业的基本信息。企业的基本信息包括：税务

登记信息、征管鉴定信息、发票购领信息等。了解企业的基本信息，可以掌握企业的规模、缴纳的主要税种、主要的关联企业等情况，从而在后续的检查中确定重点检查的税种，并在收入、成本等检查过程中提示关联企业业务疑点等。

2. 税款入库信息

借助税务部门征管系统查询被查企业的税款入库信息。税款入库信息包括企业历年缴纳的增值税（营改增前为营业税）、企业所得税、土地增值税等全部税种入库信息，通过这些信息可以了解企业的纳税情况，初步判断企业的经营规模、经营情况、纳税能力等。同时，通过对入库税款按年度、税种、税目进行统计分析，可以掌握税款变化起伏的期间，为对应期间主要涉税业务的判断提供基础。例如，增值税（营改增前为营业税）开始减少，企业所得税开始增加，意味着销售（预售）高峰期已经过去，部分房屋可能竣工，并开始结转所得。

3. 报表信息

借助税务部门征管系统查询被查企业的报表信息。从企业报送的会计报表中不仅可以了解企业的经营规模、财务状况，更可以直观地发现一些涉税疑点，其中最重要的就是相关数据过大或过小的异常变化，以帮助确定检查重点。例如，报表中在建工程数据开始大幅度减少，预示着企业已经有房屋竣工并开始结转成本。

房地产开发企业在企业所得税汇算清缴中报送的资料，是重要的涉税分析资料，如果项目中已经有开发产品竣工，则汇算清缴资料中应该有相关成本计算的公式及数据资料；如果没有直接在报告中说明计算公式，则要在检查初期获取企业成本结转的所有计算资料。

4. 项目开发情况

借助税务机关对房地产开发企业的开发项目跟踪管理系统及各类平台获取信息，包括企业开发项目数量、项目是否分期以及开发进度等。了解开发情况是企业所得税和土地增值税检查必须掌握的基础信息，从这些信息中可以判断企业应该如何确认税收收入及确认收入的时点等。

5. 项目开发资料

借助税务机关对房地产开发企业的开发项目跟踪管理归集资料获取信息,也可以到房管部门寻找相关的资料。主要资料包括:土地出让合同、项目批文、建设用地规划许可证、建设项目规划许可证、预售许可证、竣工备案表等。通过这些资料可以进一步了解企业的开发情况,对各个项目的情况根据隐含的涉税风险程度进行初步的分类,分析其中可能存在的涉税问题,进而确定每个项目的检查方向和重点、细节。如果这些资料无法提前得到,也可以依法在检查开始时从企业直接获取。

6. 其他信息资料

主要是指来自税务信息部门、上级部门推送的被查单位信息数据,如根据第三方数据统计比对发现的疑点等。此外,涉税举报及以往税务检查情况等也是重要的参考信息。

在上述资料、信息中,企业的基本情况、历年纳税情况统计等通常是可以直接获取的,项目开发情况等资料能否获得则要看税源管理的深度,目前在查前还难以直接从税务管理部门获得完整的资料,其他信息资料的获得更是有很大的偶然性。税务检查人员应尽可能在查前获取更多的信息资料,并充分利用已掌握的信息进行分析判断,从而在后期的检查中占据主动。

三、查前信息资料的分析判断

完成以上信息、资料的归集后,检查人员要对已掌握的信息资料进行综合分析、比对,从中发现疑点,以确定检查的思路和重点。一般情况下,通过查前准备分析比对可以发现的疑点问题有以下几类。

(一)增值税(营改增前为营业税)缴纳是否正常

1. 通过逻辑计算判断

房地产开发企业销售自行开发的房地产项目是采取预收款方式,营改增前,其纳税义务发生时间为收到预收款的当天，通常情况下，营业税的计税依据是"预收账款"科目贷方发生额，如果当期"预收账款"科目贷方发生额与营业税入库税款比对有差异，则可以初步判断营业税缴纳存在问题。

营改增后，房地产开发企业销售自行开发的房地产项目采取预收款方式的，要按照政策规定预缴3%的增值税，其计税依据也是预收的房款，税款计算公式为：

$$应预缴税款＝预收款÷(1＋适用税率或征收率)×3\%$$

所以，如果当期"预收账款"科目贷方发生额与增值税预缴率3%的计算比对有差异，则可以初步判断增值税预缴存在问题。

2. 通过其他方法判断

如果企业收到预收款项性质的款项放在其他往来科目，则需要对账簿资料进行详细的核对检查，而不能直接判断。

（二）土地增值税预缴是否正常

1. 通过逻辑计算判断

营改增前，房地产开发企业在销售开发产品时，土地增值税如果是预缴，其计算依据在一般情况下和营业税计算依据口径是一致的，因此可以根据营业税缴纳情况初步审核土地增值税预缴是否正常。

营改增后，纳税人转让房地产的土地增值税应税收入不含增值税。适用增值税一般计税方法的纳税人，其转让房地产的土地增值税应税收入不含增值税销项税额；适用简易计税方法的纳税人，其转让房地产的土地增值税应税收入不含增值税应纳税额。

为方便纳税人操作，简化土地增值税预征税款的计算，在实务中，房地产开发企业采取预收款方式销售自行开发的房地产项目的，可按照以下公式计算土地增值税预征的计征依据：

$$土地增值税预征的计征依据＝预收款－应预缴增值税税款$$

所以，可以根据"预收账款"科目数据直接初步判断企业是否存在土地增值预征方面的问题。

2. 通过其他方法判断

如果企业收到预收款项性质的款项放在其他往来科目，则需要对账簿资料进行详细核对检查，一般情况下无法直接判断。

（三）土地增值税清算是否正常

1. 通过逻辑分析判断

土地增值税和增值税（营改增前为营业税）的缴纳存在一定的内在关系。如果增值税（营改增前为营业税）入库多，表明企业开发产品在旺销期或主销售期；如果增值税（营改增前为营业税）入库迅速减少，则从逻辑上说明，开发项目的销售已经进入尾声，这时就应很快进入土地增值税清算期，在后期的检查中则应把土地增值税清算时点的判断列为重点核查问题。

2. 通过外部信息判断

如果已经从房管部门或网络上获取了企业开发项目已销售完毕的信息，却没有找到土地增值税清算税款缴纳的记录，则应将土地增值税清算作为后期检查的重点。

（四）企业所得税缴纳是否正常

1. 利用外部信息通过逻辑分析判断

企业所得税收入的结转一般是根据完工情况来确定的。如果检查人员已经从相关部门或网络上获取了企业开发项目完工备案的信息，但对照会计报表发现"预收账款"科目余额较大，则存在少转收入的可能，此时收入确认（结转）的时点和金额就应作为后期检查的重点。

2. 通过指标合理性判断

根据企业报表中列示的营业成本和结转的收入，初步估算企业的毛利率是否合理，如果明显低于行业平均水平，则后期应将对成本结转的核查也列为重点。

3. 通过汇算清缴信息判断

企业所得税汇算清缴数据是企业所得税计算的重要信息，除各项附表数据外，报告通常会对重要的科目和处理进行披露。对于一些敏感的数据，则需要检查人员根据职业经验去判断。

(五) 城镇土地使用税缴纳是否正常

1. 通过具体数据比对判断

主要是将开发用地面积资料和入库税款信息进行比对。例如，已掌握的资料显示房地产开发企业在某年度已签订土地出让合同，但在该年度却没有相应的城镇土地使用税的缴纳记录，则可以初步判断该企业存在少缴城镇土地使用税情况。

2. 通过纳税义务时点判断

根据掌握的土地合同、国土部门土地交接资料等判断第一次缴纳城镇土地使用税的时间是否正确，即是否在取得土地的次月申报缴纳税款。

(六) 印花税缴纳是否正常

印花税的判断一般比较直观，有以下几个要点：

1. 核定征收

一般房地产开发企业销售开发产品的印花税是核定征收的，可以根据报表中预收账款的金额初步测算应缴纳的印花税，再和已纳税款进行比对。

2. 出让合同、勘察设计合同印花税

对于土地转让或出让合同、勘察设计合同等，印花税应单独缴纳，如果没有缴纳记录则存在疑点。

3. 增资印花税

房地产开发企业在拍得土地后，一般会吸收投资人投资入股，因此会涉及"实收资本""资本公积"科目数据的印花税。可以通过企业提交的会计年报，将"实收资本""资本公积"科目年初、年末余额进行比对，如果当年"实收资本""资本公积"科目数据有增加，需要进一步比对入库税款数据加以判断，如果没有找到相应税目的税款入库记录，则要在检查时注意核对。

4. 借款合同印花税

房地产开发企业一般融资数额较大，涉及借款合同印花税。可以通过企业提交的会计年报，对"银行借款"科目的年初、年末余额数据进行比对，如果当年借款额度有增加，需要进一步比对入库税款情况进行判断，如果没有找到相应税目的税款入库记录，则要在检查时注意核对。

5. 广告合同印花税

房地产开发企业需要对开发的项目进行宣传，一般都有大量的广告投入。广告合同的印花税也是单独缴纳的，通常在项目销售前就要投入广告，因此在这一期间要和对应的入库税款比对，看是否有相应税目的印花税入库。

以上是根据企业历年纳税情况统计及相关资料进行的大致分析，如果有其他信息数据则可以配合使用，涉及的税种和可能存在的问题也不限于上述所列。

【提示】查前准备受信息资料等限制，而且没有直接对企业账册进行检查，仅仅是依据尽可能收集到的信息资料进行分析，因此只是初步判断，特别是成本分配、关联交易等不可能通过查前分析取得大的成果。但是，通过查前分析可以发现一些疑点，找到检查方向，确定检查重点。这些信息可以让检查人员在检查工作中保持主动，特别是在和被查企业第一次见面沟通时，有利于保证交流顺利，使检查流程逐渐推进。

第二节 首次沟通交流

如果说查前准备是房地产开发企业税务检查工作启动的前奏，那么第一次进驻企业开展工作，与企业会计人员第一次沟通交流，则是税务检查工作真正的启动。如果沟通顺畅交流顺利，对检查工作则能起到事半功倍的作用。

从实际工作情况出发，第一次与企业会计人员见面不可能也不需要立即详细检查企业的账册凭证等，但是可以进一步了解企业情况，在了解情况、不断消除疑点和再发现疑点的过程中整理出检查头绪，以引领后续的检查工作。因此，第一次与企业会计人员见面，最重要的是根据查前分析和对房地产开发企业的检查要点，取得或者补充完善相关项目开发资料和基本情况，同时获取会计核算的电子账册等。总体上说有以下四个方面的工作。

一、掌握需要了解的内容

检查人员与被查企业会计人员的沟通是税务检查整个期间最重要的工作之一，更是打开问题突破口的钥匙，因此沟通的内容非常重要，特别是房地产开发企业项目运作到中后期，通过沟通能摸清很多在查前准备中无法了解的情况和信息。主要包括：

1. 一般基本情况

主要有企业基本情况、会计核算（核算软件）情况、开发产品销售情况、收入结转情况、固定资产结转情况，其中要特别注意了解容易出现问题的业务处理，如诚意金等类似收款的处理、地下建筑及地下车库的处理、各类成本分摊的计算方式等。根据了解到的具体情况，确定（或增加）需要企业提供的资料，如销售窗口表、成本计算单等。

2. 企业整体运行情况

整体运行情况包括开发项目的数量、分期开发情况、有关项目的进度、土地增值税清算情况以及企业所得税汇算清缴情况。同时，还要尽可能了解被查企业的会计核算水平等。

3. 增值税（营改增前为营业税）计税依据情况

主要包括增值税（营改增前为营业税）计税依据的组成部分，如预收账款、定金（订金）、诚意金等的收取方式及处理情况，以及单纯转让土地使用权行为的计税依据、房屋租赁的计税依据等。

4. 成本配比情况

成本配比是企业会计处理和企业所得税处理中最复杂的业务之一。沟通时，首先要了解企业项目和项目之间是否有交叉，同一块地不同项目之间共同成本的配比方式，同一项目分期开发之间共同成本的配比方式；其次要了解企业不同性质开发产品之间成本的配比方式；最后，也是最重要的，就是根据具体情况要求企业提供相应的成本计算公式和计算单。

5. 材料核算的方式

很多企业从成本控制角度出发，对材料成本的核算采取计划价，如果是这样，就要了解"材料成本差异"科目的核算情况，特别要注意材料成本差异额的结转流程和计算方式。

6. "甲供材"情况（主要是营改增前业务）

主要是了解有"甲供材"形式的业务，其会计核算上的处理流程和施工企业发票开具如何控制等。

7. 资金使用情况

房地产开发企业一般融资量比较大，可以了解资金的来源，是股东借入还是从金融机构贷款或向其他企业借款等。其中对股东借入要弄清楚借入的具体情况，例如借入资金的数额、资本金到账金额等。对于取得土地后入股的股东，要了解并获取相关合同、协议。

8. 施工企业票据情况

主要是了解施工企业发票开具时间和预估成本之间如何衔接控制等，可以根据企业所得税政策规定直接询问被查企业对企业所得税汇算清缴前未取得发票的处理情况。

9. 纳税情况

主要了解城镇土地使用税、房产税、印花税等是如何计算缴纳的。其中最关键的问题有两个：一是城镇土地使用税面积是如何随销售变化的，因为项目取得销售（预售）许可证后，就可以开始销售了，进入销售阶段土地面积就要逐步减少；二是第一次缴纳城镇土地使用税的时间。

对于房产税，可以重点询问相关售楼部的情况，印花税则可以从项目运作整体各个阶段涉及合同的贴花情况了解。

10. 其他情况

了解企业在被检查的所属期内，是否有一些突发的自然灾害以及临时性、非正常业务等（如转让土地使用权、转让在建项目、发生债务重组、投资与被投资股权结构发生变化等事项），以判断其中隐含的税收影响，其中的重点是非正常损失在土地增值税清算中的处理。了解这些业务，最重要的是问清楚业务的流程，包括会计处理及相关资料。

二、通过沟通初步判断涉税问题

检查人员在与企业会计人员进行沟通交流的同时，要根据在交流中获得的信息和查前准备中发现的疑点等进行即时分析判断，在交流中不断消除没有问题的疑点，同时不断找出新的疑点。沟通交流后，要对取得的信息、资料进行梳理，并对照政策判断是否存在问题，进而深入检查。

（一）不断消除旧疑点

主要是针对前期发现的疑点，检查人员在与企业会计人员进行交流沟通后，凭借获取的新信息、新情况进行初步判断，以确定这些疑点是否需要在后期的检查中继续深入核实。例如，对于银行借款印花税，一些企业有可能在第二年初申报缴纳，在通过交流取得相关数据和完税证明后，就可以消除疑点。

（二）不断找出新疑点

检查人员在与企业会计人员交流过程中，可以获得大量信息，进而会产生新的疑点。这时就需要检查人员根据经验、相关政策等做出职业判断，如通过了解企业成本的具体结转方式可以判断企业是否存在成本结转不实等问题，通过了解企业内部控制情况可以初步判断其会计核算的可信度，以确定在后期检查中对成本费用等原始单据的抽查幅度和抽查数量。

这一环节需要检查人员不断实践和总结经验，在达到一定的积累后，就可以熟练运用。

（三）沟通注意点

一是在交流时要就前期的疑点逐一跟企业会计人员沟通，询问的时候要尽可能覆盖所有问题，不需要分出主次，且沟通时要注意多听取企业会计人员对业务处理流程的解释；二是对涉税疑点，要尽量多听取企业会计人员对相关涉税处理业务的解释，可以在企业会计人员要求下对相关政策进行一些分析，但不能对企业的涉税处理下定论，因为没有经过最后取证核实及审理等环节，税务检查人员"发现的问题"还不能确定为企业存在的问题，妄加定性评判是不可取的。例如，对于股东注册资本认缴数额以及借入企业资金问题，假设在沟通时了解到，股东注册资金认缴不足，但借入企业的资金收取利息。此时不能直接认定企业存在资本弱化问题，而是要作为深入检查的一个要点，取得相关数据和记载数据的明细账、凭证等。

三、企业相关资料数据的归集

通过上述沟通交流，检查人员可以根据具体情况，确定需要归集或补充的资料及数据。这些资料既是检查当中必须核查的内容，也是存在问题的证据，具体有以下几种，应根据不同情况使用。

1. 项目开发的基本资料

主要是项目立项、建设、销售等文件资料，具体有：开发项目立项批复、国有土地使用权出让（转让）合同及补充合同、建设用地规划许可证、建设工程规划许可证、建筑工程施工许可、土地使用证、商品房销售（预售）许可证、销售合同及契约、完工备案表、房屋测绘表、项目工程建设合同及价款结算单、竣工决算报告等。

2. 历年税款入库表

主要反映企业历年或检查年度纳税情况，分税种和所属年度列示。这个表可以和税务机关的征收数相对比，以完善企业入库的全部税款数据。同时，这个表还可以用来判断在相应开发期间涉税业务是否完整，如项目初期各类印花税是否有入库记录。

3. 相关税种税基构成表

主要反映存在疑问的税种是如何计算的，例如城镇土地使用税是如何根据销售变化计算的，个人所得税计算时依据的每月工资及各类补贴、奖金发放的基础数据是什么，增值税（营改增前为营业税）是根据什么科目或项目计算的，等等。

4. 成本计算表

成本计算表有单项成本计算单、成本结转计算表等，这些表主要是判断企业（开发项目）成本归集计算和结转是否正确的基础。

5. 公共配套设施等明细表

公共配套设施包括幼儿园、学校、地下室、地下车库、会所、物业用房、未取得销售许可证的其他开发设施等。公共配套设施等明细表（或者其他不可销售项目明细表）是判断企业各类成本归集计算是否正确和相关成本分摊是否正确的基础。

6. 销售表格

包括销售窗口表、销售控制汇总表等。这些表是判断企业销售率、完工率及销售面积等是否正确的基础，也是核对城镇土地使用税申报数据的依据。

7. 科目余额表

对于一些有疑点需要核实的问题，可以通过科目余额表进行辅助核对分析，根据情况选择需要核对的科目。例如银行借款印花税，直接核对"银行借款"科目的期初、期末数，看是否有新增额度，就可以初步确定是否存在问题。

8. 其他资料

主要有资产负债表、利润表、企业所得税汇算清缴报告、销售毛利审核鉴证报告、土地增值税清算报告、会计报表审计报告、银行贷款合同及利息结算通知单以及与土地增值税清算有关的其他证明材料等。这些资料的主要作用就是分析判断企业财务情况、税收情况，并从中寻找发现问题的线索。

这些资料要和前述要求企业提供的资料配合使用，主要是开发项目立项批复、国有土地使用权出让（转让）合同及补充合同、建设用地规划许可证、建设工程规划许可证、建筑工程施工许可、土地使用证、商品房销（预）售许可证、销售合同、完工备案表、房屋测绘表、项目工程建设合同及价款结算单、竣工决算报告等。

四、拷贝企业电子账套

房地产开发企业通常使用财务软件进行会计核算。根据《税收征收管理法》及其实施细则的规定，纳税人使用计算机记账的，应当在使用前将会计电算化系统的会计核算软件、使用说明书及有关资料报送主管税务机关备案。纳税人建立的会计电算化系统应当符合国家的有关规定，并能正确、完整核算其收入或者所得。

《国家税务总局关于贯彻〈中华人民共和国税收征收管理法〉及其实施细则若干具体问题的通知》（国税发〔2003〕47号）第十六条规定：对采用电算化会计系统的纳税人，税务机关有权对其会计电算化系统进行查验；对纳税人会计电算化系统处理、储存的会计记录以及其他有关的纳税资料，税务机关有权进入其电算化系统进行检查，并可复制与纳税有关的电子数据作为证据。税务机关进入纳税人电算化系统进行检查时，有责任保证纳税人会计电算化系统的安全性，并保守纳税人的商业秘密。

《税务稽查工作规程》（国税发〔2009〕157号文件发布）第二十三条规定：对采用电子信息系统进行管理和核算的被查对象，可以要求其打开该电子信息系统，或者提供与原始电子数据、电子信息系统技术资料一致的复制件。被查对象拒不打开或者拒不提供的，经稽查局局长批准，可以采用适当的技术手段对该电子信息系统进行直接检查，或者提取、复制电子数据进行检查，但所采用的技术手段不得破坏该电子信息系统原始电子数据，或者影响该电子信息系统正常运行。

由于房地产开发企业的会计核算比较复杂，账簿、凭证比较多，因此在对房地产开发企业进行税务检查时，检查人员一般要使用经过批准的采集软件，采集被查企业相关会计核算数据（账套），然后进行检查。对配合度不高的企业或者一些大案要案还可同时采取调取纸质账簿的方式，以提高检查效率和检查质量。

第三节 检查、沟通要点

在前期和被查房地产开发企业会计人员初步交流沟通，并取得相应的资料数据以及电子账册或调取相关账册、凭证后，就可以进行深入的检查，以确定企业是否确实存在涉税问题。

在实务中需要掌握以下四个要点：

（1）检查的顺序既可以按疑点大小顺序，也可以按问题难易顺序，还可以根据掌握信息资料的情况确定。同时，检查的顺序可以根据检查过程中出现的新情况随时调整。

（2）检查的方法不是绝对的，而是相对的；不是一成不变的，而是随机应变的。可以根据个人的经验、企业的情况、存在的疑点等综合考虑，不必拘泥于某种固有的形式，最有效、最有针对性的方法就是最好的方法。这里最重要的一点就是，在检查中不仅要有案头工作，还要根据情况深入现场查看，以发现并确定问题。

（3）在检查中要充分利用前述通过"企业相关资料数据的归集"获取的数据信息。检查的过程其实就是发现疑点——消除或确定疑点——提取证据锁定疑点的过程。另外，在具体检查中要特别注意发现的新疑点，对存在的疑点要加以分类归集，与企业相关人员随时交流沟通，并进一步获取证据资料以便求证。

（4）在检查中保持沟通。从某种意义上讲，检查就是与被查企业会计人员不断地沟通。企业的会计处理业务，检查人员不一定清楚，但经手的会计人员清楚，因此对于问题涉及的会计处理，在检查中不仅要查阅账套、凭证，还要和会计人员交流，交流的主要内容就是相关业务的会计处理方式。

下面从房地产开发企业最常见的几个涉税问题检查入手，根据一线检查和审计人员实务经验介绍检查和沟通要点，其中罗列的一些主要问题，也是在检查中需要多加关注的问题。

一、预收性质款项的检查

房地产开发企业在开发产品未完工前取得的预售房款,按照预售制度,应记入"预收账款"科目,这个科目主要涉及增值税(营改增前为营业税)、企业所得税及土地增值税三个税种,因此,是房地产开发企业税务检查中必须重点关注的会计科目。下面我们对实务中"预收账款"科目存在的主要问题及主要检查方法要点加以介绍。

(一)预收款项真实性、及时性和完整性的检查

1. 主要问题

主要问题从表面看是销售部门和财务部门核算脱节,实质上是延迟或少计销售收入,造成的结果是少缴增值税(营改增前为营业税)、土地增值税、企业所得税。

2. 检查要点

在检查中,检查人员应到销售部门取得销售台账(明细表)、销售合同、销售控制的各类表格及回款信息等第一手资料,结合财务部门的银行对账单、销售窗口表等进行核对。需要提醒的是,在实际工作中经常会发现企业的销售部门和财务部门记载的销售台账不一致,这其中往往就隐藏着延迟、少计预售收入的涉税问题,检查人员对此应予以重点关注,对预收账款的真实性、及时性做出判断。

3. 沟通要点

检查人员与企业会计人员沟通时,要注意对业务流程的把握,具体沟通要点如下:一是被查企业销售部门和财务部门如何衔接销售信息、资料;二是业主购房款到账后的处理,即销售台账、银行对账单、销售窗口表三者之间的数据如何衔接;三是计税依据如何确定。

(二) 采取委托销售方式取得收入完整性的检查

1. 主要问题

主要问题是利用委托销售方式延迟或少计销售收入,造成的结果是少缴增值税(营改增前为营业税)、土地增值税、企业所得税。

2. 检查要点

检查人员在检查中,对采取支付手续费方式的应核查委托代理销售合同,对照企业账务处理,看记载的收入有无扣除手续费而少计收入;对采取视同买断方式、超基价分成方式、包销方式销售的,对照合同和账务处理,重点核查企业是否就合同价和买断价、基价按两者孰高的原则确认收入。另外,对支付的分成款、手续费等也不能直接冲减售房收入。对于有重大疑问的业务,检查人员可以到对方企业调查相关会计处理方式,以确定业务的实质。

3. 沟通要点

检查人员与企业会计人员沟通时的要点如下:一是委托合同中关于收取款项、确定收入的处理;二是收取款项、确定收入的会计处理;三是计税依据的确定。

(三) 增值税(营改增前为营业税)和企业所得税计税依据差异的检查

1. 主要问题

主要问题是企业没有按政策规定及时对订金、诚意金等类似收款进行税务处理,造成的结果是少缴增值税(营改增前为营业税)、土地增值税、企业所得税。

2. 检查要点

检查人员在检查时要注意税收政策与会计处理的区别。房地产开发企业在售房时经常会收取诸如订金、诚意金、定金、看房费等多种名目的款项。根据增值

（营改增前为营业税）政策规定，预收款包括定金等所有预收性质的款项。因此，对于收取的定金、订金及诚意金等，都是在收取时即发生增值税预缴义务，检查时要注意增值税计税依据是否完整。

在订金、诚意金等纳税义务发生时间上，增值税（营改增前为营业税）和企业所得税是有差异的。目前有两种意见：

一是由于"预收账款"在企业所得税规定中没有明确相关明细内容，而订金及诚意金具有一定的预收账款性质，因此在预缴企业所得税时，应该与增值税（营改增前为营业税）口径一致。

二是根据会计准则，"预收账款"科目用于核算企业按照合同规定向购货单位预收的款项，即预收账款是建立在购货合同基础上的。订金、诚意金等均不属于建立在购房合同上的预收款性质，因此，在合同签订日之前，企业所得税应税行为尚未成立，收取的订金、诚意金等不应作为预收账款征收企业所得税，可以暂时记在"其他应付款"科目。但是，一旦合同签订完毕，订金、诚意金等应立即从"其他应付款"科目转到"预收账款"科目计算缴纳企业所得税。如果签了合同还把订金、诚意金等放在"其他应付款"科目，则会影响企业所得税的正确计算。

检查人员要及时了解当地税务管理部门和政策部门对订金及诚意金等的政策解释和把握尺度，根据具体情况进行处理。

3. 沟通要点

由于订金、诚意金、定金、看房费等在法律意义、会计处理原则上与税收政策有一定差异，因此在就这类问题进行沟通时，要注意业务细节和税收政策的含义，具体有以下几点：一是在购房前收取的各类款项的说明（协议书等）；二是取得款项后的会计处理；三是计税依据的处理，包括销售成功的前后处理。

（四）预收账款是否按照规定预计当期计税利润的检查

1. 主要问题

主要问题是企业没有按预计计税毛利率计算预计毛利额，计入当期应纳税所得额，造成少缴企业所得税。

2. 检查要点

在检查时，检查人员可以按照前述方法，在确认预收房款的真实性、完整性、及时性的基础上，依据《房地产开发经营业务企业所得税处理办法》（国税发〔2009〕31号文件发布）规定及当地确定的毛利率，对比预收账款各年发生额等情况，逐年核对，也可以根据会计师（税务师）事务所出具的销售毛利鉴证报告计算数据进行核对。

3. 沟通要点

预计计税利润问题相对比较简单，在沟通时应注意的要点有：计算预计计税利润的是企业会计人员还是中介机构、是否有连续几年计算的对比表格。这些是判断预计计税利润计算是否正确的前提。

二、营业收入的检查

营业收入检查是房地产开发企业税务检查的核心工作之一，这方面的主要问题是企业开发产品已经完工，而企业没有及时结转营业收入，造成延迟缴纳企业所得税。在检查时，通常以企业所得税检查为主线，再延伸到其他税种。对营业收入检查的一般方法不再赘述，这里主要根据日常检查过程中发现的常见涉税问题讲解检查中需要关注的重要切入点。

（一）营业收入完整性的检查

1. 主要问题

主要问题是企业隐瞒多种形式的销售收入，少缴或延迟缴纳企业所得税。

2. 检查要点

检查人员在检查中要把握好以下几个关键点：
（1）比对销售表格。比对销售合同和销售窗口表，通过数据差异及空号等，看有无隐瞒或少计收入。

（2）实地查看。实地了解项目销售情况，到销售部门取得第一手的销售资料，跟会计信息进行比对。

（3）合同尾款。对照销售合同，重点检查有无根据合同规定应收的售房款未进行账务处理造成少计收入的情形。

（4）特殊销售方式。对特殊销售方式予以重点关注，主要依据销售合同对照会计处理流程核查，以发现是否存在问题。

（5）视同销售处理。核查对视同销售行为是否进行账务处理，经常容易被遗漏的是将房产无偿分配给股东、以开发产品进行拆迁安置等事项。

3. 沟通要点

企业隐瞒多种形式的销售收入问题比较大也比较常见，在前面介绍问题的沟通时已经有所涉及。检查人员在与企业会计人员沟通时可以关注以下几点：一是企业在正常销售商品房的同时是否有其他销售行为；二是销售窗口表是否与销售收入建立了核对关系制度。沟通结束后，再根据情况深入沟通与核查相关疑点。

（二）营业收入是否及时结转的检查

1. 主要问题

主要问题是企业不按规定时点结转收入，造成少缴或延迟缴纳企业所得税。

2. 检查要点

检查人员在检查时，要根据文件规定直接核对。根据《房地产开发经营业务企业所得税处理办法》的规定，开发产品符合开发产品竣工证明材料已报房地产管理部门备案、开发产品已开始投入使用、开发产品已取得了初始产权证明三个条件之一的，应视为已经完工。在实际检查中，开发产品已完工不及时结转收入是一个多发的涉税问题，检查人员应重点关注，从三个条件入手收集证据，根据完工备案表等确定税收上开始确认收入的最早时点，明确企业是否存在迟转收入的问题。

3. 沟通要点

检查人员与企业会计人员就营业收入结转业务进行沟通时，需要关注以下几点：一是结转的时点如何选择；二是竣工备案表在什么时点传递到财务部门；三是没有竣工提前入住的如何处理。

（三）关联交易行为涉税调整的检查

1. 主要问题

主要问题是商品房销售价格偏低，企业不按规定对销售的商品房涉及的关联交易行为进行涉税调整；一些企业的上级公司以各种名目收取费用。这些行为挤压了被查企业的利润，减少了被查企业应缴纳的企业所得税。

2. 检查要点

对此类问题的检查有以下要点：

（1）销售价格明显偏低的处理。根据税收征收管理法、企业所得税法、个人所得税法以及增值税（营改增前为营业税）和土地增值税相关规定，如果房地产开发企业销售价格明显偏低，且无正常理由，应按规定调整相应的计税价格。

价格明显偏低问题的检查确定，要从销售窗口表入手，对比相应的价格，重点是同楼盘、同面积、同型号的房产。如果土地增值税已经清算完毕，则可以直接运用土地增值税清算资料获取低价格销售数据。同时，还要对取得的信息资料进行更加全面的分析并收集证据，如查看购买房屋的合同、房地产局产权登记、业主的身份等，以及需要查看的文件资料等，应根据税收征收管理法及不同税种的要求确定。如果证据明晰，形式要件符合税收征收管理法及不同税种的规定，则根据税收征收管理法的规定进行特别纳税调整处理。

对于销售价格偏低的处理，《江苏省地方税务局关于土地增值税有关业务问题的公告》（苏地税规〔2012〕1号）有一个解释性规定：对纳税人申报的房地产转让价格低于同期同类房地产平均销售价格10%的，税务机关可以委托评估机构进行评估。纳税人无正当理由的，应按评估价格确认转让收入。在实际操作中，对企业售房价明显偏低的，一般在计算企业所得税、土地增值税时都应进行相应的调整，由于营业税上没有出台具体的针对"明显偏低"的解释，从谨慎的角度出发，一般对营业税不做处理。

> 【提示】在实务中，各地对房价明显偏低涉及的增值税、企业所得税、土地增值税等处理，均有明细的规定，具体以当地税务机关解释为准。

(2) 上级公司收取费用的处理。《国家税务总局关于母子公司间提供服务支付费用有关企业所得税处理问题的通知》（国税发〔2008〕86号）规定：母公司为其子公司（以下简称子公司）提供各种服务而发生的费用，应按照独立企业之间公平交易原则确定服务的价格，作为企业正常的劳务费用进行税务处理。母子公司未按照独立企业之间的业务往来收取价款的，税务机关有权予以调整。

(3) 关联交易的处理。在处理关联交易涉税调整业务时，要注意的是：企业所得税上关联交易是不是以减少税收为目的，特别是减少国内税收。一般原则是，只要没有减少税收，即使交易双方为关联方，其企业所得税处理也不作调整。

> 【提示】通常情况下，符合政策规定的关联交易认定及处理要由税务机关专门机构处理，其具体区分以当地税务机关解释为准。

3. 沟通要点

关联交易问题比较复杂，有的基层税务机关对此类问题有专门机构处理。在沟通时要注意以下几点：一是与企业有业务关系的单位是不是子公司或集团内公司；二是销售价格低的业主与企业是否有关联；三是销售价格低的业务的会计处理方式。

三、开发成本的检查

开发成本检查是房地产开发企业税务检查中的重中之重。从来自一线检查人员的案例看，以虚列开发成本、多转销售成本等手段少缴企业所得税和土地增值税，是房地产开发企业以往常发生的问题。

对开发成本的检查，检查人员应对照《企业所得税法》《房地产开发经营业务企业所得税处理办法》及土地增值税相关政策，从开发成本的真实性、开发成本结转的时点及开发成本计算分摊的合理性等多方面入手，核对企业的成本计算对象、内容及成本归属等。我们根据一线检查人员的经验列举以下成本检查问题。

（一）建筑安装成本的检查

房地产开发企业建筑安装等工程的施工可以采用自营方式也可以采用发包方式，实际操作中大多采用发包方式。建筑安装工程成本是房地产开发过程中最重要的成本，也是成本检查的核心与关键所在。

1. 主要问题

主要问题是成本不实、成本核算混乱、收入与支出不相匹配等，常见的涉税问题有以下几种：

（1）以收抵支。就是以商品房抵偿工程款。房地产开发公司为解决资金短缺问题，常常以部分商品房抵付施工单位工程款。在账务处理上，将售房收入直接记入"应付账款"等往来科目，抵减应付工程款。因少计收入，其税收结果是少缴增值税（营改增前为营业税）、企业所得税和土地增值税。

（2）虚列成本（虚构工程量）。以往一些企业在工程结算后以假发票入账。随着发票管理监控的严密，一些企业直接采取虚构（虚构工程量）建筑工程业务、伪造工程合同，虚列、挤占成本。例如，项目中的绿化工程，由于生物资产核算的复杂性，少数企业虚报工程量，达到少缴企业所得税目的。

（3）工程项目决算不及时。就是工程结算与项目决算时间不一致，项目久拖不决，影响企业所得税的正确计算。一般工程结算在施工完成后进行，时间明确，而项目决算会由于各种原因变得遥遥无期，如小区个别配套设施没有完成（不影响销售）、公建设施不能实施等，都会影响整个开发项目的完成，进而影响项目整体决算。甚至开发的商品房已经全部销售完毕，项目却长期不办理决算，无法核实其真实成本，因而也就无法真实反映企业盈亏情况。

2. 检查要点

对建筑安装成本问题的检查一般牵涉到相关的施工企业，采用普通的账簿检查方法很难发现大的问题,但只要检查人员对本地各种工程造价有一定的了解,在检查中结合票据查验、外调、项目实地观察等手段,就不难发现这些问题。在检查中要注意把握好以下几点:

(1) 识读施工图纸和建筑分类。在建筑施工过程中,所有施工项目都是按照图纸的要求来完成施工的,检查人员在查前应学习了解基本的建筑工程图的成图原理和识图方法,以便在后期的检查中读懂图纸,从图纸中获取建筑安装成本的相关信息,并与正常情况下本地区建筑安装的成本水平进行比对,从中发现疑点。

(2) 对房屋建造概算指标和造价指标数据进行税收分析。要关注建造成本中各项指标的结构比例。在土建成本中,根据国家预算定额,各项费用存在一定的比例关系,如人工费为15%左右、材料费为55%~60%、机械费为7%~10%、间接费(含其他项目费、工程排污费、工程定额测定费等规费)为15%~20%等,各地建设主管部门也会根据当地实际情况定期公布当地相应指标。检查人员可以根据企业提供的工程决算等资料与公布的指标进行比对,对其中差异较大的,应深入查明原因,必要时,可到相关的施工企业进行延伸检查。

(3) 进行数据比对。核查建筑成本的方式有很多,而比对是常用方式之一,这里介绍一种用来核查企业是否存在虚列成本问题的"三价对比"方法。这里的"三价"是指预算价(或合同价)、决算价、计入成本价。理论上说,决算价与计入成本价应该基本一致,而预算价与决算价、计入成本价在金额上应有所不同,根据工地的环境、工程的施工情况,决算价在多数情况下会大于预算价。如果是追加工程,通常会补签施工合同,说明新增工程的具体情况;如果是其他原因造成的,则会在施工进度表中反映新增支出的原因,并由监理方签字认可。在检查中,检查人员可以把涉及的所有施工企业的名称、工程内容、工程预算造价、决算价以及结转成本金额等五个指标,归集制表逐一核对,如果有问题,即可通过核对发现线索。

(4) 核查实质内容。对一些隐蔽工程、绿化工程等要审核其业务的实质内容,例如绿化工程,要审核合同对苗木等绿化植物(材料)的明细规定,合同描述不清楚的,要深入核查,必要时追踪检查施工企业。

3. 沟通要点

成本问题一般比较大也比较常见,而且往往是在沟通中逐步发现疑点的。检查人员与企业会计人员开始沟通时，注意要点如下：一是施工成本中各项指标在同行业中的水平；二是取得施工企业发票的流程；三是是否有长期拖欠施工企业款项的问题；四是要详细了解隐蔽工程、绿化工程的具体内容，包括施工单位具体情况。

（二）企业超规划、改变用途、违建等问题的检查

1. 主要问题

主要问题是一些房地产开发企业在实际开发过程中，发生超规划（或红线）项目或改变项目用途，同时在项目进行中或完成后进行一些违建，如将长廊花园改为办公用房、在隐蔽空地盖违建出租或自用等，均未按规定进行企业所得税、土地增值税处理。

2. 检查要点

检查人员在检查这类问题时，需要在掌握项目规划设计等详细资料的前提下，到现场查仔细核对查看。对有疑问的配套设施等建筑物要仔细核对资料和会计数据，如果属于违建性质，要特别注意成本是否已经在可销售面积中摊销。对企业超规划（或红线）、改变用途及违建的会计处理，要在详细摸清情况后，再与相关土地增值税、企业所得税政策对照，判断存在问题的实质和基本数据。

3. 沟通要点

超规划设计问题通常比较隐蔽，检查人员在与企业会计人员沟通时要注意以下几点：一是直接了解相关车位（库）比例数据，明确是否有后期因车位（库）不足而增加的情况；二是地下室的设计要点和实际是否有差异；三是绿化用地是什么时候开始建设的。

（三）甲供材的检查（主要是营改增前业务）

1. 主要问题

主要问题是通过甲供材的处理重复列支虚增成本。

2. 检查要点

在检查中要注意核对甲供材列支金额是否与工程造价审计确定金额一致。要仔细核对，看甲供材账面支出数与工程造价定案单金额是否一致。由于甲供材情况比较复杂，现举例说明如下。

假设A公司为开发方，B公司为施工方。

第一种情况：企业会计核算规范，履行了工程造价审计。

（1）基本情况。A公司购进材料并运往施工现场，要求乙方在施工现场进行验收并签收。A公司进行相关账务处理，记入"预付账款——甲供材——B公司"科目×××元。进行上述账务处理时，在会计凭证后附原始凭证，包括购货发票（增值税发票）、验收入库单（该验收入库单应有乙方施工现场负责人签字）。

月末将"预付账款——甲供材——B公司"账户余额×××元全部转入"开发成本——建安成本——甲供材"账户。

项目竣工决算时，A公司将"预付账款——甲供材——B公司"账户的全部发生额进行统计并交给B公司，作为工程造价审计中甲供材审定数的依据。

（2）检查方法。在这种情况下，检查人员只需要求A公司提交与B公司核对甲供材领用记录，与"预付账款——甲供材——B公司"账户发生额进行核对，并与工程造价审计定案单中的甲供材数据核对，便可确定B公司所领用的甲供材总金额是否正确。

此种情况下，统计结果应与工程造价审计完全一致。

第二种情况：企业财务核算不够规范，但履行了工程造价审计。

（1）基本情况。A公司购进材料并运往施工现场，要求乙方在施工现场进行验收并签收。A公司进行相关账务处理，直接记入"开发成本——建安成本——甲供材"科目。进行上述账务处理时，在会计凭证后附原始凭证，包括购货发票（增值税发票）、验收入库单（该验收入库单有乙方施工现场负责人签字）。

项目竣工决算时，A公司将"开发成本——建安成本——甲供材"账户中的B公司的全部发生额进行统计并交给B公司，作为工程造价审计中甲供材审定数的依据。

（2）检查方法。在这种情况下，检查人员需要求A公司提交与B公司核对甲供材领用核对记录。同时，检查人员需对"开发成本——建安成本——甲供材"账户的所有发生记录按领用单位注明，最后按不同领用单位对"开发成本——建安成本——甲供材"账户的金额进行汇总。将"开发成本——建安成本——甲供材——B公司"账户汇总数据与甲供材领用核对记录及工程造价审计定案单中的甲供材数据进行核对，方可确定B公司所领用的甲供材总金额。

此种情况下，统计结果应与工程造价审计完全一致。

第三种情况：企业财务核算不够规范，且未履行工程造价审计。

（1）基本情况。A公司购进材料并运往施工现场，要求乙方在施工现场进行验收并签收，A公司进行相关账务处理，直接记入"开发成本——建安成本——甲供材"科目。进行上述账务处理时，在会计凭证后附原始凭证，包括购货发票（增值税发票）、验收入库单（该验收入库单有乙方施工现场负责人签字）。

项目竣工后，A公司与B公司按合同包死价结算。

（2）检查方法。在这种情况下，检查人员需对"开发成本——建安成本——甲供材"账户的所有发生记录按领用单位注明，最后按不同领用单位对"开发成本——建安成本——甲供材"账户的金额及对应领用数量进行汇总。应根据项目工程类别、建筑面积等相关信息咨询工程造价审计人员，判断其甲供材发生额的合理性。如果存在明显不合理的情况，检查人员应重点关注B公司与材料供应商是否存在关联关系，有无利用此关系虚开材料发票增大开发成本；或B公司是否与A公司尚有其他工程业务，已把属于其他工程项目的甲供材计入了项目利润较大的工程。

3. 营改增后房地产开发企业甲供材业务[1]

（1）甲供工程（甲供材）的类型。

一是差额模式。发包方在合同中约定材料、设备、动力由发包方采购，结算时承包方经营额不包括材料、设备、动力价款，即承包方的承包范围和产值收入均不含甲供部分。

二是总额模式。发包方在合同中约定，相应材料、设备、动力属于承包方承包范围，但由发包方负责采购，供应商将发票开给发包方，然后将相应材料转让给承

---

[1] 此部分内容参考：程辉. 营改增后甲供材该如何进行税务处理［EB/OL］.（2016-11-25）中华财会网.

包方使用，结算时承包方经营额包括此部分材料、设备、动力价款，即承包方的承包范围和产值收入均包含甲供部分。

营改增后，房地产开发企业甲供工程（甲供材），既包括对工程总承包企业的甲供，也包括对专业分包企业的甲供，还包括对劳务分包企业的甲供。

（2）增值税规定。根据《营业税改征增值税试点有关事项的规定》（财税〔2016〕36号文件附件2）第二十四条的规定，"进项税额，是指纳税人购进货物、加工修理修配劳务、服务、无形资产或者不动产，支付或者负担的增值税额"。

房地产开发企业（甲方）如果适用一般计税方法，只要取得建筑企业（乙方）开具的建筑服务合规扣税凭证，均可以全额抵扣进项税额。

对于作为甲供对象的材料、设备、动力等，在差额模式下，甲方在采购时取得的合规扣税凭证可以全额申报抵扣，材料设备等用于房地产项目时，进项税额不需要转出；在总额模式下，甲方采购时取得的合规扣税凭证可以全额申报抵扣，移交给乙方用于房地产项目时，属于甲方向乙方有偿转让货物的所有权，应按照规定计算销项税额，并向乙方开具增值税发票。

（3）企业实务处理分析。根据现行增值税政策，由于涉及房地产、建筑业相关的货物或劳务种类繁多，几乎各档税率都可能涉及，对应的税率不同就会有完全不同的抵扣结果，因此企业在处理时，需要注意以下两方面的问题：

第一，选择材料采购范围。根据营改增政策规定，在甲供业务中，甲乙双方谁采购材料设备（合同、付款、发票均由甲方主导），谁就可以抵扣进项税额。由于甲供材一般为大宗材料，金额大，对应进项税额也较大，因此大多数房地产开发企业（甲方）可能会把易于取得增值税专用发票的材料、设备等采购权留在自己手中，而将难以取得发票的砂、土、石料等交由建筑企业（乙方）采购。材料采购范围的选择对甲乙双方的税负影响很大，如果发包方（甲方）一味选择有利于自己的购销政策，则承包方（乙方）会在工程承包中提高价格，保证自己的利益。因此，在具体实务操作中，甲方应特别注意综合权衡税收成本与工程成本，在制定采购政策的同时需要考虑工程合同定价，方能达到总体成本最低的最优效果。

第二，选择材料采购对象。根据营改增政策规定，虽然谁采购谁将抵扣税款，但能抵扣税款并不意味着税负一定降低。房地产业、建筑业的增值税税率都为11%，那么采购17%、13%税率的货物、劳务，将获得6个、2个百分点的税差收益；但是如果采购6%税率、3%征收率的货物、劳务，将损失5个、8个百分点的税差；采购11%税率的货物、劳务，进项销项税差将维持平衡。因此，企业要根据材料、劳务的类别、分类管理，尽量选择一般纳税人作为采购对象，如若采购对象不能提供有效及足额的抵扣发票，则需通过谈判降低采购价格。

（4）税务检查要点分析。从现行增值税政策及企业在实际操作中可能的运作来看，在营改增后，对甲供材业务进行税务检查时，重点应放在以下两个方面：

一是增值税发票的规范性检查。即企业入账的发票是否按规定的方式取得的合规发票。重点在税率11%以上的购进材料设备等，不符合规定的票据不得抵扣进项税额。

二是材料设备采购及出包工程业务的真实性判断。由于采购6%税率、3%征收率的货物、劳务，会产生一定的税率损失，因此在实务操作中，企业有可能大量使用普通发票，这样就使虚构业务有了一定空间，因此在检查时，要根据合同、发票等业务痕迹的逻辑分析，判断业务的真实性。

同样，对于出包工程，根据现行增值税政策，建筑施工企业在增值税计税方法上有一定的选择权，既可以选择适用一般计税方法，也可以选择适用简易计税方法。因此，在检查时，对于采取简易计税方法的出包工程，也要对其业务真实性进行判断。

（注：上述部分内容参考了中华财会网2016年11月25日发布的《营改增后甲供材该如何进行税务处理》一文，作者：程辉。）

> 【提示】根据《财政部 税务总局关于调整增值税税率的通知》（财税〔2018〕32号）、《财政部 税务总局 海关总署关于深化增值税改革有关政策的公告》（财政部 税务总局 海关总署公告2019年第39号）的规定，自2018年5月1日起至2019年3月31日，纳税人发生增值税应税销售行为，原适用17%和11%税率的，税率分别调整为16%、10%；自2019年4月1日起，增值税一般纳税人发生增值税应税销售行为或者进口货物，原适用16%税率的，税率调整为13%；原适用10%税率的，税率调整为9%。

4. 沟通要点

甲供材的核对比较复杂，但问题比较简单，沟通要点有两个：一是开票金额的确定；二是甲方提供的设备。

(四) 预提开发成本的检查

1. 主要问题

《房地产开发经营业务企业所得税处理办法》明确，预提（应付）费用应严格按照规定处理。因此，出现的主要问题也是该办法列举的三项。

（1）超出合同总金额10%的比例预提。出包工程未最终办理结算而未取得全额发票的，在证明资料充分的前提下，其发票不足金额可以预提，但最高不得超过合同总金额的10%，超过10%的部分不得预提。

（2）没有承诺的规划也预提。公共配套设施尚未建造或尚未完工的，可按预算造价合理预提建造费用。此类公共配套设施必须符合已在售房合同、协议或广告、模型中明确承诺建造且不可撤销，或按照法律法规规定必须配套建造的条件。根据企业所得税政策规定，没有规划和承诺建造的成本不可预提。

（3）长期存在应上交但尚未上交的报批报建费用等。应向政府上交但尚未上交的报批报建费用、物业完善费用可以按规定预提。物业完善费用是指按规定应由企业承担的物业管理基金、公建维修基金或其他专项基金。对于长时间不上交的要核查清楚原因，可以到相关收取费用的部门调查清楚真实原因。

在实际操作中，企业经常会出现多提成本费用或根据规定应转回的成本费用不及时转回问题，造成少缴企业所得税。

2. 检查要点

（1）审核规划设计。核对规划设计、销售广告、合同中关于相关设施的设计描述等，取得项目规划及企业承诺的设施，以此确定预提的范围和前提。

（2）核对预提数据。在检查时，重点查看"其他应付款""预提费用""开发成本"科目和"建筑安装工程费""公共配套设施费"等科目的内容，对预估的金额，结合建筑施工合同、规划许可证、政府部门相关文件等资料，查清业务的来龙去脉，判断是否存在多提成本、随意预估成本或预提不转等问题。

（3）按各地具体预提管理规定处理。对于各种预提成本的处理，各地税务机关从征管角度均有一定的规范。例如，江苏省税务局规定：

①企业根据《房地产开发经营业务企业所得税处理办法》第三十二条第二款规定可以预提的公共配套设施建造费用，对售房合同、协议或广告，或按照法律法规及政府相关文件等规定建造期限而逾期未建造的，其预提的公共配套设施建造费用在规定建造期满之日起一次性计入应纳税所得额。未明确建造期限的，在该开发项目最后一个可供销售的成本对象达到完工产品条件时仍未建造的，其以前年度已预提的该项费用应并入当期应纳税所得额，以后年度实际发生公共配套设施建造费用时，按规定在税前扣除。

②企业根据《房地产开发经营业务企业所得税处理办法》第三十二条第三款规定预提的报批报建费用、物业完善费用，必须是完工产品应上交的报批报建费用、物业完善费用，同时需提供政府要求上交相关费用的正式文件。未完工产品应上交的报批报建费用、物业完善费用不得预提在税前扣除。除政府相关文件对报批报建费用、物业完善费用有明确期限外，预提期限最长不得超过3年；超过3年未上交的，计入应纳税所得额。以后年度实际支付时按规定在税前扣除。

3. 沟通要点

预提开发成本的沟通要点有三个：一是预提的方式，确定企业对出包工程、公共配套设施分别采取什么方式预提，取得企业实务资料；二是预提的依据，主要是相关批文、承诺及合同约定；三是实际成本发生时的处理（对照当地具体政策规定审核）。

（五）票据的检查

1. 主要问题

主要问题表现在以下三个方面：

（1）不合规票据入账。主要是企业以不符合规定的票据入账。在政策规范上，土地增值税和增值税对票据的合规性有比较明确和严格的规定，例如土地出让金票据等，凡是不合规票据均无法进行相应的抵扣计算。

（2）虚假票据入账。主要是指企业取得假票、虚开发票、从第三方取得发票等问题。

（3）填写不规范的发票。主要是指企业取得的发票，没有按照规定在"购买方纳税人识别号"栏填写购买方的纳税人识别号或统一社会信用代码等。

2. 检查要点

(1) 合规性审查。票据检查的重点是土地成本票据、建筑施工票据以及其他大额票据。在票据核对中,如果有土地增值税清算资料,对土地成本票据、建筑施工发票等可以参考清单核对,核对的重点是原始凭证的原件,同时还要对不在土地增值税基础资料中的票据(就是金额相对较小的票据)进行抽查。

(2) 真实性审查。对于建筑施工票据以及其他大额票据,根据票据信息、相关合同及资金流向进行比对分析,发现疑问要深入追踪。例如,合同内容和票据反映的业务不清楚,无法从合同中看出业务的真实性,资金流向和票据、合同不统一,就需要深入对方单位追踪。此外,还可以对有疑问的发票(或全部发票),通过当地税务机关的发票查验系统核对,以确认其真实性。

(3) 票面内容核对。增值税专用发票票面信息要完整清楚,对于普通发票,《国家税务总局关于增值税发票开具有关问题的公告》(国家税务总局公告 2017 年第 16 号)规定,自 2017 年 7 月 1 日起,购买方为企业的,索取增值税普通发票时,应向销售方提供纳税人识别号或统一社会信用代码;销售方为其开具增值税普通发票时,应在"购买方纳税人识别号"栏填写购买方的纳税人识别号或统一社会信用代码。不符合规定的发票,不得作为税收凭证。

【提示】对于发票的管理,各地税务机关从征管角度也有一定的规范。根据江苏省税务局规定,在企业所得税处理上,可按以下原则掌握:

(1) 企业取得的不符合规定的发票,不得单独用以税前扣除,必须同时提供合同、支付单据等其他凭证,以证明其支出的真实性、合法性。

(2) 企业当年度实际发生的成本、费用,由于各种原因未能及时取得该成本、费用的有效凭证,企业在预缴季度所得税时,可暂按账面发生金额进行核算;但在汇算清缴时,应补充提供该成本、费用的有效凭证。

(3) 在汇算清缴结束后,税务机关发现企业应取得而未取得合法凭证的,应要求企业限期改正。

企业无法取得合法凭证,但有确凿证据证明业务支出真实发生,且取得收入方相关收入已入账的,可予以税前扣除。

3. 沟通要点

票据问题的沟通要点有以下三个：一是企业取得发票时是否有规范的流程，就是取得发票与支付款项之间如何控制；二是是否有人专门审核发票的真假；三是不合规票据如何处理。

（六）开发成本结转时点的检查

1. 主要问题

主要问题表现在以下两个方面：

（1）已完工、未完工项目。企业在结转成本时，故意混淆已完工、未完工项目，将未完工项目的成本混入已完工项目，将不同性质的项目成本混淆结转或提前结转，造成延迟缴纳企业所得税。

（2）已销售、未销售项目。企业在结转成本时，特别是在接近楼盘全部销售完毕节点，故意混淆已销售、未销售项目，将未销售的房屋成本混入已售房屋成本，将不同性质的项目成本混淆结转、提前结转，造成延迟缴纳企业所得税。

2. 检查要点

（1）依据六大原则。检查人员在检查中要充分领悟确定房地产计税成本对象的六大原则：可否销售原则、分类归集原则、功能区分原则、定价差异原则、成本差异原则、权益区分原则。用这些原则去对应核查相关的会计处理业务，进而判断是否存在问题。

（2）认真核对具体内容。在检查时，首先要注意查看相关开发文件，搞清楚各个项目的具体情况；其次要注意核查销售窗口表，关注销售时间，同时将测绘表与销售窗口表核对，确认是否有遗漏，检查企业自行计算的销售比例是否正确，是否有提前结转的情况；最后还要抽取部分建筑合同、抽取成本中大额的原始凭据进行详细核查，看有无混淆已完工项目和未完工项目成本的情况。此外，如果项目的土地增值税已经清算完毕，还可以仔细查看清算审核资料，看是否有异常成本问题列举，以便从中发现线索。

3. 沟通要点

开发成本结转时点问题相对比较复杂，在沟通时注意要点如下：一是在成本结转时如何计算已销、未销商品房成本，取得企业实务资料；二是如何确定成本核算对象；三是成本结转的时点。

（七）开发成本结转方式的检查

1. 主要问题

主要问题是企业不按规定的计算方式计算分摊成本，影响企业所得税、土地增值税的计算。主要有以下两种情况：

（1）土地征用费及拆迁补偿费的分摊不正确。企业在分摊土地成本时，为了延迟纳税，没有严格按照政策规定分摊，一般会人为地在已开发完工的项目中多分摊土地成本及拆迁补偿费用。《房地产开发经营业务企业所得税处理办法》规定：企业开发、建造的开发产品共同成本和不能分清负担对象的间接成本，应按受益的原则和配比的原则分配至各成本对象，具体有占地面积法、建筑面积法、直接成本法、预算造价法，企业可按以上规定选择其一。但规定土地成本的分摊一般按占地面积法进行，如果确需结合其他方法进行分摊，应商税务机关同意。现实中一些企业往往违反规定自行选定有利于自身的成本分配方法，以达到多转成本延迟缴纳税款的目的。因此，凡是采取的计算方法既没有合理的依据支撑，也没有征得税务机关同意的，对多转的成本应予以重新计算和调整。

（2）公共配套设施费分摊不正确。例如，企业混淆营利性和非营利性项目，项目补偿没有抵扣相应成本，以及规划外公共配套设施不按规定处理等，都会影响企业所得税和土地增值税的正确计算。

2. 检查要点

检查人员要在核查成本归集的基础上，重新列表计算分摊数额，并与企业原分摊数据比对。具体包括以下内容：

（1）检查土地费用的分摊。对土地征用费及拆迁补偿费分摊的问题，在检查时，要对照开发成本结转计算表，检查是否有通过擅自改变计算方法、多分摊公共配套设施成本、多分摊土地成本等手段，达到多转已售开发产品成本的目的。

（2）检查公共配套设施费用的分摊。对公共配套设施，要注意区分营利性和非营利性项目，对非营利性的配套设施应重点核查其是否按规定将费用进行分摊结转；对企业在开发区内建造的会所、物业管理场所、电站、热力站、水厂、文体场馆、幼儿园等配套设施，如果属于营利性的，或产权归企业所有的，或未明确产权归属的，或无偿赠与地方政府、公用事业单位以外其他单位的，要重点核查其是否单独核算开发成本，是否按建造开发产品进行处理，未销售的是否已混入已售房屋的成本转入营业成本。

检查规划外公共配套设施时，可从规划文件入手，审核成本发生数额，再搞清楚其结转分摊的计算方式，核查其是否按规定结转分摊。

实践中，企业将营利性的配套设施混入营业成本及规划外公共配套设施不按规定结转是一个多发的问题，且隐蔽性较强。在检查中，企业为隐藏问题，一般不向检查人员提供包括建筑工程施工许可证在内的详细的开发项目资料，所提供的项目立项批复、销售窗口表等资料中根本没有配套设施的信息，其成本也混在总开发成本中，不单独设置明细科目，如果不仔细检查，很难发现这个问题。

检查人员在检查这类问题时，要仔细查看房屋测绘表，从中发现面积异常信息，然后通过实地勘验确认位置所在，再通过销售合同和契约等确认该配套设施的营利性性质，最后结合科目检查确认多转成本金额。此外，在检查这类问题时，检查人员还可以在开发区内现场查看，观察有没有"可疑"建筑物存在，如果有就需要持续追踪，查明真相。

3. 沟通要点

成本结转问题检查是最复杂的业务之一，一般在沟通时要注重以下要点：一是在成本归集时，单独归集与分摊成本如何确定，取得企业实务资料；二是如何确定成本核算对象；三是公共配套设施、地下建筑如何归集成本，取得企业实务资料。根据沟通情况，再进行深入核查。

(八) 固定资产结转的检查

1. 主要问题

主要问题是企业将开发产品结转固定资产（自用），不按规定结转固定资产成本，将不得列支的成本费用计入固定资产，多转或少转固定资产等，这些问题都将直接影响开发成本的结转正确性。同时，固定资产原值不正确，也会通过折旧影响企业所得税的正确计算。

2. 检查要点

检查人员应重点核实以下数据：开发成本发生总额、总开发建筑面积、单位成本金额、实际自用的建筑面积等，进而确认应结转的固定资产原值。另外，在检查时还可以结合期间费用的检查或参考其他资料，如土地增值税清算相关资料等，看有无将不得列支的成本费用计入固定资产原值的问题。

3. 沟通要点

固定资产结转问题比较简单，主要的沟通内容是企业结转固定资产的时点和计算成本的公式。

(九) 项目补偿未抵扣相应成本问题的检查

1. 主要问题

重点审查以下两个方面：

（1）有（无）偿移交。对于邮电通讯、学校、医疗设施等，要判断是有偿移交还是无偿移交。如果是由企业与国家有关业务管理部门、单位合资建设的，完工后应有偿移交。

（2）经济补偿。对于完工后有偿移交的设施，应审查国家有关业务管理部门、单位给予的经济补偿是否抵扣相应成本。

2. 检查要点

（1）审核规划设计。查看相应的规划设计，明确设施的性质，在检查时还可以配合现场、图纸的查看，以确定是否存在问题。

（2）核对开发成本科目。检查人员在检查时要查看补偿是否直接抵扣该项目的建造成本，按抵扣后的差额调整当期应纳税所得额。如果补偿没有抵扣该项目的建造成本，而是挂账或直接计入所得，则要按规定进行调整。

在检查这类问题时，还要注意在 12 个月内结转固定资产后又销售的情况，这部分折旧必须调整出来。

3. 沟通要点

检查项目补偿业务的沟通要点有两个：一是补偿的项目、金额及处理方式；二是没有移交的设施长期挂账的原因。

（十）关联交易中的成本费用的检查

1. 主要问题

主要问题表现在以下两个方面：

（1）利用关联交易转移利润。例如，一些房地产开发企业开展多种经营，既有建筑业又有加工业，或者既有房屋销售又有物业管理服务等。多种经营在给企业发展拓宽渠道的同时，也使税收征管处于一个较为复杂的局面。不少房地产开发企业利用享受税收优惠的关联企业转移利润，达到少缴或者不缴税款的目的。例如，有的企业以设计费、咨询费用名义将大额款项支付给享受税收优惠的关联企业。

（2）虚构关联交易。这类问题主要表现为，房地产开发企业为消化成本费用，减少集团总体企业所得税，与上级公司、业务关联企业虚构业务。

2. 检查要点

（1）核查真实性。核对具体业务是否有实质内容和逻辑性，以确定关联交易内容。凡是违反一般逻辑性的业务，都要搞清楚所有业务细节，以确定业务实质。

(2) 审核关联交易目的。对关联方支付的成本费用予以关注，如果发现在费用支付方面有不符合独立交易原则的情况，应根据企业所得税法的规定按照合理方法进行调整，其处理的原则是：如果关联一方有享受优惠政策或弥补亏损或其他能减少税收的情况，就要摸清详细情况，并根据政策规定予以调整，否则即使有转移利润的行为也不必调整。

3. 沟通要点

这里的关联交易和前述不同，沟通要点有两个：一是业务的发生，就是有没有业务痕迹，包括合同、票据、业务员等；二是支付的费用票据及金额如何进行会计处理。

（十一）期间费用科目的检查

1. 主要问题

主要问题表现在以下两个方面：

(1) 开发成本费用中的支出计入当期费用。少数房地产开发企业在日常核算中，将一些应归入开发成本费用的支出计入当期费用，影响当期企业所得税的计算和缴纳。

(2) 业务招待费重复列支。少数企业在业务招待费列支上也存在一定问题。

【提示】关于房地产开发企业业务招待费的处理，各地通常有具体规定，例如，江苏省税务局规定：房地产开发企业销售未完工开发产品取得的收入，可以作为计提业务招待费、广告费和业务宣传费的基数，但开发产品完工会计核算转销售收入时，已作为计提基数的未完工开发产品的销售收入不得重复计提业务招待费、广告费和业务宣传费。

2. 检查要点

(1) 查看科目内容。检查开发期间的"管理费用""销售费用"科目，查看科目内容和凭证内容等,看是否有售楼处费用、开发人员工资等,如果有则应归入开发成本,调增当期企业所得税应纳税所得额。

(2) 核对业务招待费的列支计算数据。检查人员在检查时,可以根据业务招待费的列支标准和计算基础等数据,核对业务招待费的列支情况。但重点是核查企业是否将业务招待费通过职工福利费、办公费等名义列支。

3. 沟通要点

期间费用问题比较简单,一般查看明细账、凭证就比较清楚,因此只需主要针对业务内容书写不清楚或有疑问的支出进行沟通了解就可以了。

四、城镇土地使用税的检查

根据《国家税务总局关于进一步加强城镇土地使用税和土地增值税征收管理工作的通知》(国税发〔2004〕100号)的规定,从2005年开始,除经批准开发建设经济适用房的用地外,对各类房地产开发用地一律不得减免城镇土地使用税。由于房地产开发企业开发用地在商品房销售阶段处于变动状态,因此经常会发生因少计占地面积而少缴城镇土地使用税的问题。

1. 主要问题

主要问题表现在以下两个方面:

(1) 对于未开发用地的处理不当。主要是未开发用地没有按照政策规定计算缴纳城镇土地使用税,以及首次缴纳城镇土地使用的时间点不正确。

(2) 存在由销售期间用地面积变化导致的问题。房地产开发企业开发用地按规定要申报缴纳城镇土地使用税,但由于销售期间土地占用面积在不断变化,在计算相应计税面积时,一些企业经常会出现问题。

2. 检查要点

(1) 审核尚未进入销售期间的土地占用情况。检查人员在检查时,对于尚未进入销售期间的占用土地,可以直接根据土地合同、交接地资料等确定的面积、时间,按规定的单位税额计算。此外，取得土地使用权的时间节点，是核对首次缴纳税款的要点。

（2）审核已进入销售期间的土地占用情况。对于已经进入销售期的项目，要以销售窗口表、测绘表等为主，计算出各期间的销售率，即未销售建筑面积占总可销售建筑面积的比率，再乘以相对应期间的土地面积，计算出应税土地面积，最后根据单位税额计算出当期应纳税额。在期间或时间控制上，一般应以上一年期末实际开发占地（未销售）面积计算。目前一些省市税务局从简化计算等角度考虑，在具体征管中采取分期缴纳的，可以分期计算，即以各期的实际开发占地（未销售）面积，为上一期的期末实际开发占地（未销售）面积。

3. 沟通要点

针对城镇土地使用税问题，沟通要点有两个：一是取得土地使用权的时间，关注实际取得的时间；二是如何申报缴纳每年的税款，即如何按规定减少应税面积。

五、土地合同、勘测设计合同及金融企业贷款合同印花税的检查

1. 主要问题

主要问题表现在以下两个方面：

（1）因管理脱节造成遗漏。房地产开发企业合同种类较多，但分别归属不同部门管理，没有形成统一管理的制度，因此容易出现疏漏。

（2）因疏忽造成遗漏。一般金融企业贷款印花税的计算与银行借款科目紧密相连，在合同签订后，对每年新增贷款数额计算印花税，由于此业务在日常发生次数较少，很多企业在涉税业务处理时会出现疏漏。

2. 检查要点

（1）通过制作表格核对。这类问题比较简单，如果合同数量多，可以让企业分别制作相应的表格，在表格中列明合同签订的时间节点、金额、项目名称等重要内容。

(2) 核查科目。核查企业相关管理费、开发成本等科目，也可以核对企业税款入库情况，看是否有相应的印花税税目等。对于金融企业贷款印花税，核对"银行借款"明细账，看当年是否有新增贷款数额。

3. 沟通要点

针对印花税问题的沟通也比较简单，只需罗列相关税目内容，直接沟通就可以了。

六、单纯卖地行为涉税问题的检查

一些房地产开发企业从自身经营等角度考虑，将正在开发或尚未开发的部分土地转让。企业单独出售净地，涉及增值税（营改增前为营业税）、土地增值税、印花税、企业所得税等诸多税种，但其中最容易出现问题的是土地增值税。

1. 主要问题

主要问题表现在以下两个方面：

(1) 只预征不清算。有些企业发生单纯卖地行为，只对按照取得的收入按预征方式计算土地增值税，而不是清算方式缴纳土地增值税。

(2) 多转土地成本。有些企业对于进行清算的直接卖地行为，在计算土地增值税时多转土地成本及拆迁费用，以达到少缴税款的目的。特别是对于未进行土地开发直接转让使用权的土地，在计算土地增值税时擅自加计扣除，减少税款。

2. 检查要点

(1) 摸清单纯卖地行为及计税方式。在检查时，可以根据城镇土地使用税的变化、增值税（营改增前为营业税）税目、开发成本明细等，了解企业是否存在销售净地行为。如果存在销售净地行为，须检查其土地增值税是否只有预征收税款而没有清算税款。

(2) 核对成本分摊情况。对于企业销售净地已经进行土地增值税清算的，重点核查对其土地征用费及拆迁补偿费和留存部分的土地开发成本是如何分摊的。如果分摊方式和税收政策有差异,特别是存在通过分摊调节擅自扩大已售土地面积、成本情况的,应予调整。另外,需要关注企业在计算增值额扣除时是否存在违反规定擅自加计扣除情况,这也是一个多发的涉税问题。

3. 沟通要点

针对单纯卖地行为进行沟通时,有以下三个要点:一是是否有单纯卖地行为;二是如何处理,取得相关资料(合同、会计凭证等);三是如何分摊土地成本,取得分摊计算公式等。

第四节
问题落实沟通及取证

在检查中,针对涉税问题的最后沟通及取证对于税务机关的检查过程非常重要。实际上,在上述检查过程中,已经有两个阶段的沟通,除首次沟通外,检查人员对所发现的问题,也在不断地与企业会计人员沟通。对于通过沟通和初步取证得以确定的问题,可以根据相关规定进行正式整理取证,所以最后的问题落实沟通和取证是同时进行的。

一、问题落实沟通

这里所说的问题落实沟通实际上是最后沟通,简单的问题沟通起来比较顺畅,而比较复杂,特别是比较隐蔽和需要计算的问题,沟通起来就有点难度了。这里所说的沟通和首次沟通及检查中的沟通不同,是在检查已经发现问题的基础上进行的沟通,这时的沟通类似于一种心理上的博弈,沟通方式没有固定的模式,要根据掌握的具体情况和检查人员的经验积累去判断和处理。与检查相比,沟通需要更多的技巧,下面列举一些问题的沟通方式,供检查人员参考。

(一)多沟通计税依据

计税依据简单地说就是计算税款的依据,只要确定了计税依据,自然就确定了税款。检查人员如果直接就税款去和企业会计人员沟通,即直接讲企业的哪一项会计处理导致少缴多少税款,往往会让企业会计人员感到一种压力,因为税款就是结果、就是问题,但如果就计税依据与企业会计人员沟通,则会比较顺利。例如,在确定收入问题时,检查人员可以将自己核查到的应计入收入的项目(根据不同税种确定）数据归集制表，然后交给企业会计人员去核对，也可以让企业会计人员将企业自己计算的收入制表，然后交给检查人员去核对。通过这种核对交流，很多问题自然可以得到解决。例如检查"预收账款"科目和"其他应付款——诚意金"科目时，如果发现企业在诚意金处理上出现问题，则沟通的主要内容有三点：一是企业如何处理诚意金以及诚意金收取的数额；二是在检查所属期内或问题存在期间，"预收账款""其他应付款——诚意金"科目的数据；三是企业日常实际申报的数额。通过这三个方面的沟通，涉及"预收账款"科目和"其他应付款——诚意金"科目的问题就可以得到解决。

（二）多沟通计算方式

在确定成本问题时，检查人员可以把自己计算的成本和企业计算的成本集中到一张表格上，在明确相关政策后，让企业再次自行计算核对。如果企业成本核算方法和会计、税法规定不相符，就会出现差异。特别是当因不断调整而出现一定的混乱时，如何确定正确合理的方式，计算出成本存在问题的数据，需要与企业的会计人员进行不断的政策沟通。

1. 企业实际核算方式

要弄清楚企业在实际操作中进行成本核算的方式，特别是成本分摊、预估及结转的方法。这需要和企业会计人员共同努力，在理清企业成本核算方式的前提下，先按企业自己的方式去判断或计算是否存在多转成本的问题。

2. 政策允许的方式

由于在一些细节上税法规定和会计处理原则有一定的差异，检查人员可以根据税法规定确定一个适合企业的成本核算方式。

3. 重新计算

就是重新确定最终的成本问题数据。将根据税法、会计或企业自行确定的方式重新计算的成本数据与企业原来的数据进行对比分析，以最终确定企业的成本问题数据。

(三) 对复杂问题理清细节

在税务检查实务中，检查人员会遇到很多特殊会计业务，归纳起来主要有：不常见业务、特殊业务、不合常理业务、看不懂业务、错用科目业务等。对于这些业务，检查人员不可能完全熟悉其政策和规律。解决这些问题的方式是：首先把相关业务理清理顺，把会计处理流程搞清楚，然后再去比对政策。这里需要完成以下三项工作。

1. 理清业务

一是了解相关业务的整体情况，包括具体业务的情况、会计处理情况，特别是科目记载情况；二是复印查阅相关业务涉及的合同、记账凭证、原始凭证及相关账页。

2. 进行涉税分析

经过第一阶段获得相关信息后，就可以和税收政策相对照或请示政策部门，如果在分析中没有发现涉税问题就结束这个项目的检查，如果发现有涉税问题则进一步沟通取证，把涉及的业务详细搞清楚。

3. 现场实地查看

一些需要审核的问题仅通过资料、账册及凭证等往往无法反映出来，需要到现场进行核实、核对以发现或确定问题。例如超规划的建筑，因为其成本已经混入总成本中，在会计数据中很难发现，只有通过现场查看才能发现具体问题。

实际上，现场实地查看不是一种独立的检查方式，而是一种贯穿整个检查过程的检查方式，从查前分析开始就可以有针对性地运用。

二、取 证

对于税务机关的检查案件，检查过程不仅是发现问题的过程，同时也是取证的过程，因此在实务中，要树立"在检查中取证，在取证中检查"的理念，特别是对于税务机关的检查案件来说，检查人员不是税务案件的审理人员，所以最重要的不是判断问题的性质，而是把相关涉税行为和结果的证据或证明搞清楚，并提供给税务案件的审理机构，由审理人员去判断。在实务中，取证时要注意相关行为过程中的直接证据、相关过程的逻辑证据、相关税款计算过程等。从"在检查中取证，在取证中检查"的理念出发，同时也为方便证据的查看审阅，对于复杂烦琐的案件，可以通过制作各种表格将各类证据归集起来。

1. 各类成本配比问题相关证据的获取

成本配比涉及的税收问题通常比较复杂，主要涉及土地增值税和企业所得税。下面以企业所得税为例加以说明。

如果企业的开发项目为分期开发，就涉及土地费用的分摊问题。一般来讲，税收政策规定应按照土地面积法进行分摊，在取证时，可以采取列表的方式，将企业采取的分摊方式和税收政策规定的分摊方式进行对比，计算出差异数额。这个计算表可以作为这个问题证据资料的首页，后面所附的直接或逻辑证据有：土地费用支出的合同、土地费用支出的记账凭证和原始凭证、土地费用结转的凭证和明细账等。由于这些证据是围绕问题收集的，而差异的计算又是根据这些证据的数据计算的，因此保证了证据与问题之间的逻辑关系。

再看已销售商品房和未销售商品房的成本分摊，根据税收政策一般应按照建筑面积法。如果企业的成本计算在已销售商品房和未销售商品房之间分摊、产成品转固定资产等方面出现问题，则同样列表计算存在问题的差异数据。具体方法也是将企业成本采取的分摊方式和税收政策规定的分摊方式进行对比，计算出差异数额。这个计算表也可以作为这个问题证据资料的首页，后面所附的直接或逻辑证据有：成本计算单、成本结转的凭证和明细账、固定资产成本计算单及成本结转的凭证和明细账等。这些证据是围绕问题收集的，而差异的计算又是根据这些证据的数据计算的，通过反复计算、核对，保证了数据的准确性。

2. 预收账款涉税问题相关证据的获取

在房地产开发企业项目运作中，"预收账款"科目是计算预缴增值税（营改增前为营业税）、企业所得税预计利润和预缴土地增值税的最重要依据，因此，凡是涉及隐瞒预收账款的涉税问题，在检查核对中，需要对预收账款明细账及相关（例如定金、诚意金等）明细账、销售窗口表以及相关销售合同等进行核查比对，还需要制作完整的预收账款和企业实际申报的不完整预收账款比对清单。这些明细账、表格以及相关销售合同既是核查相关业务必不可少的资料，也是证明企业存在问题的证据。在核查时，可以采取复印等手段获取这些资料。

3. 收入结转相关证据的获取

涉及收入问题的取证，有的比较复杂，如果企业涉及隐瞒销售收入、隐瞒预转收入，则有可能涉及增值税（营改增前为营业税）、企业所得税和预缴土地增值税。首先也是把相关问题列表，既可以单独列表，也可以合并列表，将企业采用的计算相关税款的依据和检查人员采用的依据进行对比计算，制作出税款差异数据表。将此表作为此问题证据资料首页。然后归集所附直接或逻辑证据，具体包括：竣工验收表、销售科目明细账、预收账款明细账、隐瞒收入或预收收入相关科目明细账、相关凭证及原始凭证等。上述证据归集和相关问题的计算过程，其实也是反复核对问题的过程，因此，这种取证方式可以保证数据的准确性和证据的完整性。

4. 关联个人低价购房相关证据的获取

在房地产开发企业税务检查中，有可能涉及企业关联个人以低于市场价购买商品房的问题，如何确定购买者的身份是检查的重点，而房屋产权的最后归属是问题落实的关键。对这类问题的检查和取证是同时进行的。首先要仔细查看窗口表中的业主（客户）购买价格，对价格偏低的异常交易调阅相关购房合同，同时查阅相关预收账款等，确定实际成交价格。其次要确认购房者的身份，既可以通过企业协助确认，也可以通过公安部门协助确认。最重要的是核查产权证办理情况，这项工作同样既可以通过企业协助，也可通过房产管理部门协助完成。通过以上三个重要环节获取的文件、凭证、权属证明等，均是最后确定问题的证据。

5. 涉及面积问题相关证据的获取

对于房地产开发企业来讲，土地面积、建筑面积及销售面积等，均是准确计算税款的基础，主要有企业所得税、土地增值税和城镇土地使用税。其中涉及企业所得税、土地增值税的多是各类成本分摊计算问题，前面已经介绍。直接涉及税款计算的是城镇土地使用税的土地面积。对于这个问题也是检查和取证同步进行的，检查完毕即取证完毕，或者取证完毕即检查完毕。具体方法是：首先根据土地合同等确定计税土地面积数据，然后根据销售窗口表或销控表，计算出各个销售期的相关建筑面积数据，比如按年或季度或月份（根据各地具体文件规定），计算出未销售建筑面积占总可销售建筑面积的比率，最后将这个比率乘以总计税土地面积，就可得出未销售土地面积。这个未销售土地面积就是不同销售期间的计税土地面积，其时间节点通常是：按上一期末数据计算出来的未销售土地面积是下一期间的计税土地面积。将各期间数据汇总列表计算，这个汇总计算表是证据资料的首页，后附证明土地面积的合同、不同销售期的企业销控表及相关窗口表数据汇总等。

PRACTICAL STRATEGIES OF
Real Estate Enterprises'
TAX INSPECTION

第七章
房地产开发企业税务检查典型案例

为突出强调检查的方式方法，本书选编案例简化了查前自查及处理等相关内容，仅就选案、查前准备和检查过程进行介绍。本书案例仅供本书业务分析所用，文中各名称或业务纯属虚构，如有雷同敬请谅解。

案例一

某公司少算土地面积、股东无偿取得房屋及多转开发成本

某地税务局2×11年7月对创佳房地产有限公司开展税务检查。该公司涉税分析疑点包括：2×10年度预售收入和应缴纳营业税数据异常，数据比对差额过大。该公司自成立以来共计开发了七个项目，其中只有一个项目进行了土地增值税清算，需要进一步核查是否存在应清算未清算的项目等。

一、查前分析

检查人员分析，该公司大部分项目已经完工，企业所得税是检查重点，为此确定检查思路是：借助检查软件对ERP中的财务系统数据进行采集，以成本核算核查为中心，通过详细检查层层推进，重点检查成本的结转账务处理及不合法票据的税前列支问题，并以此为出发点，在取得突破的基础上，全面核查各税种有可能存在的问题。

由于房地产开发企业开发过程中产生的各种批文、权属、合同等资料不仅是会计处理的依据，更是税收问题处理的重要证据材料，因此检查小组预先设置的具体检查方式为：通过对该公司项目开发全过程各种资料及数据的归集，用资料数据、实际数据及相关计算处理数据比对，去发现存在的问题。

具体检查实施逻辑顺序是：从电子账套到纸质账册、凭证，先核实简单直接问题，再核实成本结转问题。

二、检查出的问题

案源下达后，检查人员经过两个多月的努力，发现该公司存在以下问题：

(1) 少申报缴纳城镇土地使用税。该公司 2×07—2×10 年应缴城镇土地使用税 201.79 万元,已申报缴纳税款 117.47 万元,少申报缴纳税款 84.32 万元。

(2) 股东无偿取得开发的商品房未扣缴个人所得税。该公司一名股东无偿获得公司自行开发楼盘的房屋,总价 410.35 万元。根据相关法律法规应视同红利所得,该公司未按规定代扣代缴"利息、股息、红利所得"个人所得税。

(3) 不符合规定票据入账及多计算扣除成本少缴土地增值税。该公司支付土地出让金,收取不符合规定票据,支出金额 450.00 万元,增加了土地增值税扣除金额,同时有少量未销售房屋结转了成本,增加了土地增值税的扣除金额,应补缴土地增值税 188.49 万元。

(4) 多转成本挤占利润(应纳税所得额)少缴企业所得税。该公司 A 项目 2×10 年度多转成本 60.85 万元,应调增应纳税所得额;B 项目 2×10 年度多转成本 1 314.58 万元,应调增应纳税所得额。合计应调增 2×10 年度应纳税所得额 1 375.43 万元,补征 2×10 年度企业所得税 341.75 万元。

三、检查过程及方式

1. 掌控全盘数据,奠定检查基础

(1) 了解情况归集资料。检查小组开始检查时,没有立即查阅相关账册,而是和企业财务人员就公司项目开发情况进行了沟通,了解到该公司共计开发了七个楼盘,在已经完成销售的五个项目中,成本已经全部结转完毕,其中 B 项目已经完成土地增值税清算。于是,检查小组获取了七个项目的土地合同、土地证、项目批文、土地规划设计、工程规划许可证、施工许可证、预售和销售许可证等资料,对已经全部完成销售的五个项目获取了房屋面积测绘表、竣工验收表,还让企业提供了所有项目的销售窗口表、成本计算单、土地增值税清算报告、企业所得税汇算清缴报告等相关资料。同时按制式规定调取了该公司相关年度的会计电子账套。

(2) 资料分类,理清脉络。在获得该公司开发项目资料及会计电子账套后,检查小组人员对资料进行了分类,分类的方式是将所有获取的资料根据该公司会计核算数据,以成本核算单位为基础归类,不仅包括获取的纸质资料,还包括获取的各种电子资料。

2. 电子数据和纸质资料相配合，直观问题水落石出

在获取了比较完备的数据和相关资料后，检查进入实质性核查阶段。通过对该公司电子账套中的"预收账款""开发成本""管理费用""应付税款"等科目及销售窗口表等数据的核对分析，比对了营业税、印花税、预缴土地增值税等计算公式和数据，没有发现该公司在这类涉税业务上存在问题，但发现城镇土地使用税和股东涉及的个人所得税存在一些问题。

（1）通过土地转让合同和销售窗口表数据的比对，核实应税土地面积变化情况，发现问题。该公司自成立以来，共计在城区、郊区及原县区等地区开发了 7 个楼盘项目，根据已经提取的土地转让合同计算，各楼盘土地占用面积合计近 30 万平方米。检查人员根据销售窗口表相关指标及土地面积指标，统计出各楼盘按年应税面积，计算出每年（每期）应缴纳城镇土地使用税税额，再通过"管理费用""应付税款"科目及税务机关内部入库税款信息等，核实准确已经入库税款的数据，经过对比计算，发现有 4 个楼盘共计少缴纳城镇土地使用税 84.32 万元。

（2）通过"应收账款"等科目和销售窗口表的比对，核对股东购房情况，发现问题。检查人员首先通过税务登记信息获取该公司各自然人股东信息，然后通过从该公司销售系统中提取的销售窗口表核对信息，取得了股东或相关人员详细购房情况清单，再通过"应收账款"等往来科目寻找相对应的股东姓名或相关人员信息，对有疑问的业务调阅相关纸质凭证及合同等。最终，在对十几套股东及相关人员购房数据进行逐笔进行分析后，发现该公司某股东有一套购房存在较大疑问．检查人员深入追踪细查所有原始资料，并通过第三方核查购房信息，最终确定该股东购买公司自行开发的某楼盘房屋一套，合同日期 2×10 年 12 月 1 日，总价 410.34 万元，未付款，但已取得房产证。根据相关政策，股东无偿获取自行开发的商品房应视为企业对个人投资者的红利分配，依照"利息、股息、红利所得"项目代扣个人所得税，应扣缴个人所得税 82.07 万元。

3. 层层推进，未售房屋结转成本问题清晰显露

通过对该公司电子账套相关科目数据和纸质资料的仔细核对，基本解决了该公司存在的一些比较直观的涉税问题，在这个过程中，更加完备了各种资料的归集，

检查人员也积累了有价值的核对成本等复杂问题的信息和资料,如各楼盘销售情况、成本结转时点等。通过对掌握的数据和资料的分析,检查人员依据职业判断,确定将两个已经全部完工并全部结转成本的项目(以下简称 A 项目、B 项目)作为检查重点,其中 B 项目已完成土地增值税清算。该公司相关账目显示:截至 2×10 年底,A 项目累计结转成本 2.67 亿元,B 项目累计结转成本 22.98 亿元。

在检查中,检查人员分以下四个阶段进行分析推进,最终取得突破。

(1) 制作表格整理数据发现线索。检查人员查阅明细账没有发现问题,但在核对所有资料数据时发现了疑点。列表核对的数据资料有:土地面积、建筑面积、规划设计面积、施工许可面积、销售窗口表面积、竣工验收表面积、测绘表面积以及土地增值税清算中相关面积等。这些资料的数据虽然有一定的差异,不会完全相同,但有一定的逻辑关系。经过对数据的比对分析,检查人员发现了两个疑点:一是销售窗口表和竣工验收表面积、测绘表面积、土地增值税清算数据有较大差异;二是项目规划面积和施工许可面积、竣工验收表、测绘表面积等有较大差异。

(2) 深入核查资料及科目发现问题。取得相关疑点线索后,检查人员从两方面开始深入核查。对于销售窗口表和建筑面积方面的差异,检查人员细分房号,对缺号及物业、会所用房情况进行仔细核对,再通过土地增值税清算报告等相关数据印证,发现 A 项目中有三套未售房屋的疑点较大,销售窗口表中未反映相关数据,三套房屋的成本已经结转。B 项目是商业用房,销售面积与在窗口表中反映的数据有较大差距,而 B 项目商业用房已经全部结转成本;对于项目规划面积和施工许可证面积等方面的差异,检查人员仔细核对规划设计说明及施工许可证、面积测绘表等数据,并与"开发成本"明细科目核对,发现在 B 项目中"隐藏"有一个 2 800 平方米左右的小项目,其信息数据既未列入立项规划,也未在销售窗口表中反映,但成本已经结转。

(3) 现场查看确定部分问题。对于发现的问题,明显有现场查看的必要,目的就是检查房屋的用途及存在的真实性。检查人员到现场查看后,发现 A 项目中未销售的三套房屋有的空置,有的已作为非居住房使用;B 项目中"隐藏"的 2 800 平方米左右的小项目是一个别墅型小项目,而 B 项目中的商业用房有可能存在问题,但无法通过现场查看直接做出判断。

(4) 通过沟通落实所有企业所得税问题。到现场查看后,检查小组和企业会计人员就相关问题进行了沟通。由于证据资料准备充分、数据经多重逻辑核对，财务人员承认，A项目中有三套房屋未销售，主要是因为位置不好未及时售出，目前已经考虑改变用途，因为是尾盘，所以成本已经结转；而B项目中的别墅是超规划设计建设的，因没有取得相关手续，目前无法销售，但成本已经结转完毕。

对于检查人员提出的B项目中商业用房面积的疑问，企业财务人员承认，是B项目中有两个未售的商铺，因改变用途等原因还未售出，成本已经结转。随后，检查人员根据了解到的情况再次进行现场查看确认。

通过上述四个阶段推进检查，经过计算确定：A、B两个项目均存在房屋未销售而成本全部结转的问题，具体数据如下：

A项目有三套未售房屋，面积为96.09平方米。根据成本结转数据等资料计算，该项目总成本为2.67亿元，总可售面积4.22万平方米，已售面积4.21万平方米，单位成本0.63万元，其三套未售房屋（面积96.09平方米）的成本为60.85万元，确定2×13年度多转成本60.85万元，应调增应纳税所得额。

B项目中有住宅（超规划别墅）、商铺等未售房屋，面积为6 506.51平方米。根据成本结转数据等资料计算，该项目总成本22.98亿元，总可售面积11.37万平方米，已售面积10.72万平方米，单位成本0.20万元，其未售房屋（面积为6 506.51平方米）的成本为1 314.59万元，确定2×10年度多转成本1 314.59万元，应调增应纳税所得额，同时B项目已经进行了土地增值税清算，其扣除的成本数额，因未售房屋结转成本需要重新计算。

4. 对采集数据进行电子筛选分析，发现相关票据问题

通过对该公司管理费用、成本等科目数据的电子筛选，检查人员将几十笔100万元数额以上的成本费用支出全部调出，通过逐笔分析，筛选出20多笔有疑点的成本费用支出再进一步核对原始凭证，发现有一笔成本费用支出的内容为土地出让金，共计450万元，原始支付凭证为某地产开发总公司开具的行政事业收据。根据相关政策规定，此票据支撑的支出不能作为土地增值税扣除项目扣除。

5. 确定土地增值税问题

确定票据问题后，检查人员根据在成本核查中发现的未售房屋多结转成本问题，

并结合中介机构的土地增值税清算报告内容，对该项目的土地增值税重新进行了全面的核查计算。结论是：B 项目在土地增值税清算中，因非法票据入账和多记已售面积增加扣除额减少税款的金额共计 188.48 万元。

四、案例点评

对体量大的房地产开发企业进行税务检查，有的案情复杂，有的案情简单，但都有一个共同点，就是只要涉及成本核算，业务就烦琐复杂，查清相关问题的工作量会成倍增加。本案案情不太复杂，但无法直观掌握问题数据，只有通过不畏繁杂、层层计算才能水落石出。当然，对此类问题的检查不一定会发现"大石头"，但是通过详细核查企业的成本核算过程，能不断积累稽查经验。本案还有一个亮点就是：检查人员没有拘泥于就账查账，而是通过案头检查和现场实地核查有机结合，细致地查找出隐藏的不合规项目，以及账实不符存在的涉税问题，最终查清了该公司多转成本少缴企业所得税和土地增值税的违法事实。

案例二

某公司预收账款挂账、多转预估成本、土地成本分摊不合理

某地税务机关从 2×15 年 3 月开始,对蓝翔房地产有限公司开展税务检查。在疑点分析中,发现该公司有两个重要疑点:一是开发的某楼盘面积较大,且时间跨度近十年,土地增值税未清算;二是相关资料反映该公司在核算中采取预估成本方式,且预估数额较大。

一、查前准备

由于该公司体量较大,检查人员在查前进行了一定的准备。首先通过互联网上的信息,发现该公司取得的地块从销售时段和实地空间上可以分成多个小项目,且在 2×08—2×14 年之间大部分项目已经销售完毕,业主大部分已经入住;其次核对该公司历年入库税款和管理记录,没有发现该公司有土地增值税清算业务发生,但发现该公司有"转让土地使用权"营业税税目;最后通过查阅企业所得税汇算清缴报告,发现该企业存在预提开发成本业务,其中预提的"土地增值税"税款每年在汇算清缴中都予以调整,但由于年度汇算清缴报告无法反映开发成本的具体情况,无法确定开发成本是否存在预提等业务。

经过分析,检查人员确定的检查重点如下:

(1) 就立项、销售、成本分摊、土地增值税清算等业务直接与企业财务人员交流沟通,获取项目开发的基本信息。

(2) 获取所有涉及开发项目的文件(批文),确定分期开发的具体情况。

(3) 获取各个项目(分期开发)销售情况,确定是否达到土地增值税清算条件。

(4) 获取各个项目收入和成本结转情况，确定对应预收账款和成本结转是否符合企业所得税要求。

(5) 通过核对相关计算公式，核对土地开发成本、配套设施的分摊是否符合政策要求。

(6) 通过查看"开发成本""产成品"等科目，确定预估施工成本业务如何处理，预估和结转是否正确。

(7) 通过询问和查看"开发成本""应交税费"等科目，确定是否有单纯卖地行为（转让土地使用权）。

二、检查出的问题

检查人员经过 3 个月的检查，发现以下问题：

1. 企业所得税问题

(1) 应结转的收入挂"预收账款"科目不结转。该公司已完工销售项目截至 2×14 年底尚有预收账款余额 55 445.45 万元未结转收入，造成少计收入 55 445.45 万元，相应的成本也未结转。

(2) 未按规定预估施工成本，造成多转成本。该公司在开发过程中，根据财务核算需要，对相关开发施工成本进行了预估入账，截至 2×14 年底，该公司多预估施工成本 23 250.53 万元。

(3) 取得国有土地使用权支付的金额未按规定的占地面积法分摊，造成已结转部分多分摊土地成本 4 872.56 万元。

综上，根据该公司账面记载核实的数据，经重新计算应结转的收入和应结转的成本，该公司共计少缴 2×14 年度企业所得税 10 043.98 万元。

2. 土地增值税问题

(1) 该公司的蓝翔花苑项目，分 8 个小项目分期开发，其中有 6 个项目的普通住宅销售率达到或接近 100%，根据国家税务总局文件，应进行或要求进行土地增值税清算。

(2) 该公司发生直接转让土地使用权的行为，应直接进行土地增值税清算，应补税款为 568.30 万元。

三、检查过程及方式

1. 掌握具体情况

检查人员按法律法规规定的制式于 4 月下旬对该公司进行检查，在初次见面中，检查人员通过与企业财务人员沟通，了解到下列情况：

（1）该公司蓝翔花苑项目分八期（八个小项目）开发，其中有六个项目的普通住宅销售率达到或接近 100%，最近一个项目在 2×14 年 12 月底之前基本销售完毕。另两个项目，一个在建，还有一个建筑面积最大的项目正在规划设计中。对于土地增值税清算问题，公司财务人员认为这是一个项目，要等最后一个项目销售完毕再进行清算。

（2）对于预估成本，该公司财务人员介绍，由于建筑成本发票和入账时间有一定差距，为配比成本，一般是先根据工程（建筑、材料等）量通过"开发成本""其他应付款"科目预提成本，待发票到达再按实际金额冲回调整，对于票据跨年度问题，没有进行专门处理。公司财务人员认为，这样做对已完工销售部分成本结转当期企业所得税可能有影响，但对项目总体没有影响。

（3）对于取得土地使用支付金额的分摊，该公司财务人员介绍是按照各个项目建筑面积计算分摊的。

2. 通过资料核对、科目检查找到突破口

完成沟通交流后，检查人员调取了该公司的电子账套，获取了该公司所有涉及开发项目的批文、证书、窗口表、测绘表等资料。经过两天的核对检查，取得以下突破：

（1）通过查看立项批文、规划设计、施工等资料，确定该公司蓝翔花苑项目属于政策明确的同一宗地分期开发的情况。该公司已完工的六个项目中，有一个项目销售率达到 100%，有五个项目销售率在 97%~99% 之间，根据土地增值税相关政策，其中 100% 销售率的项目属于应进行清算的项目，其余五个项目属于通知清算的项目。

(2) 通过对该公司"开发成本""其他应付款"等科目的详细核查,对所有预估和预估结转发生业务逐年归集滚动计算,发现该公司从 2×11 年开始预提、结转(冲回),到 2×14 年 12 月 31 日止,尚有 34 280.33 万元预估成本没有处理(冲回)。

(3) 通过对"预收账款"科目的检查,发现截至 2×14 年底"预收账款"相关明细科目还留有 55 445.45 万元余额没有结转,而根据与财务人员的沟通情况及竣工、销售资料等显示的情况,所有项目(六个)已经全部竣工验收,"预收账款"科目不应留有大量余额,而应按政策规定全部结转收入和成本。

(4) 通过查阅土地增值税入库税款(预缴)税目和营业税税目,发现该公司有单纯转让土地的行为。通过对"营业收入"科目的核查,确定该公司在 2×07—2×13 年期间,共计转让四小块土地,取得土地转让收入 32 610.16 万元。

(5) 对于土地成本的分摊,在前述沟通中已经了解,其土地成本没有按占地面积计算分摊额,而是按照建筑面积分摊的。该公司开发的项目为一个大项目分成若干小项目,且按时间顺序开发,如果分摊计算的基础依据是建筑面积,因后期项目预计建筑面积与前期项目建筑面积差距较大,且规划没有最后完成,计算方式也未通过税务管理机关备案等,这样极有可能造成前期多摊销土地成本进而少缴企业所得税、土地增值税的问题。因此,检查人员认为:根据政策规定及合理性原则,土地成本应按照占地面积法计算分摊。

3. 再沟通落实的问题

通过对相关科目和相关资料的检查核对,检查人员将归集的问题和企业财务人员进行了第二次沟通,通过政策、资料和数据的对比分析,企业财务人员认识到存在的问题:

(1) 应结转的收入挂"预收账款"科目没有及时结转。根据《房地产开发经营业务企业所得税处理办法》(国税发〔2009〕31 号文件发布)第三条规定,开发产品竣工证明材料已报房地产管理部门备案的应视为已经完工。该公司六个项目截至 2×15 年 12 月 31 日均已取得完工备案证明,应视为完工,并结转相应收入和成本。经核对计算,上述项目截至 2×14 年 12 月 31 日尚有预收账款余额 55 445.45 万元未结转收入,造成少计收入 55 445.45 万元,相应的成本也未结转。

(2)未按规定预估成本,造成多转成本。根据《房地产开发经营业务企业所得税处理办法》第三十二条规定,出包工程未最终办理结算而未取得全额发票的,在证明资料充分的前提下,其发票不足金额可以预提,但最高不得超过合同总金额的10%。该公司在开发过程中,根据财务运作需要,对相关开发施工成本进行了预估入账,截至2×14年12月31日,其预估成本余额34 280.33万元,该公司出包工程总成本110 298.00万元,预估最高限额为11 029.80万元,多预估成本23 250.53万元,影响了当期企业所得税的计算。因此,要调增2×14年应纳税所得额23 250.53万元。

(3)因方法错用多摊销土地成本。根据《房地产开发经营业务企业所得税处理办法》第三十条第(一)项规定,土地成本,一般按占地面积法进行分配。如果确需结合其他方法进行分配的,应商税务机关同意。该公司未经过税务管理部门同意,使用建筑面积分配。经重新分摊计算,即改为以各项目占用土地面积比例分摊的方式,企业多摊销土地成本487 256 27元。

(4)土地增值税清算。《国家税务总局关于房地产开发企业土地增值税清算管理有关问题的通知》(国税发〔2006〕187号)第一条规定,"对于分期开发的项目,以分期项目为单位进行清算,开发项目中同时包含普通住宅和非普通住宅的,应分别计算增值额";第二条规定,直接转让土地使用权的,纳税人应进行土地增值税清算。

该公司的蓝翔花苑项目,分八个小项目分期开发,其中有六个项目的普通住宅销售率达到或接近100%,根据上述文件规定,要进行土地增值税清算。

(5)对于该公司直接转让土地使用权的行为,经核查计算,该公司卖地四块,剔除已经预缴的税款,土地增值税应补缴税款为568.30万元。

四、案例点评

该案件涉及的业务广且复杂,对于检查人员来讲,要具有全面的房地产业税务检查业务能力和经验。检查人员从全面核查该公司收入、成本、费用等科目的具体核算方式方法入手,将复杂琐碎的事项、会计数据等利用大量的表格进行归集、分析、处理,理清脉络,同时逐一比对税会差异、政策差异,从中查找出其中存在的涉税问题。

案例三

某房地产开发公司虚增成本

一、基本案情

2×19年下半年,某地税务机关稽查局对新凯房地产开发公司进行检查。经过数月检查,发现该公司存在通过关联企业虚增成本以及出租房屋未按规定申报缴纳增值税等问题,共计查补税款300多万元。

二、查前准备

该公司查前主要分析疑点有两个:一是成本、费用偏高;二是往来款余额过大。在核查企业相关信息时,发现该公司开发项目在2×17年底已经完成,留存的部分房屋用于出租。

检查人员分析,该公司项目已经完工,不需要核查成本、费用分摊等问题,应对涉及成本费用的所有合同进行归集,比对合同与实际发生数据,查找差异,以确定是否存在问题。同时,对没有签订合同发生的成本、费用进行分析,找出疑点问题。还要核对往来款明细,确认是否有隐瞒的销售收入。核查企业信息显示,该公司从2×17年底开始,已陆续将自留的房屋出租,因此需要核对是否有收取的房屋租金没有及时申报纳税。

三、检查过程

(一) 虚增成本费用问题

在检查中,检查人员归集了全部的工程施工、费用合同(包括补充合同、协议等),通过比对合同数据及实际财务数据,没有发现重大差异问题,从工程总承包合同与实际发生数明细比对中,也没有发现重大差异问题。但是,在对一些单项合同内容、数据比对分析时,发现两个疑点:

一是物业服务费支出问题。根据合同内容及实际支出数据,该公司开发项目中,最早完工(交付)的楼栋是在2×16年4月,期间物业费高达1 386万元。通过列表比对合同金额、服务期间等指标,发现在2×16—2×17年期间,该公司共计支付物业(含前期)费用1 386万元。其中94万元部分,根据与A物业服务有限公司合同内容,为前期物业服务费;其中771万元部分,根据与B物业服务有限公司合同内容,为案场物业服务费,相关服务期间涵盖2×16—2×17年期间;其中521万元部分仍然为支付B物业服务有限公司物业费,无相关合同。如果上述521万元物业费存在重复列支情况,则不得税前扣除。

为此,检查人员将该公司支出的物业服务费与其他房地产开发公司项目进行单价比对,并调查了解物业服务费价格组成的原因,结果发现该公司支出的物业服务费单价高于正常价格单价的50%以上。同时,检查人员还调查了物业服务公司的背景,发现B物业公司为新凯房地产开发公司的关联企业。经过上述调查后,检查人员与企业进行了充分的沟通并细化相关业务细节,最终确认521万元为B物业服务公司多开具的发票。

二是绿化工程问题。根据合同内容及实际支出数据,该公司绿化工程总支出1 840万元,其中补充合同金额750万元。补充合同内容为前期绿化中草皮、树木枯死后补种植物等的费用。经过与企业沟通,检查人员了解到,部分楼栋开始交付时,先期投入绿化费用,后期绿化工程全面展开时,对前期部分枯死植物及景观进行了补种和改造。

为了解详细的绿化工程情况,检查人员依照制式要求该公司提供完整的施工方具体情况，包括植物明细、进货渠道、资金支付以及联系人等情况。经过几次业务（具体情况）的细化和沟通，最终确认，该绿化工程施工公司与新凯房地产开发公司有一定的关联性，其补充合同中650万元为虚增业务量。

（二）房屋租赁未按照纳税义务时点纳税

该公司开发的项目自留部分房屋用于出租，对于预收的房屋租金（包括押金）、车位租金，记入"其他应付款"科目。根据"其他应付款"科目统计，截至2×18年12月31日，收取房屋租金（余额）530万元。检查人员归集所有租赁合同，并将租赁期间、金额、收款时间、纳税时间等列出比对。同时与企业就纳税时间等进行沟通，发现该公司是根据合同确定的收款时间申报纳税，由于该公司出租的房屋地段较好，部分承租户提前支付房租，对于提前支付的房租，该公司没有按照"收取款项的时间"原则缴纳增值税。530万元预收房租应按照收取时间申报缴纳增值税、房产税等。

四、案例点评

房地产开发公司虚增成本的问题一般比较隐蔽，检查起来比较复杂，但是根据先摸清业务细节原则，在检查中遇到有疑问的成本、费用支出业务问题时，首先应该理清业务细节，当然业务细节的理清需要不断反复。根据税收征管法等法律，税务机关在行政执法中有充分的条款支持将涉税业务理清，在不断细化理清业务细节的过程中，相关问题的核查就能落实。

案例四
某房地产开发公司虚构业务虚增成本

一、基本案情

2×10 年×月,某地税务机关对新源房地产开发公司进行税务检查。主要涉税疑点是成本费用过大等。检查人员经过检查,发现问题主要是虚增开发成本,即通过虚增咨询管理费等业务虚增成本 1 200 万元。

二、查前准备

在检查期,该公司有 1 个开发项目,2×06 年 7 月份开工,2×08 年下半年部分楼栋完工并销售完毕。该项目适用简易计税方法。

检查人员分析,该公司项目已经部分完工,且已经开始结转收入和成本,如果成本、费用过大,则应重点检查成本结转分配以及成本发生的真实性。同时营改增后,对于新增的增值税处理业务也需要重点核查。为此确定的检查思路是:通过稽查软件对企业 ERP 中财务系统数据进行采集,以成本核查为中心,重点检查成本归集、结转的财务处理数据,对大额成本、费用支出深入核查票据、合同等细节。同时在核查增值税基础上,核对易错业务问题。

三、检查过程

在实际检查中最重要的工作有两项,一是归集基础数据;二是审核成本计算单数据。

检查人员通过对该公司电子账套相关科目数据和纸质资料的仔细核对，获取（确认）了楼盘的销售（预售）面积、已经完工（验收备案）面积以及销售窗口表等成本计算面积数据，同时归集各项成本费用发生数，将发生数与企业的成本计算公式数据比对，对于有差异的数据，让企业做出说明后再次核对。通过核对，从计算流程上和现有财务数据上并没有发现问题，相关数据差异属于正常业务调整。

在完成上述核查后，检查人员建立了该公司成本计算公式模型，随后对该公司大笔成本、费用支出进行了深入分析追踪。在检查中，检查人员首先对超过50万元以上支出的业务进行了排查，排查的方式是核对合同、发票（或结算单、收据）以及资金流向等项目，核查后没有发现问题。于是检查人员扩大范围，对10万元到50万元之间的支出业务进行了排查，发现有三笔工程支出是现金，共计67万元，收取的是税务机关代开的增值税普通发票。进一步核查发现，其中有一笔21万元的支出有明晰的签字以及支出内容，其他两笔支出只有个人盖章，支出内容仅为工程款。

检查人员在掌握了基本数据和线索后，与企业财务人员进行了沟通。该公司财务人员只提供了有个人签字的领款人的身份证，并详细叙述了相关业务，对于其他两笔盖章领款的业务则表示不太清楚相关情况。

为摸清具体业务，检查人员做了两手工作，一是告知在税务机关代开发票时要留下个人的信息，可以直接查询；二是通过内部系统查询这2张发票的申请开具人。经过很短的时间，该公司财务人员终于承认，是企业为了套取现金支付日常零星费用开具的发票，开具人是企业的一个相关员工。

四、案例点评

在税务检查中，对现金支出的检查一直是重点。很多企业成本核算非常规范，一般大额支出不会发生问题，但是一些公司为回避某些"隐秘敏感"支出，往往采取一些套取现金的方式来处理，本案中，纳税人采取虚增业务的方式套取现金，检查人员通过检查方式、业务的不断细化，理清业务细节，最终水落石出。

---案例五---
某公司代建工程少结转收入

一、基本案情

某地税务机关 2×16 年 2 月开始对某资产经营有限责任公司进行税务检查。检查人员经过两个多月的检查，发现下列问题：

1. 印花税问题

该公司银行借款合同印花税处理存在问题。该公司 2×13—2×15 年期间增加的银行借款未按规定缴纳（贴花）印花税，其中 2×13 年银行借款增加 2 202 639.00 万元、2×14 年银行借款增加 1 475 810.00 万元、2×15 年银行借款增加 140.13 万元。根据印花税相关政策，合计应缴纳（贴花）印花税 253.99 万元。

2. 企业所得税问题

该公司与各业务单位签订的合同约定：建设与开发总费用（包括建设与开发的直接成本、间接成本和委托开发收益）的结算分每年预结算和审计最终决算两部分进行。每年年底根据乙方当年实际支出的建设与开发的直接成本和间接成本以及相应的委托开发收益，经甲方审核后以工程产值确认书的方式进行预结算；工程竣工验收后再根据土地一级开发总费用的决算审计报告进行最终的决算。对照合同发现，该公司自承接项目以来，所有项目均按照工程成本（"在建工程"科目＋"预付工程款"科目）的 6% 计算收益。截至 2×15 年 12 月 31 日，累计结转 235.95 万元（"在建工程"科目＋"预付工程款"科目）。根据相关成本归集科目（"在建工程"科目＋"预付工程款"科目），截至 2×15 年 12 月 31 日，工程成本（"在建工程"科目＋"预付工程款"科目）结余数据为242 386.75万元。根据合同规定应全部结转收益，按照工程成本的6%比例计算，结转收益数据为14 543.21万元（原账面数据为293 303.87万元，汇算清缴及审计调整数据为242 386.78万元）。

3. 营业税问题

该公司计算营业税的计税依据为收取的管理费。根据相关成本归集科目（"在建工程"科目+"预付工程款"科目），截至2×15年12月31日，工程成本（"在建工程"科目+"预付工程款"科目）结余数据为242 386.77万元。根据该公司相关合同约定应全部结转收益，按工程成本的6%比例计算，结转收益数据为14 543.21万元。

上述各项问题最终补缴印花税253.99万元、企业所得税3 577.92万元、营业税727.16万元、城市维护建设税50.90万元、教育费附加21.81万元和地方教育附加14.54万元。

> **【提示】**根据《营业税改征增值税试点实施办法》（财税〔2016〕36号文件附件1）的规定，营改增后，上述行为按照"销售服务——现代服务——商务辅助服务"税目征收增值税。相关计算如下（一般纳税人、一般计税方法）：
>
> 销售额：14 543.21÷（1+6%）=13 720.01（万元）；
>
> 销项税额：13 720.01×6%=823.20（万元）。

二、检查方法

（一）做好前期准备

在正式检查前，检查人员通过与该公司财务人员的初步接触，取得了该公司基本架构、基本业务运作、项目体量情况以及日常计算税款方法等基本信息。该公司的主要业务是对城市基础设施、市政公共配套设施、社会服务配套设施项目的投资、建设、经营、管理。自成立以来，该公司的主要业务是接受各类业务单位委托的建设项目。该公司与各业务单位签订的项目委托建设合同约定，委托建设项目包括房屋、道路、景观绿化、交管设施、公益配套项目等，由此可确认该公司的主要收入（营业收入）是对委托项目收取的管理费。根据相关合同约定，委托的建设项目通过竣工验收后，管理费按工程实际投资成本的6%计算。2×13年以来工程陆续竣工验收，每年营业收入在3亿～5亿元之间，缴纳各种税收在5 000万～7 000万元之间。

在上述归集信息的基础上，依据检查人员的职业判断，认为对该公司检查的重要方向是：通过对各个项目开工及完工量的核对，确定营业税及所得结转的正确性。

（二）归集基础数据

实际检查中最重要的工作就是通过查阅电子账、合同及各类资产等相关会计资料去归集基础数据。

1. 采集基础数据

该公司业务涉及合同、土地、房屋等大量原始基础数据，这些数据是核对检查的基本数据，也是计算税款缴纳是否正确的数据。为此，检查人员在电子账的基础上通过制作各类表格，将该公司历年发生的数据全部归集起来，为最终核对业务与确定问题奠定了基础。在这个环节中，检查人员收集了企业历年200多个项目的处理情况，企业现有资产体量、使用状况及涉税计算等各项数据。

2. 总量控制，明细落实

该公司的财务核算是一个庞大的体系。在实际检查过程中，检查人员通过对该公司电子账的阅读，从总体上把握住了每年的总体数据（特别是工程实际发生量），以及决定业务量的工程量、结转所得等数据，同时借助大量明细表格将总量细化落实，就是落实到每年具体的汇算清缴计算和每个项目的具体情况。从每个项目结转收入计算中发现，原来该公司每年在进行预结算收入时，因为审计确认的最终金额要延迟到第二年的3—4月份，因此该公司每年以当年12月份的相关明细账数据先计算并缴纳营业税等，最终审计出的数据与先计算的数据有一定的差异，而该公司没有在企业所得税汇算清缴期中进行调整。

(三）从会计核算到税款计算

该公司业务体量比较大，会计核算比较复杂，从整体及日常业务上看涉税计算符合常规，因此要想直接通过与税收政策的对比检查确定问题，难度比较大。为此，检查人员采取的具体检查方法是：从该公司的具体会计核算流程、会计处理方式入手，逐步确定问题。

对于公司承担的项目，首先清理出项目从开工、各年结转到最后决算的会计处理，然后比对相关合同数据，再与该公司已经实际申报的涉税数据比对，最终计算出企业所得税（调增、调减所得额）、营业税相关税款。

三、案例点评

以采集大量基础核算数据为依托，深入细节、详细比对，是该案检查的特点。本案案情并不复杂，但数据量巨大，该公司涉及的问题无法从表面直观地看出，且时间跨度大、项目多、体量大，企业财务人员也无法说清问题所在。检查人员从所有涉及年度的会计核算资料中采集数据，通过详细核对计算依据，比对审计数据、合同等，最终发现问题所在。本案考验的是检查人员的细心和耐心。

案例六
某公司取得不征税收入对应资产处理不当

某地税务机关于 2×17 年 5 月对创佳房地产有限公司开展税务检查。该公司涉税分析疑点包括:取得政府补贴收入的处理、财务费用突然大幅增加等。

一、检查出的问题

案源下达后,经过检查人员两个多月的检查,查出以下两个问题:

1. 财政补贴及专项拨付资金涉及企业所得税问题

根据某市政府相关文件,经批准设立的市级企业创业园,对开发企业缴纳的部分土地出让金予以返还拨付,用于园区基本建设。经与该公司相关明细账等核对发现,2×11—2×16 年期间,该公司共计收到拨付的补偿资金 23 541.34 万元。检查人员经过核对,认为符合《财政部 国家税务总局关于专项用途财政性资金所得税处理问题的通知》(财税〔2011〕70 号)中的不征税收入条件。但是根据财税〔2011〕70 号文件的规定,不征税收入用于支出所形成的资产,其计算的折旧、摊销不得在计算应纳税所得额时扣除。

经过计算,调增该公司 2×14 年度企业所得税应纳税所得额 588.31 万元、2×15 年度企业所得税应纳税所得额 1 176.61 万元、2×16 年度企业所得税应纳税所得额 1 176.61 万元。

2. 融资费用企业所得税处理问题

该公司项目融资贷款,存在原项目竣工后新项目继续使用原贷款资金的情况,但是支付的相关利息没有按规定进行资本化处理,其中新项目应承担 117.21 万元利息,计入当期损益,挤占了当期应税利润。

以上两项经计算,补缴企业所得税 415.97 万元。

二、检查方法

1. 核对收入性质

在对该公司进行检查时,检查人员了解到该公司主要业务为投资盖厂房、办公房及各项配套设施,在政府指导下建立创业园。其中政府各类补贴收入较多,而因为创业园招商引资需要,一般进园企业前三年免收租金或减半收取租金。根据这些情况,检查重点应该是审核房产税是否计算准确、政府补贴处理是否符合要求。

通过对该公司房产税缴纳情况的核对,没有发现问题,于是检查重点就是政府补贴收入的处理。为此检查人员从清理政府补贴收入相关业务入手,主要是列明收入明细、文件及拨款凭证等等。

通过逐笔核对该公司取得的财政拨付资金,发现该公司在 2×12 年至 2×16 年期间共计获得各种政府财政补贴 33 113.67 万元,其中 9 572.33 万元为各项政策奖励、补助等,均在收到的当年结转所得,其余 23 541.34 万元为根据政府文件拨付的"返还土地出让金"补偿,就是将项目开发企业缴纳的部分土地出让金返还用于创业开发区的基本建设。核对相关拨款文件、资金来源及管理方式,确定资金的拨付和使用均符合财税〔2011〕70 号文件中的不征税收入条件。

2. 核对资产处理,发现问题

根据财税〔2011〕70 号文件的规定,不征税收入用于支出所形成的资产,其计算的折旧、摊销不得在计算应纳税所得额时扣除。

在核对该公司相关资产处理时发现,从该公司上述财政拨付资金的使用上(会计核算)看,资金到账即全部投入基础建设(相关文件要求),但无法确定具体小(分)项目。同时,根据相关资金拨付文件等规定,资金已全部用于园区基本建设并已经结转固定资产。为此,根据企业所得税配比原则,检查人员和企业商定:依据固定资产数据及不征税收入数据等按比例计算不征税收入对应的折旧等数据进行企业所得税处理,折旧年限按照该企业财务制度规定的20年执行。

经计算,固定资产数据为260 312.22万元、不征税收入累计数据为23 541.34万元、不征税收入累计占固定资产总额比例为9.04%。

2×14年6月该公司结转固定资产260 312.22万元,2×14年提取折旧6 507.80万元,2×15年提取折旧13 015.61万元,2×16年少提取折旧13 015.61万元。

根据不征税收入累计占固定资产总额比例9.04%计算,2×14年度不得税前扣除的折旧为588.31万元,2×15年度不得税前扣除的折旧为1 176.61万元,2×16年度不得税前扣除的折旧为1 176.61万元。

3. 审核融资费用的企业所得税处理

核对该公司"财务费用"科目的核算明细发现,部分利息没有资本化。该公司建设资金重要来源是融资(金融企业),2×15年"财务费用"科目数据为174.85万元,其中117.21万元是为甲项目贷款而产生的利息,甲项目已经在2×14年底完工,相关贷款资金已经投入到乙项目中,但是发生的相关利息支出共计117.21万元,没有计入乙项目,而是记入"财务费用"科目,在当期进行了企业所得税处理。

沟通后发现,企业会计人员认为:利息的归集以合同为主,不需要按照实质性原则处理,因此在企业所得税汇算清缴时没有进行调整,挤占了当期应纳税所得额。

综合以上两项业务发现,该公司2×14年度、2×15年度因经营(免租金)需要均有亏损,检查调增应纳税所得额后,当年仍然亏损。根据2×16年度汇算清缴数据,尚有1 871.56万元亏损没有弥补,根据计算2×16年度弥补完亏损后,应纳税所得额为1 663.86万元,应补缴企业所得税415.97万元。

三、案例点评

检查人员在实际检查过程中经常要面对纷繁复杂的情况,很多企业的会计核算很不规范,随意调整会计科目、会计处理缺乏一贯性等问题时有发生。加之有些税收政策在具体细节上存在一定模糊地带或操作性不强,因此,需要检查人员根据检查经验,遵从税法法理,拨开乱象,精准定案,找准问题。例如本案中的"不征税资金"问题,在不违反政策原则的前提下,运用企业所得税的"配比"原则,在政策模糊的区域,从充分体现税收政策的科学性和合理性角度出发,去判断业务的实质,查找和解决税收问题。

房地产开发企业的融资是一个问题比较多的业务,对利息如何处理,存在一定的税会差异,一些企业仅仅从合同上判断利息支出的归属,不符合企业所得税相关规定。

> 【提示】2017年《企业会计准则第16号——政府补助》修订发布后,对政府补助的会计处理有了明确的规范,上述情况可按以下方式处理。

《企业会计准则第16号——政府补助》第四条规定:政府补助分为与资产相关的政府补助和与收益相关的政府补助。与资产相关的政府补助,是指企业取得的、用于购建或以其他方式形成长期资产的政府补助。与收益相关的政府补助,是指除与资产相关的政府补助之外的政府补助;第十一条规定:与企业日常活动相关的政府补助,应当按照经济业务实质,计入其他收益或冲减相关成本费用。与企业日常活动无关的政府补助,应当计入营业外收入。

基于上述原则,根据财政部发布的相关文件,利润表中的"其他收益"行项目,反映计入其他收益的政府补助,以及其他与日常活动相关且计入其他收益的项目。该项目应根据"其他收益"科目的发生额分析填列。

政府给予企业土地出让金返还,通常有两个目的:一是用于房地产开发公司建设市政配套设施的补助;二是用于房地产开发公司实施拆迁(毛地)补偿的补助。

根据《企业会计准则第16号——政府补助》的规定,返还的土地出让金已经明确用于购建相关资产的,例如用于市政配套设施的补助,可直接冲减相关成本,不按照财税〔2011〕70号文件中的不征税收入处理。会计分录为:

借:银行存款

贷:开发产品——市政配套设施(或相关建筑物)

上述案例中,该公司260 312.22万元固定资产中,对应的返还(补贴)收入应直接冲减相关成本。即:

收到款项时,

借：银行存款

  贷：其他应付款——政府补贴收入（投入相关资产）

结转时，

  借：其他应付款——政府补贴收入（投入相关资产）

    贷：开发产品——市政配套设施（或相关建筑物）

案例七

某公司多提"暂估款"及融资费用处理不当

某地税务机关于2×15年5月对天逸地产有限公司开展税务检查。税务机关的疑点分析显示,该公司2×13年"财务费用"科目数据比上年增幅过大、相关成本分析偏离值过大。

一、检查出的问题

案源下达后,检查人员经过两个多月的努力,查出该公司存在以下问题:

(1) 在2×13年度多预估开发成本55 000.00万元,造成多转计税成本19 000.00万元。

(2) 在2×13年度的"财务费用"科目中,有493.00万元属于项目贷款的辅助融资费用,已经全部进入企业所得税汇算清缴当期。

根据该公司2×13年度企业所得税汇算清缴数据计算,上述问题总计应补缴企业所得税616万元。

二、检查过程及方法

(一) 查前分析

查前根据税务机关案源分析系统分析发现,该公司销售指标涉及的问题可能有"隐瞒销售收入"等,而利润指标不仅涉及"延迟结转"等问题,还涉及税收政策的特殊规定,如关于"票据时间""融资费用"等时间性差异的规定。相关分析资料显示,该公司开发的项目分三期开发(为节省篇幅,以下数据只标注三期汇总数)。截至 2×13 年 12 月 31 日,除一期完工率为 100% 外,其余均未达到 100%,而销售率也均未达到 100%。

(二)检查(核查)情况

1. 成本结转核查无问题

为全面掌握该公司的成本核算体系和核算流程,检查人员将企业所得税汇算清缴报告提供的原始数据与企业明细(含总账)账数据核对,然后重新归集汇总各成本、费用项目(对象),再按各核算项目、核算期间重新分摊成本、费用,最后依据《竣工备案表》等确定结转成本的节点。经过较长时间的案头工作,对该公司企业所得税汇算清缴的项目重新进行了成本结转的梳理,发现最后数据和汇算清缴报告的数据完全一致。

虽然案头审核没有直接发现问题,但检查人员通过这个过程,对该公司的整体项目成本核算有了非常清晰的了解,得出这样一个结论:按照会计原则,成本结转没有问题,那么问题就有可能是税法和会计原则的差异。在案头审核时,其销售收入时点、成本结转时点的税会差异处理均未发现问题,那么大的差异就只剩下票据时间的差异。该公司通过"预提费用——预提出包工程成本"科目来核算处理出包工程未到票的问题,于是重点核查"预提费用——预提出包工程成本"税目。

2. 业务沟通取得进展

检查人员归集了分布在两个一级科目中的"预提出包工程成本"明细账,随即与企业财务人员进行了一次业务沟通。首先是同企业财务人员就该公司对"预提出包工程成本"业务的处理情况,从会计角度进行详细探讨,并让企业提供一个详细的核算情况说明。其次是就《房地产开发经营业务企业所得税处理办法》的相关规定与企业财务人员进行了沟通交流,就其政策规定和会计核算差异进行了多角度解释,该公司财务人员对公司存在的预提出包工程成本问题表示认可。最后,要求企业提供全部总的工程承包合同,在取得总数据的基础上,与相关"预提出包工程成本"明细账数据比对计算,同时与凭证所附的原始票据核对。

经过上述工作发现,截至 2×14 年 5 月 31 日,该公司因种种原因,仍有部分出包工程票据未到。

3. 理清业务，落实问题

该公司出包工程票据涉及不同分期项目，要理清未到票据对 2×13 年企业所得税的影响，需要对票据部分重新进行计算分摊。在该公司会计人员的配合下，通过对明细账及辅助账的归类统计，再经过归集、分摊、计算公式设计等，得到以下最终成果：

(1) "暂估款"事项及数据。该公司在项目成本核算中，根据工程形象进度确认"产值"计入开发成本，实际到票的开发成本金额与产值标准不一致的通过"暂估款"科目进行调整。截至 2×13 年底，两个"应付账款"科目总余额 1.94 亿元已全部计入开发成本，参与计税成本的结转。

(2) 开发成本票据事项及数据。上述 2×13 年暂估成本中 2×14 年 1—5 月取得票据金额为 0.93 亿元。

(3) 总承包合同数据。天逸地产有限公司签订的总承包合同金额为 4.56 亿元。

(4) 计算表格（中间计算表格略，仅列举最后分摊计算表格，详见表 7-1）。

表 7-1　　　　天逸地产有限公司暂估款调增计税所得额　　　　金额单位：百万元

项目	合计	一期	二期	商业
2×13 年暂估成本期末余额	193.73	50.86	80.47	62.40
2×14 年 1—5 月暂估成本已到票金额	92.96	31.05	56.33	5.58
截至 2×14 年 5 月 31 日暂估成本缺票金额	100.76	19.81	24.14	56.83
总承包合同金额	456.08	177.69	237.64	40.75
截至 2×13 年 12 月 31 日到票金额	293.46	115.98	152.04	25.43
总包合同预提金额	45.61	17.77	23.76	4.07
差额	55.17	2.04	0.38	52.75
完工率（%）	80.72	100.00	76.33	38.12
销售率（%）	95.50	98.38	99.12	86.52
多提暂估（调增计税所得额）	19.69	2.00	0.29	17.40
涉及税款	4.92			

经过分摊计算发现，2×13 年度多预估开发成本 5 516.71 万元，造成多转计税成本 1 968.82 万元。

4. 确定融资费用处理存在的问题

在核查相关科目数据变化时,发现当期财务费用增加较大,通过查阅原始凭证及核对贷款合同等发现,在2×13年度"财务费用"科目中,有2 391万元费用属于项目贷款的辅助性融资费用,已经全部进入汇算当期。检查人员根据项目的具体情况重新进行了计算,计算表格如下(见表7-2):

表7-2　　　　　天逸地产有限公司融资费用调增计税所得额　　　　金额单位:百万元

项目	合计	一期	二期	商业
应资本化的融资成本	23.91	—	—	—
面积	0.35	0.13	0.18	0.04
各期面积比例(%)	100.00	36.81	52.28	10.91
应资本化融资成本在各项目间分摊	23.91	8.80	12.50	2.61
完工率(综合)(%)	80.72	100.00	76.33	38.12
销售率(综合)(%)	95.50	98.38	99.12	86.52
各项目准予结转融资成本	18.98	8.66	9.46	0.86
各项目调增计税所得额	4.93	0.14	3.04	1.75
涉及税款	1.23	—	—	—

经过分摊计算,上述有493.44万元费用(项目贷款的辅助融资费用)应从2×13年度企业所得税汇算中调出。

三、案例点评

房地产开发企业税务检查的最大难点就是成本检查,特别是涉及多个成本项目、已售未售房等的分摊时。但只要摸清企业会计核算方式,充分采集核算数据和其他相关数据,依照税收政策规定逐一核查比对(即针对各种分摊计算的分子和分母的归集范围对照政策核查),就可以找出问题所在。

案例八

某公司材料成本差异结转及融资费用处理不当

一、基本案情

2×13年上半年，某地税务机关对天瑞置业有限公司进行税务检查，经过检查人员一个多月的工作，对企业开发成本、费用核算结转等业务进行了详细的核对，并对相关成本结转、分摊等业务进行重新计算，落实了该公司在成本核算中存在的多转成本、费用等问题。

主要问题包括：

（1）多转"材料成本差异（少留材料成本差异）"。该公司材料核算采取"计划价"，使用"材料"和"材料差异"科目。根据合理方式计算，该公司多结转材料成本差异（少留材料成本差异）572.98万元，应调增2×12年度企业所得税应纳税所得额。

（2）未按照政策规定将相应利息及融资费用资本化。该公司未按规定将部分相应利息及融资费用588.40万元资本化，应调增2×12年度企业所得税应纳税所得额。

以上因多转材料成本差异、未资本化财务费用合计应调增2×12年度应纳税所得额1 161.38万元。

二、检查过程及方式

1. 业务交流，发现线索

检查人员于2×13年3月初按法律规定制式对该公司实施检查。检查初期，检查人员摸清了该公司开发项目的基本情况，包括立项、设计、施工、销售等各环节具体情况，并获取了该公司电子账套、企业土地转让合同、开发项目批复、施工许可证、销售许可证、销售窗口表及房屋面积测绘等纸质资料，以期通过全面的核查对比发现问题。

仔细核对上述资料后，并没有发现重大涉税问题，随即转入对成本结转时点及方式等更加深入的检查。在各项业务测试中，发现材料成本差异结转存在问题，主要是无法判断企业材料成本差异结转的方法。为此，检查人员与企业会计人员沟通，重新推算历年材料成本差异结转的数据和方式，结果发现，在一个年度之内，有的时候连续几个月按加权平均价格计算，有的时候又按大致预估推算，也就是未按加权平均价计算。

2. 深入核对，落实问题

发现材料成本差异结转存在的问题后，检查人员立即核对相关科目数据。该公司材料核算采取"计划价"，使用"材料"和"材料差异"科目。经核对科目数据发现，在实际操作中，由于种种原因，该企业没有按照会计原则和企业所得税政策规定的方式核算，"材料差异"的结转处于一种无序状态。由于持续时间长达数年，大部分问题数字已随项目竣工在结转成本时弥补（时间性差异）。为确定应保留"材料成本差异"数额的准确性，经与企业财务人员沟通，同意采取将"材料"和"材料差异"总数归集计算方式确定分配相关数据（成本）。

经计算，其综合材料差异分配率为38.76%。截至2×12年12月31日，材料总计划成本为12 318.01万元，已结转材料成本7 048.72万元（C项目），材料总成本差异为4 774.62万元，已结转材料成本差异3 992.48万元，保留材料成本差异782.14万元。

根据材料差异率38.76%计算，A、B项目应保留材料成本差异1 355.12万元，实际保留材料成本差异782.14万元，多结转材料成本差异（少留材料成本差异）572.98万元。该公司多结转材料成本差异（少留材料成本差异）572.98万元应调增2×12年应纳税所得额（详见表7-3）。

表7-3　　　　　天瑞置业有限公司材料成本差异计算表　　　　金额单位：万元

项目指标	合计	A	B	C
已发生材料成本	12 318.01	207.41	3 288.68	8 821.98
已结转材料成本	7 048.72			7 048.72
已发生材料成本差异	4 774.62		782.14	3 992.48

续表

项目指标	合计	A	B	C
已结转材料成本差异	3 992.48			3 992.48
G45/G51 保留材差	782.14		782.14	
2×08—2×12 年差异率（%）	38.76			
重新分配材差	4 774.62	80.40	1 274.73	3 419.50
G45/G51 保留材差	1 355.12	80.40	1 274.73	
少保留材差	572.98			

3. 追本求源，发现问题

在核对科目变化时发现，该公司2×12年度"财务费用"科目数据突然增大，经查阅原始凭证发现，是类似顾问费、保险费、抵押费、融资费等费用导致的。为搞清楚相关费用的实质，检查人员查阅了相关费用支付的合同（协议），并通过合同（协议）列明的金融企业名称，找到了相应的贷款合同，发现这些合同的性质全部是主贷款合同的补充性合同（协议）。根据利息及融资费用判断的标准，该公司在财务费用中列支的顾问费、保险费、抵押费、融资费等应随主合同约定的利息一起予以资本化处理。上述费用合计588.40万元，应调增2×12年度企业所得税应纳税所得额。

三、案例点评

企业所得税的灵魂就是"配比"，该案件的处理充分体现了这一原则。检查人员面对的是企业已经发生的业务，有的业务由于种种原因已经无法完全还原，因此，在不违反现有税收政策的前提下，充分运用企业所得税的"配比"原则是处理这类"疑难杂症"的一把金钥匙。

房地产开发企业的融资费用未按照政策规定在税前列支，是目前的检查中经常发现的问题。一些企业为取得贷款，会在贷款利息之外支付额外的融资辅助费用，对于这些费用的处理，存在一定的税会差异，理清业务的实质是进行涉税处理的前提。需要注意的是，对于贷款利息之外支付的额外融资辅助费用，在进行企业所得税处理时，凡是有明确指向的，通常要予以资本化，但是在土地增值税项目清算时，一般不得扣除。

PRACTICAL STRATEGIES OF
Real Estate Enterprises'
TAX INSPECTION

附　录
房地产开发企业涉税法规文件清单

本书涉及的法规和税收文件较多，为便于大家查找原件，将涉及法规和文件文号等列示如下：

一、营业税法规文件

1. 中华人民共和国营业税暂行条例（已废止）
2. 中华人民共和国营业税暂行条例实施细则（已废止）
3. 国家税务总局关于中外合作开发房地产征收营业税问题的批复（国税函发〔1994〕644号）
4. 国家税务总局关于印发《营业税问题解答（之一）的通知》（国税函发〔1995〕156号）
5. 国家税务总局关于以不动产作为股、利进行分配征收营业税问题的批复（国税函〔1997〕387号）
6. 国家税务总局关于以不动产或无形资产投资入股收取固定利润征收营业税问题的批复（国税函〔1997〕490号）
7. 国家税务总局关于销售不动产兼装修行为征收营业税问题的批复（国税函〔1998〕53号）
8. 国家税务总局关于广州海粤房地产发展有限公司开发经营广州"东山广场"征收营业税问题的批复（国税函〔1998〕413号）
9. 国家税务总局关于"代建"房屋行为应如何征收营业税问题的批复（国税函〔1998〕554号）
10. 江苏省地方税务局关于印发《房地产业营业税征收管理暂行办法》的通知（苏地税发〔1999〕131号）
11. 国家税务总局关于房地产开发企业从事"购房回租"等经营活动征收营业税问题的批复（国税函〔1999〕144号）
12. 国家税务总局关于从事房地产业务的外商投资企业若干税务处理问题的通知（国税发〔1999〕242号）
13. 财政部 国家税务总局关于营业税若干政策问题的通知（财税〔2003〕16号）
14. 国家税务总局关于合作建房营业税问题的批复（国税函〔2004〕241号）
15. 国家税务总局关于印发《不动产、建筑业营业税项目管理及发票使用管理暂行办法》的通知（国税发〔2006〕128号）

16. 国家税务总局关于未办理土地使用权证转让土地有关税收问题的批复（国税函〔2007〕645号）

17. 江苏省地方税务局关于房地产开发公司销售返租有关营业税问题的批复（苏地税函〔2008〕135号）

18. 国家税务总局关于政府收回土地使用权及纳税人代垫拆迁补偿费有关营业税问题的通知（国税函〔2009〕520号）

19. 国家税务总局关于融资性售后回租业务中承租方出售资产行为有关税收问题的公告（国家税务总局公告2010年第13号）

二、增值税法规文件

1. 中华人民共和国增值税暂行条例

2. 中华人民共和国增值税暂行条例实施细则

3. 国家税务总局关于纳税人取得虚开的增值税专用发票处理问题的通知（国税发〔1997〕134号）

4. 国家税务总局关于《国家税务总局关于纳税人取得虚开的增值税专用发票处理问题的通知》的补充通知（国税发〔2000〕182号）

5. 国家税务总局关于纳税人善意取得虚开的增值税专用发票处理问题的通知（国税发〔2000〕187号）

6. 国家税务总局关于融资性售后回租业务中承租方出售资产行为有关税收问题的公告（国家税务总局公告2010年第13号）

7. 财政部 国家税务总局关于全面推开营业税改征增值税试点的通知（财税〔2016〕36号）

  附件：①营业税改增值税试点实施办法
    ②营业税改增值税试点有关事项的规定
    ③营业税改增值税试点过渡政策的规定
    ④跨境应税行为适用增值税零税率和免税政策的规定

8. 财政部关于印发《增值税会计处理规定》的通知（财会〔2016〕22号）

9. 财政部 国家税务总局关于进一步明确全面推开营改增试点有关劳务派遣服务、收费公路通行费抵扣等政策的通知（财税〔2016〕47号）

10. 国家税务总局关于全面推开营业税改征增值税试点后增值税纳税申报有关

事项的公告（国家税务总局公告 2016 年第 13 号）

11. 国家税务总局关于发布《纳税人转让不动产增值税征收管理暂行办法》的公告（国家税务总局公告 2016 年第 14 号）

12. 国家税务总局关于发布《不动产进项税额分期抵扣暂行办法》的公告（国家税务总局公告 2016 年第 15 号）（已废止）

13. 国家税务总局关于发布《纳税人提供不动产经营租赁服务增值税征收管理暂行办法》的公告（国家税务总局公告 2016 年第 16 号）

14. 国家税务总局关于发布《房地产开发企业销售自行开发的房地产项目增值税征收管理暂行办法》的公告（国家税务总局公告 2016 年第 18 号）

15. 国家税务总局关于全面推开营业税改征增值税试点有关税收征收管理事项的公告（国家税务总局公告 2016 年第 23 号）

16. 国家税务总局关于土地价款扣除时间等增值税征管问题的公告（国家税务总局公告 2016 年第 86 号）

17. 财政部 国家税务总局关于建筑服务等营改增试点政策的通知（财税〔2017〕58 号）

18. 国家税务总局关于增值税发票开具有关问题的公告（国家税务总局公告 2017 年第 16 号）

19. 财政部 国家税务总局关于简并增值税税率有关政策的通知（财税〔2017〕37 号）

20. 财政部 税务总局关于调整增值税税率的通知（财税〔2018〕32 号）

三、土地增值税法规文件

1. 中华人民共和国土地增值税暂行条例

2. 中华人民共和国土地增值税暂行条例实施细则

3. 国家税务总局关于印发《土地增值税宣传提纲》的通知（国税函发〔1995〕110 号）

4. 财政部、国家税务总局关于土地增值税一些具体问题规定的通知（财税字〔1995〕48 号）

5. 财政部 国家税务总局关于土地增值税若干问题的通知（财税〔2006〕21 号）

6. 国家税务总局关于房地产开发企业土地增值税清算管理有关问题的通知（国

税发〔2006〕187号）

7. 国家税务总局关于印发《土地增值税清算鉴证业务准则》的通知（国税发〔2007〕132号）

8. 江苏省地方税务局关于印发《土地增值税清算管理规程》的通知（苏地税发〔2009〕72号）

9. 国家税务总局关于印发《土地增值税清算管理规程》的通知（国税发〔2009〕91号）

10. 国家税务总局关于土地增值税清算有关问题的通知（国税函〔2010〕220号）

11. 江苏省地方税务局关于加强土地增值税征管工作的通知（苏地税发〔2011〕53号）

12. 江苏省财政厅 江苏省地方税务局关于明确土地增值税清算过程中行政事业性收费和政府性基金归集方向的通知（苏地税函〔2011〕81号）

13. 江苏省地方税务局关于进一步明确土地增值税征管有关问题通知（苏地税函〔2011〕190号）

14. 江苏省地方税务局关于土地增值税有关业务问题的公告（苏地税规〔2012〕1号）

15. 财政部 国家税务总局关于企业改制重组有关土地增值税政策的通知（财税〔2015〕5号）

16. 江苏省地方税务局关于土地增值税若干问题的公告（苏地税规〔2015〕8号）

17. 江苏省地方税务局关于调整土地增值税有关政策的公告（苏地税规〔2016〕7号）

18. 国家税务总局关于营改增后土地增值税若干征管规定的公告（国家税务总局公告2016年第70号）

19. 国家税务总局关于房地产开发企业土地增值税清算涉及企业所得税退税有关问题的公告（国家税务总局公告2016年第81号）

四、企业所得税法规文件

1. 中华人民共和国企业所得税法

2. 中华人民共和国企业所得税法实施条例

3. 国家税务总局关于房地产开发企业以房屋抵顶地价计算缴纳企业所得税问题

的批复（国税函〔2002〕172号）

4. 国家税务总局关于确认企业所得税收入若干问题的通知（国税函〔2008〕875号）

5. 国家税务总局关于印发《房地产开发经营业务企业所得税处理办法》的通知（国税发〔2009〕31号）

6. 江苏省地方税务局关于转发《国家税务总局关于印发〈房地产开发经营业务企业所得税处理办法〉的通知》的通知（苏地税发〔2009〕53号）（已废止）

7. 国家税务总局关于房地产开发企业开发产品完工条件确认问题的通知（国税函〔2010〕201号）

8. 国家税务总局关于房地产开发企业注销前有关企业所得税处理问题的公告（国家税务总局公告2010年第29号）（已废止）

9. 国家税务总局关于企业所得税应纳税所得额若干税务处理问题的公告（国家税务总局公告2012年第15号）

五、房产税法规文件

1. 中华人民共和国房产税暂行条例

2. 中华人民共和国房产税暂行条例施行细则

3. 江苏省地方税务局关于地方税有关业务问题的通知（苏地税发〔1999〕87号）

4. 国家税务总局关于房产税、城镇土地使用税有关政策规定的通知（国税发〔2003〕89号）

5. 财政部 国家税务总局关于具备房屋功能的地下建筑征收房产税的通知（财税〔2005〕181号）

6. 财政部 国家税务总局关于房产税 城镇土地使用税有关问题的通知（财税〔2009〕128号）

7. 财政部 国家税务总局关于营改增后契税 房产税 土地增值税 个人所得税计税依据问题的通知（财税〔2016〕43号）

六、城镇土地使用税法规文件

1. 中华人民共和国城镇土地使用税暂行条例

2. 江苏省人民政府关于印发《江苏省〈中华人民共和国城镇土地使用税暂行条例〉实施办法》的通知（苏政发〔2008〕26号）

3. 国家税务总局关于进一步加强城镇土地使用税和土地增值税征收管理工作的通知（国税发〔2004〕100号）

4. 财政部、国家税务总局关于房产税、城镇土地使用税有关政策的通知（财税〔2006〕186号）

5. 财政部、国家税务总局关于安置残疾人就业单位城镇土地使用税等政策的通知（财税〔2010〕121号）

6. 国家税务总局关于通过招拍挂方式取得土地缴纳城镇土地使用税问题的公告（国家税务总局公告2014年第74号）

七、印花税法规文件

1. 中华人民共和国印花税暂行条例

2. 中华人民共和国印花税暂行条例实施细则

3. 国家税务总局关于印花税若干具体问题的规定（国税地字〔1988〕25号）

4. 国家税务总局关于资金账簿印花税问题的通知（国税发〔1994〕25号）

5. 财政部 国家税务总局关于印花税若干政策的通知（财税〔2006〕162号）

6. 财政部 国家税务总局关于对营业账簿减免印花税的通知（财税〔2018〕50号）

八、个人所得税法规文件

1. 中华人民共和国个人所得税法

2. 中华人民共和国个人所得税法实施条例

3. 国家税务总局关于调整个人取得全年一次性奖金等计算征收个人所得税方法问题的通知（国税发〔2005〕9号）

4. 国家税务总局关于个人与房地产开发企业签订有条件优惠价格协议购买商店征收个人所得税问题的批复（国税函〔2008〕576号）

5. 财政部 国家税务总局关于企业为个人购买房屋或其他财产征收个人所得税问题的批复（财税〔2008〕83号）

6. 财政部 国家税务总局关于企业促销展业赠送礼品有关个人所得税问题的通知（财税〔2011〕50号）

7. 财政部 国家税务总局关于单位低价向职工售房有关个人所得税问题的通知（财税〔2007〕13号）

九、征管稽查类法规文件

1. 中华人民共和国税收征收管理法

2. 中华人民共和国税收征收管理法实施细则

3. 国家税务总局关于贯彻《中华人民共和国税收征收管理法》及其实施细则若干具体问题的通知(国税发〔2003〕47号)

十、其他法规文件

1. 中华人民共和国商品房销售管理办法

2. 建设工程价款结算暂行办法

3. 城市房地产开发经营管理条例